미림원 제과기능사 필기총정리

NCS 학습모듈 완벽 분석 정리

미림원
제과기능사
필기총정리

제과기능장 공저
이정숙 박미경 이백경 박정연 김은경

이 책을 펴내며

　우리나라의 소득과 문화 수준이 높아짐에 따라 빵과 과자에 대한 소비가 주식 및 간편 영양식으로 점차 바뀌고 있습니다. 이러한 인식의 변화로 인하여 제빵산업 또한 사람들의 다양한 기호, 영양 고취 및 식생활의 간편화에 맞춰 계속 발전하고 있습니다. 많은 사람들의 제과·제빵에 대한 뜨거운 관심은 단순한 소비활동뿐만 아니라 대학의 전공 선택 및 전문교육까지 그 범위가 확대되고 있습니다.

　따라서 제과·제빵에 입문하는 초보자에서 전문가에 이르는 광범위한 독자층을 어우를 수 있는 명쾌하면서도 깊이 있는 내용의 이론교재가 필요함에 따라 이 교재를 출간하게 되었습니다.

- 이 교재의 특징 -

1. 제과·제빵에 입문하는 초보자도 쉽게 이해할 수 있도록 자세한 설명을 원칙으로 하였습니다.

2. 전반적인 이론은 전문교재를 참고하여 제과·제빵의 깊이 있는 지식을 중점적으로 다룸으로써 전공자 및 전문가에 이르기까지 활용할 수 있도록 하였습니다.

3. 각 과목에 대한 이론을 알기 쉽게 요약하였고, 각 과목에 따른 종합문제와 자세한 해설을 통해 제과·제빵의 전문지식을 함양할 수 있도록 하였습니다.

4. 최근 새롭게 바뀐 NCS 학습모듈을 분석하여 필기 출제기준에 맞춘 목차와 내용을 구성하였으며 CBT 기출예상문제의 해설을 자세히 기술하여 자격증 취득에 완벽을 기하였습니다.

이 교재는 제과기능장인 저자들이 다년간의 강의와 알찬 자료를 바탕으로 집필한 것입니다. 논란의 여지가 있거나 과학적 근거가 부족한 부분은 충분히 검토하여 정확한 지식을 전달하고자 하였으나, 아직 부족하거나 정확하지 않은 부분은 향후 재집필 시 보완하여 더 좋은 교재가 되도록 하겠습니다.

출간에 도움을 주신 도서출판 미림원에 감사드리며, 이 책을 공부하시는 분들에게도 많은 도움이 되기를 바랍니다.

제과기능장 저자 일동

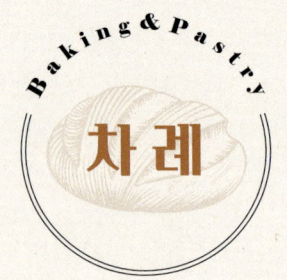

Part 01 제과 종합이론

Chapter 01 | 과자류 제품 재료혼합 | 11

01 재료 준비 및 개량 | 12
- 01 배합표 작성 및 점검 | 12
- 02 재료 계량 및 준비 | 13
- 03 재료의 성분 및 특징 | 14
- 04 기초 재료과학 | 34
- 05 재료의 영양학적 특성 | 45

02 반죽 및 반죽관리 | 62
- 01 반죽법의 종류 및 특징 | 62
- 02 반죽의 결과온도 | 64
- 03 반죽의 비중 | 66
- 04 산도 | 67

03 충전물·토핑물 제조 | 68

Chapter 02 | 과자류 제품 반죽 정형 | 71

01 성형 | 72
- 01 제품별 성형 방법 및 특징 | 72

02 팬닝 | 82

Chapter 03 | 과자류 제품 반죽 익힘 | 83

01 반죽 익히기 | 84
- 01 반죽 익히기 방법의 종류 | 84
- 02 익히기 중 성분 변화의 특징 | 86
- 03 관련 기계 및 도구 | 92

Chapter 04 | 과자류 제품의 포장 | 95
- 01 과자류 제품의 냉각 | 96
- 02 장식 재료의 특성 및 제조 | 96
- 03 제품 포장의 목적 | 97
- 04 포장재별 특성 및 포장방법 | 98
- 05 제품 관리 | 100

Chapter 05 | 과자류 제품의 저장·유통 | 103

Chapter 06 | 과자류 제품의 위생안전관리 | 107

01 식품위생 관련 법규 및 규정 | 108
- 01 식품위생법 관련 법규 | 108
- 02 HACCP, 제조물 책임법 등의 개념 및 의의 | 109
- 03 식품첨가물 | 112

02 개인위생관리 | 115
- 01 개인위생관리 | 115
- 02 식중독의 종류, 특성 및 예방법 | 116
- 03 감염병의 종류, 특징 및 예방법 | 120
- 04 법정감염병 분류 및 종류 | 122

03 환경위생관리 | 124
- 01 작업환경위생관리 | 124
- 02 소독제 | 124
- 03 미생물의 종류와 특징 및 예방법 | 126
- 04 방충·방서관리 | 128

04 공정 점검 및 관리 | 129

Chapter 07 | 과자류 생산작업준비 | 133
- 01 작업환경 및 작업자 위생점검 | 134
- 02 기기 안전관리 | 136
- 03 재료 계량하기 | 138

---

part 02
종합문제

Chapter 01 | 제과이론 종합문제 | 143
Chapter 02 | 재료·영양학 종합문제 | 161
Chapter 03 | 식품위생관리 종합문제 | 177

---

part 03
실전모의고사

제과 CBT 기출예상문제 1회 | 192
제과 CBT 기출예상문제 2회 | 202
제과 CBT 기출예상문제 3회 | 212
제과 CBT 기출예상문제 4회 | 223
제과 CBT 기출예상문제 5회 | 233
제과 CBT 기출예상문제 6회 | 243
제과 CBT 기출예상문제 7회 | 253

Part 01

제과 종합이론

Chapter 01

과자류 제품 재료혼합

01 재료 준비 및 계량

- **과자의 정의**

  과자는 종류가 많고 범위가 넓기 때문에 한마디로 규정하기는 어렵지만, 발효과정을 거치지 않고 팽창되는 제품을 말한다.

- **과자와 빵의 구분**

  ① 이스트의 사용 여부

  ② 설탕 배합량

  ③ 밀가루의 종류

  ④ 반죽 상태

01 배합표 작성 및 점검

1. 반죽법의 결정

제품의 종류와 특징을 고려한 생산을 위해 여러 조건에 맞는 합리적인 반죽법을 결정한다.

(1) **반죽형 제품** : 밀가루, 달걀, 유지, 설탕에 우유나 물을 넣고 화학팽창제(베이킹 파우더)를 사용하여 부풀린 제품을 말한다. 예 각종 레이어 케이크, 파운드 케이크, 컵 케이크, 과일 케이크 등

(2) **거품형 제품** : 달걀을 교반할 때 일어나는 물리 화학적 변화를 이용하는 것으로 달걀 단백질의 기포성, 유화성, 열에 대한 응고성(변성)을 이용한 제품을 말한다. 예 스펀지 케이크, 엔젤 푸드 케이크, 머랭 등

(3) **시퐁형 반죽제품** : 흰자와 노른자를 나눈 뒤 노른자는 거품을 내지 않고, 흰자 머랭을 이용한 것으로, 반죽형의 부드러움과 거품형의 기공와 조직을 혼합한 제품이다. 예 시퐁 케이크가 대표적

2. 배합표(Formula) 작성

제과에 필요한 재료의 비율이나 무게를 나타낸 것으로 제품별 특성에 맞는 정확한 배합이 필요하다.

(1) **베이커스 퍼센트(Baker's percent, B%)**

  밀가루 양을 기준 100%로 하여 다른 재료의 비율을 결정한다.

- 각 재료의 무게(g) = $\dfrac{\text{밀가루 무게(g)} \times \text{각 재료의 비율(\%)}}{\text{밀가루 비율(\%)}}$

- 밀가루 무게(g) = $\dfrac{\text{밀가루 비율(\%)} \times \text{총 반죽 무게(g)}}{\text{총 배합률(\%)}}$

- 총 반죽의 무게(g) = $\dfrac{\text{총 배합률(\%)} \times \text{밀가루 무게(g)}}{\text{밀가루 비율(\%)}}$

(2) 참 퍼센트(True percent) : 원료 전체를 100%로 하여 그 구성을 결정한다.

02 재료 계량 및 준비

제과 제빵에서 재료의 무게를 측정하는 것을 계량(scaling)이라고 한다. 제과 제빵에서 사용되는 재료들은 부피(volume) 보다는 무게(weight)에 의한 계량이 정확하므로 보다 일정한 품질의 제품을 만들 수 있다. 미터법에서 사용되는 대표적인 기본 단위는 다음과 같으며, 더 큰 단위나 작은 단위는 기본단위에 10, 100, 1000 등을 곱하거나 나누어서 표현한다.

- 길이 : 미터(m)   • 무게 : 그램(g)   • 부피 : 리터(l)   • 온도 : 섭씨(℃)

1. 재료 계량 기초

① 계량을 하는 장소에 대한 환경 정비 및 위생적인 관리가 항상 유지되도록 한다.
② 저울의 계량 가능 범위를 확인하여 정확한 계량이 이루어지도록 한다.
③ 저울은 수평이 맞는 안정된 곳에 놓고 0점을 확인한 후 사용한다.
④ 사용 후 위생적이고 안정된 장소에 보관한다.
⑤ 저울은 정확한 계량을 위해 주기적으로 점검 및 교정한다.

2. 재료준비 및 전 처리

① 가루재료는 혼합하여 체로 치는 과정을 통해 이물질과 큰 덩어리를 제거하고, 재료들이 골고루 섞이게 할 수 있다.
② 물 재료는 흡수율과 반죽온도를 고려하여 적절히 온도를 맞추어 사용한다.

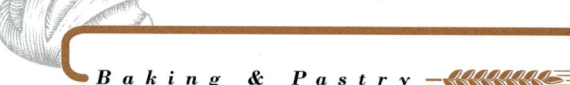

③ 유지, 달걀 종류는 반죽 시 용도에 따라 미리 적절한 상태로 준비한다.
④ 견과류와 건과일은 제품 생산 작업이 원활하게 진행되도록 필요한 전처리를 해 놓는다.(굽기, 수분흡수 등)

03 재료의 성분 및 특징

1. 밀가루

(1) 밀의 구조

① 껍질(Bran) : 밀의 14% 정도를 차지하고, 소화가 되지 않는 셀룰로오스와 회분을 다량 함유하고 있다. 껍질은 제분과정에서 분리된다.
② 배아(Germ) : 밀의 2~3%를 차지하고, 지질이 많이 함유되어 있어 산패하기 쉽다.
③ 내배유(Endosperm) : 밀의 83% 정도를 차지하며, 밀가루는 내배유를 분말화한 것이다.

내배유의 바깥쪽으로 갈수록 단백질과 회분함량은 많아지고, 전분의 양은 적어진다.

(2) 밀의 분류

① 조직(Texture) : 경질(Hard), 연질(Soft)
② 색상(Color) : 적색(Red), 흰색(White)
③ 재배환경(Environment) : 봄밀(Spring), 겨울밀(Winter)

(3) 밀가루의 분류와 제분

① 밀가루의 분류(제품유형별)

종류	경도	초자율	단백질 / 회분함량(%)	용도
강력분	경질	초자질	11.0~13.0 / 0.4~0.5	주로 제빵용, 퍼프 페이스트리 등
중력분	연질	분상질	9.0~11.0 / 0~0.4	제면용, 다목적용
박력분	연질	분상질	7.0~9.0 / 0.4 이하	과자, 케이크 등 제과용

② 제분 : 밀가루의 제분은 내배유에서 껍질과 배아를 분리하여 고운가루로 만드는 것을 말한다.
- ㄱ. 정선공정(Milling separator)
- ㄴ. 조질공정(Tempering & Conditioning)
- ㄷ. 조쇄공정(Break roll)
- ㄹ. 분쇄공정(Reduct roll, Middling roll)
- ㅁ. 순화공정(Purifier)

③ 제분율 : 제분 시 투입한 밀에 대하여 생산되는 밀가루양의 비율이며, 제분율이 높을수록 회분함량이 많아지고, 전분 함량은 감소하며, 입자가 거칠고 색이 어둡다.
- ㄱ. 일반적인 밀가루의 제분 수율(Extraction)은 약 72%이다.
- ㄴ. 통밀 또는 전립분(Whole wheat flour)은 제분율이 100%인 밀가루이다.

④ 분리율 : 분리된 밀가루 100%를 기준하여 나타낸 특정 밀가루의 백분율을 말한다. 분리율이 작을수록 밀가루 입자가 곱고 내배유 중심부위가 많이 함유되어 있다.

⑤ 밀보다 밀가루에 더 증가하는 성분은 수분과 탄수화물이며, 회분은 약 1/4~1/5로 감소한다.

(4) 밀가루의 성분

① **단백질** : 밀가루의 품질을 결정하는 가장 중요한 성분으로 제품의 부피감을 부여한다. 대략 단백질 1% 차이에 흡수율 약 2% 차이가 나며, 밀가루에 물을 넣은 후 반죽하면 글루텐이 형성된다.

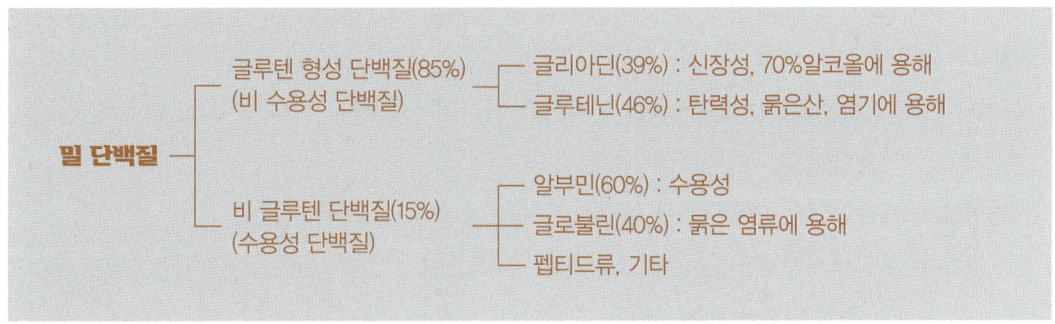

② **지방** : 밀가루 함량의 1~2% 정도 차지하며, 주로 밀기울이나 배아에 있다.

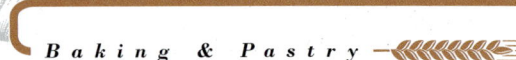

③ 탄수화물
  ㄱ. 밀가루 함량의 75% 정도이며 대부분 전분(90%)이다. 덱스트린, 셀룰로오스, 당류, 펜토산 등이 있다.
  ㄴ. 펜토산은 밀가루에 2~3% 정도 함유되어 있고 흡수율이 자기 무게의 15배에 달하며, 빵의 세포 구조를 유지하고 반죽의 가스 보유력을 향상시켜 빵의 부피를 증가시키고, 노화를 억제하는 효과가 있다.
  ㄷ. 전분함량은 단백질 함량과 반비례한다.
  ㄹ. 손상 전분은 제분 시 전분입자가 손상을 입은 전분으로, 밀알의 초자성, 즉 단백질 함량이 높을수록 많이 생성되며 제빵 시 적정 권장량은 4.5~8%이다. 손상 전분은 알파 아밀라아제가 작용하기 쉬워 적절한 가스 생산을 유지해줄 발효성 탄수화물을 생성하고, 밀가루의 흡수율 및 점도에 영향을 주는 성분으로 흡수율을 높이며, 전분의 겔(gel)형성에 도움을 준다.

④ 회분
  ㄱ. 회분함량은 밀가루의 등급과 관계있고, 제분율과 정비례한다.
  ㄴ. 밀가루의 정제도를 표시하며 밀가루의 등급기준이 된다.
  ㄷ. 여러 밀가루를 조합하여 사용하므로 회분함량 자체는 제빵 적성을 대변하지 않는다.
  ㄹ. 제분 공장의 점검 기준이 된다.
  ㅁ. 경질 소맥(강력분)보다 연질 소맥(박력분)의 회분함량이 더 적다.

⑤ **수분** : 10~14% 정도를 차지한다.

(5) 밀가루 첨가제

① 표백제 : 밀가루의 카로틴 색소를 제거하기 위하여 사용하는 것으로 산소, 과산화벤조일, 염소가스, 이산화염소, 과산화질소 등이 있다.
② 영양 강화제 : 밀가루의 부족한 영양소인 무기질, 비타민 등을 보강한다.
③ 밀가루 개량제 : 브롬산칼륨, 아조디카본아미드, 비타민 C와 같이 밀가루의 산화, 숙성제로 사용하여 반죽의 탄력을 증가시키는 물질이다.

(6) 밀가루 숙성

제분 직후의 밀가루는 색이 좋지 않고 생화학적으로 불안하여 Green flour, 또는 Hot flour로 불린다. 또한 효소작용이 활발하고, pH 6.1 ~ 6.2로 빵 발효에 적합하지 않으며 글루텐의 교질화가 이루어지지 않아 반죽이 잘 형성되지 않는다. 반면 숙성한 밀가루는 환원성물질이 산화되어 반죽 글루텐의 파괴를 막고, pH가 낮아져서 이스트 발효를 촉진하고 글루텐의 질을 개선한다. 숙성은 주로 공기 중의 산소에 의하여 산화가 일어나는 것으로, 일반적으로 제분한 밀가루는 24~27℃의 통풍이 잘되는 곳에서 약 3~4주간 숙성시킨다.

2. 물

물은 모든 생물의 생명 유지에 필수적이다. 사람 몸의 약 70%를 차지하고 있으며 1~2% 부족 시 심한 갈증, 5% 부족 시 혼수상태, 12% 부족 시 죽음에 이르게 된다. 물은 수소와 산소가 2:1의 비율로 구성된 화합물이며, H+와 OH-로 이온화되어 극성을 이루므로 용매로 작용한다.

(1) 자유수와 결합수

식품 속에서 다른 성분들과 함께 존재하는 물, 즉 탄수화물이나 단백질들과 존재하는 물은 탄수화물이나 단백질 분자들과 결합하고 있는 물인 결합수(Bound water)와, 염류(Salts), 당류(Sugars), 수용성 단백질을 녹이는 물, 즉 용매(Solvent)로서 작용하는 물인 자유수(free water)로 구분된다. 한 식품 속에 자유수와 결합수는 서로 독립적으로 존재하는 것이 아니고 서로 그 이동이 가역적이다. 예로서 0℃ 이하로 온도가 급속하게 내려가면 자유수는 계속 얼음이 되므로 일부 결합수는 자유수로 되어 평형을 유지한다.

① **자유수** : 생체나 식품에서 자유로운 상태로 존재하는 수분을 말한다.
　ㄱ. 건조시키면 쉽게 건조된다.
　ㄴ. 0℃에서 동결하고 100℃에서 쉽게 끓는다.
　ㄷ. 염류, 당류와 같이 용매로 작용한다.
　ㄹ. 미생물들의 번식 및 성장에 쉽게 이용할 수 있다.

② **결합수** : 식품이나 생체에서 탄수화물이나 단백질 분자들과 결합되어 있으므로 보통 우리가 알고 있는 물, 즉 자유수(Free water)의 특징을 그대로 갖고 있지 않다.
　ㄱ. 당류(Sugars)와 같은 용질(Solutes)에 대해서 용매로서 작용하지 않는다.

ㄴ. 100℃ 이상으로 가열하여도 제거되지 않는다.

ㄷ. 0℃에서는 물론 그보다 낮은 온도에서도 얼지 않는다.

(2) 물의 특징 및 기능

① 경도, pH에 따른 물의 분류

물의 경도는 칼슘과 마그네슘염을 탄산칼슘($CaCO_3$)으로 환산한 양을 ppm(part per million)으로 표시하여 나타내는데, 일반적으로 알칼리성 물은 칼슘염과 마그네슘염이 많이 존재한다. 1~60ppm은 연수, 60~120ppm은 아연수, 120~180ppm은 아경수, 180ppm 이상은 경수로 분류한다. 제빵에서 적합한 물은 아경수(120~180ppm)이다.

구분	연수	아연수	아경수	경수
경도(ppm)	0~60	60~120	120~180	180

ㄱ. 경수 : 센물이며 광천수, 바닷물이 이에 해당한다. 반죽이 단단해지고, 발효시간이 길어지며 가스보유력이 증가하나 노화가 빠르다.

ㄴ. 연수 : 단물이며 증류수, 빗물이 해당된다. 반죽에 사용하면 글루텐을 연화시켜 끈적거리고 연하게 하며, 발효가 가속화되고 가스 보유력은 감소한다.

ㄷ. 알칼리성 물 : 이스트와 아밀라아제의 활성 감소로 발효 속도가 느려지고 부피가 작아진다. 글루텐을 팽윤시키고 약화시켜 탄력성이 감소되며 가스 포집력이 저하되어 빵의 부피, 조직감이 떨어지고 노화가 빠르게 진행된다.

3. 소금

① 나트륨과 염소의 화합물로 염화나트륨(Nacl)이라 한다.

② 미생물의 번식을 막아 방부효과가 있다.

③ 제품의 풍미를 향상시킨다.

④ 설탕, 달걀 등의 맛을 향상시키고, 캐러멜화 온도를 낮추어 껍질색이 더 진하게 발색되도록 한다.

4. 달걀과 달걀제품

(1) 달걀의 구성과 성분

달걀은 껍질 10%, 나머지 90%의 가식부위를 전란이라고 하며, 고형분의 수분은 25%, 수분은 75%이다.

① 흰자
  ㄱ. 노른자와 흰자를 전란이라 하는데 흰자는 전란의 60% 정도를 차지하며, 흰자의 88%가 수분으로 이루어져 있다.
  ㄴ. 오브알부민, 콘알부민, 아비딘, 오보뮤코이드 등의 단백질을 함유하고 있다.
  ㄷ. 흰자는 미생물로부터 노른자를 보호하여 신선도를 유지시키는 작용을 한다.

② 노른자
  ㄱ. 노른자는 전란의 약 30%를 차지하며 고형분과 수분은 거의 동량이다.
  ㄴ. 고형분의 1/3은 단백질(대부분 유화력이 좋은 저밀도 인단백질)이며, 나머지 2/3는 지질이 차지하고 있다.
  ㄷ. 레시틴은 소화흡수율이 좋으며 천연 유화제로 사용된다.
  ㄹ. 노른자에는 트리글리세리드, 인지질, 콜레스테롤 등이 함유되어 있다.

(2) 달걀의 특성과 기능

① 응고성
  ㄱ. 흰자(60℃)가 노른자(65℃)에 비해 응고력이 강하다.
  ㄴ. 단백질의 응고를 촉진시키는 것은 산, 소금, 칼슘이고 응고를 지연시키는 것은 설탕이다.
  ㄷ. 슈, 버터 케이크, 스펀지 케이크 등은 열응고성을 이용한 제품이다.
  ㄹ. 달걀 단백질을 가열하면 응고하여 농후화제의 역할을 하는데 대표적인 예가 커스터드 크림이다.

② 기포성
  ㄱ. 흰자에 들어있는 단백질에 의해 거품이 일어난다.
  ㄴ. 머랭, 무스, 스펀지 케이크 등은 기포성을 이용한 제품들이다.
  ㄷ. 머랭 제조 시 설탕을 첨가하면 흰자의 점도를 상승시키고, 단백질의 수화성이 저하되어 기포표면의 막이 단단해져서 기포의 안정성을 높일 수 있다.

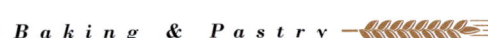

ㄹ. 기포형성은 달걀의 신선도, 온도, 혼합속도, pH 등에 따라 영향을 받으며, 최적 조건은 등전점 부근(pH4.6~4.9), 25℃ 정도이다.

③ **유화성**

ㄱ. 유지를 반죽에 골고루 분산시키는 역할을 하며, 노른자에 레시틴이 들어있어 유화성을 갖게 된다.

ㄴ. 마요네즈, 버터 케이크 등은 유화성을 이용한 제품이다.

④ **영양가**

달걀은 완전식품으로 영양가가 높다.

(3) 달걀의 종류

① **생달걀**(Shell eggs)

ㄱ. 껍질과 내막은 반투막과 많은 구멍으로 구성되어 있다.

ㄴ. 오염되기 쉬우므로 적절한 위생처리와 저장조건을 엄수해야 된다.

② **냉동달걀**(Frozen eggs)

생달걀을 껍질로부터 분리하고 이물질을 제거하여 용도별로 분리한 후 −20 ~ −30℃로 동결 후 −15℃ 전후로 냉동 저장시킨 것이다. 냉동달걀은 수율이 좋고, 장소를 절약할 수 있으나 동결에 의한 영향을 줄이기 위해서 소금 2~3%나 설탕 10% 정도를 사용하면 좋다.

③ **분말달걀**(Powdered eggs)

열풍 분무건조법과 동결건조법이 많이 사용되고 있으며, 최근에는 강한 진공을 이용해 수분을 제거 하는 방법도 사용되고 있다. 분말 달걀은 건조 시 포도당이나 유리 환원당에 의해 갈변이나 이취가 발생할 수 있고, 기포성의 저하 등 품질 저하 우려가 있으나 아이스크림, 냉과, 분말 인스턴트 식품 등에 사용되고 있다.

(4) 달걀의 신선도 측정

① 신선한 것일수록 윤기가 없고 껍질이 거친 것이다.

② 등불 검사 시 속이 밝으며, 노른자가 구형이며, 난황계수가 큰 것이 신선한 것이다.

ㄱ. 신선한 달걀의 난황계수 : 0.361~0.442

ㄴ. 난황계수 : 노른자 높이를 노른자의 폭으로 나눈 값

③ 신선한 달걀은 비중이 1.08~1.09 정도로, 6~10%의 소금물에 넣었을 때 가라앉는다.
④ 신선한 달걀은 흔들어 보았을 때 소리가 나지 않으며, 분리 시 노른자가 바로 깨지지 않는다.
⑤ 오래된 달걀일수록 흰자의 점도가 낮아 묽다.

5. 감미제

(1) 설탕(자당)

① 의의

사탕수수나 사탕무우로 부터 추출되는 제과 제빵의 대표적인 감미료이다.

② 설탕의 종류

ㄱ. 정제당(Refined sugar)
- 원당 결정 입자에 붙어있는 당밀과 불순물을 제거하여 만들며 처음에 분리한 당일수록 순도가 높은 당이다.
- 제과 제빵에 많이 사용하는 설탕은 상백당으로서 자당의 함유율이 99.9% 이상인 입상형이다.

ㄴ. 상백당(Hard sugar)
- 흰색을 띠고 있으며 입자가 가장 큰 백설탕이다.
- 스펀지 케이크, 사탕 표면의 코팅 등 데커레이션용으로 주로 사용된다.

ㄷ. 분당(Powdered sugar)
- 설탕을 곱게 빻아 가루로 만든 당이다.
- 입자의 크기에 따라 2X부터 12X까지 분류되며 숫자가 클수록 미세한 제품이다.
- 분당은 입자가 미세함으로 표면적이 커서 흡습성이 강하고 보관 중에 덩어리가 발생하여 약 3% 정도의 전분을 첨가하여 고형화를 방지한다.
- 아이싱 슈거라고도 한다.

ㄹ. 갈색당(Brown sugar)
- 자당과 당밀의 혼합물로서 삼온당, 중백당, 황설탕 등으로 불린다.
- 약 85~92%의 자당과 3~4%의 수분으로 구성되어 있어 완전히 정제되지 않은 당이다.

ㅁ. 전화당(Invert sugar)
- 설탕을 산이나 효소로 가수분해하여 생성되는 포도당과 과당의 동량 혼합물이다.

- 설탕보다 약 30% 정도 감미도가 크다.
- 수분 보유력이 커서 케이크의 촉촉함을 유지시키고, 재결정화가 잘 이루어지지 않아 케이크나 쿠키의 저장성을 연장시킨다.
- 전화당은 아미노산과 반응하여 갈변되기 쉬워 전화당을 사용한 제품은 착색이 빠르다.

ㅂ. 함밀당(Molasses-containing sugar) : 당밀을 분리하지 않고 함께 굳힌 설탕이며, 흑설탕이 이에 속한다.

(2) 전분당

전분을 산이나 효소로 가수분해 시 생기는 물엿, 포도당, 과당 및 각종 중간산물들을 전분당이라고 한다.

① 당화

ㄱ. 전분을 가수분해하여 당류를 얻는 과정을 당화라고 하며, 전분을 완전히 가수분해하면 포도당이 형성된다.

당화율(D.E) = [직접 환원당(포도당)÷고형분] × 100

ㄴ. 당화율이 클수록 감미도와 결정성이 높고, 점도가 낮으며 흡습성이 적다. 결정포도당은 당화율이 거의 100에 가깝다.

ㄷ. 당화율이 작을수록 감미도와 결정성이 낮으며, 점도가 높고 흡습성이 크다. 물엿은 분해 정도가 낮아 당화율이 25~50 정도이다.

② 포도당

ㄱ. 전분을 가수분해하여 만들며 무수포도당과 함수포도당으로 나뉜다(제과에 사용되는 포도당은 함수포도당이다).

ㄴ. 설탕 100g은 무수포도당 105.26g으로 대체할 수 있는데, 함수포도당은 고형질 91%와 물 9%로 구성되어 있으므로 무수포도당 105.26g은 함수포도당 115.67g(105.26 ÷ 0.91)과 같다. 따라서, 제과에서 설탕 대신 포도당을 쓰려면 설탕 100g당 함수포도당 115.67g이 필요하다.

ㄷ. 설탕보다 제품의 착색을 도우며, 감미도는 설탕 대비 75%이다.

ㄹ. 수분 보유력이 좋고, 제품의 촉감과 결을 부드럽게 하며, 유연성과 탄력성을 높인다.
ㅁ. 용해열이 있어 청량감이 있으므로 음료, 청주, 케이크 믹스 및 검의 원료로 사용된다.
③ 물엿
ㄱ. 전분을 산 또는 효소로 가수분해하여 만든다.
ㄴ. 포도당, 맥아당, 다당류, 덱스트린이 혼합된 물질이다.
ㄷ. 점성과 보습성이 우수하며 빵류, 잼 등 다양하게 사용된다.
ㄹ. 물엿의 수분함량은 약 18~19%이다.

(3) 맥아와 맥아시럽

① 맥아시럽

맥아분에 물을 넣고 가열하여 탄수화물 분해효소, 단백질 분해효소, 맥아당, 가용성 단백질, 광물질, 기타 맥아물질을 추출한 액체이다. 물엿에 비해 흡습성이 적고, 설탕의 결정 방지와 빵, 과자의 보습을 위해 사용된다.

② 맥아제품을 사용하는 이유
ㄱ. 발효성 당을 함유하고 있어 껍질색을 개선시키고, 독특한 향을 부여한다.
ㄴ. 제품 내부의 수분함유량을 증가시킨다.

(4) 기타 감미제

① 당밀

사탕수수나 사탕무에서 설탕을 분리하고 남은 부산물이다. 담황색으로 진하고 점성있는 당액으로 특유한 향을 내며, 럼주의 원료이다.

② 유당(젖당) : 천연의 우유에 들어 있으며, 설탕에 비해 감미도와 용해도가 낮고, 결정화가 빠르다.

③ 아스파탐

아스파르트산과 페닐알라닌으로 구성되어 있고, 칼로리가 없으며 감미도가 설탕의 200배이다.

④ 올리고당
ㄱ. 갈락토오스나 같은 단당류가 2~10개 정도 결합한 당질이다.
ㄴ. 올리고당의 감미도는 설탕의 30%이므로 단맛보다는 난소화성, 식이섬유 기능 등의 기능

성을 가진 당이다.
ㄷ. 올리고당은 소화효소에 의해 분해되지 않고 대장에 도달하여 장내 유용한 비피더스균에게 선택적으로 이용된다.
ㄹ. 올리고당은 유산균의 생육 요소로서 유산균 음료의 필수당이다.
⑤ 이성화당
ㄱ. 포도당의 일부를 과당으로 이성화시켜 과당과 포도당이 혼합된 당으로 물엿 등 시럽상태가 많다.
ㄴ. 이성화당은 온도가 낮을수록 감미도가 증가한다.
ㄷ. 이성화당은 쉽게 결정화하지 않으므로 설탕이 과량 사용되는 카스텔라 등에 이용된다.
⑥ 꿀 : 감미가 높고 향이 좋으며 수분 보습력이 높다.

(5) 제과에서 감미제의 기능

① 단맛을 내며 영양소를 공급한다.
② 마이야르 반응과 캐러멜 반응에 의해 껍질색을 형성시킨다.
③ 속결과 기공을 부드럽게 만들고 단맛을 늘린다.
④ 수분 보유력으로 인해 노화를 지연시키고 보존기간을 연장시킨다.
⑤ 밀가루 단백질을 부드럽게 하여 글루텐 형성을 감소시키거나 글루텐 조직을 연화시킨다.

> **Baking Tip**
>
> **• 마이야르 반응(메일라드 반응)**
> ① 탄수화물의 환원당(카르보닐 화합물)과 단백질의 아미노산(아미노 화합물)이 반응하여 멜라노이딘이라는 갈색물질을 만드는 반응
> ② 빵의 굽기에서 갈색화 반응은 거의 메일라드 반응에 의한 것임
> ③ 가열이 없어도 저장이나 가공중 자연발생적으로 일어날 수 있다.
> ④ 반응 정도나 속도는 아미노산과 당의 함유정도 및 종류, 온도, pH 등에 따라 다르다.
>
> **• 캐러멜 반응**
> ① 설탕이나 환원당을 고온에서 가열 시 비효소적 반응으로 갈색의 휴민물질을 생성
> ② 설탕을 160℃ 이상으로 가열하면 캐러멜이 생성됨

6. 유지와 유지제품

(1) 유지의 종류

① 버터
  ㄱ. 순수 우유지방으로 만들며, 우유지방(80~81%), 수분(14~17%), 소금(1~3%), 카제인, 단백질, 유당(1%)로 구성되어 있다.
  ㄴ. 향과 풍미가 좋아 제과·제빵에 널리 사용된다.
  ㄷ. 가소성의 범위가 좁고 비교적 융점이 낮다.

② 마가린
  ㄱ. 버터의 대용품으로 버터의 구성과 비슷하며 대두유, 면실유 등의 식물성 유지로 만든다.
  ㄴ. 버터에 비해 가소성, 유화성, 크림성 등 기능성이 좋으나 풍미는 버터보다 못하다.

③ 라드
  ㄱ. 돼지의 지방조직을 분리하여 정제한 것이다.
  ㄴ. 풍미가 좋고 가소성의 범위가 넓으나 산화 안정성이 낮다.

④ 쇼트닝
  ㄱ. 라드의 대용품으로 지방이 100%이며, 고체 쇼트닝과 액체 쇼트닝으로 사용한다.
  ㄴ. 가소성, 쇼트닝성, 흡수성, 산화 안정성 등의 성질을 가지고 있다.

⑤ 액체유
  ㄱ. 실온에서 기름상태이며 식물성 유지 100%로 콩, 옥수수 등에서 추출한다.
  ㄴ. 발연점이 높아 튀김유로 사용된다.

Baking Tip

튀김기름의 품질에 영향을 미치는 요인 : 열, 산소, 수분, 이물질
① 기름의 분해속도는 온도가 10℃ 증가에 약 2배가 빨라진다(Q10 = 2)
② 유지가 산소와 결합하여 자연발생적으로 일어나는 화학반응을 자동산화라하며 자동산화가 진행되어 비정상적인 냄새가 나는 것을 산패라 한다.
③ 수분은 유지를 가수분해시켜 유리지방산을 형성하며 발연점을 낮추고 제품의 품질을 저하시킨다.
④ 이물질은 유지의 분해속도를 촉진시키고 유지의 점성물질을 형성시켜 열 투과성을 저하시킨다.

⑥ 충전용 유지
  ㄱ. 파이, 페이스트리 등의 바삭한 식감을 갖는 제품에서 사용되는 유지이다.
  ㄴ. 충전용 유지는 반죽과 반죽의 상호 부착을 방지하고, 굽는 동안 반죽 안에 수증기나 가스를 지탱할 수 있도록 융점이 높아야 하고, 가소성이 커야 한다.
  ㄷ. 페이스트리의 부피 증가는 롤인 유지의 양과 비례하고, 접기 횟수와 관계는 증가 후 감소하므로 적정한 접기 횟수가 필요하다.
⑦ PEF(조제식용유지)
버터와 식물성 유지가 혼합된 수입 유지로, 함량을 조절하여 여러 종류로 생산하여 사용되고 있다.

(2) 유지의 기능
① 기공팽창을 용이하게 하고, 자를 때 칼날에 대한 윤활작용을 한다.
② 굽는 과정에서 팽창하여 적정한 부피와 부드러운 조직을 만든다.
③ 반죽의 취급성을 향상시키고, 껍질을 부드럽게 한다.
④ 특유의 맛과 향이 나게 하고, 수분의 증발을 억제하여 노화를 지연시킨다.

7. 계면 활성제(유화제)

표면장력을 저하시켜 물과 기름을 혼합되게 하며, 반죽에 사용 시 부피와 조직을 개선시키고, 반죽의 기계내성을 향상시키고 유지를 분산시키며, 노화를 지연시키는 물질이다.
① 레시틴 : 대두나 노른자에 함유된 천연 유화제이며, 마가린과 쇼트닝의 유화제로 쓰인다.
② 모노(디)-글리세리드 : 가장 널리 사용되는 유화제로 노화를 지연시켜 제품의 저장성을 연장시킨다.
③ HLB 수치 : 계면 활성제의 친수성-친유성 균형상태를 나타내는 수치로, 1에서 20까지 있으며, 10 이하면 친유성, 그 이상은 친수성 성질이 강하게 된다.
④ 유화액의 형태
  ㄱ. 수중 유적형(Oil in water : O/W) : 물속에 기름이 분산된 형태. 예 우유, 마요네즈
  ㄴ. 유중 수적형(Water in oil : W/O) : 기름에 물이 분산된 형태. 예 버터, 마가린

8. 우유와 유제품

(1) 우유의 특징
① 88%의 수분과 12%의 고형물로 이루어져 있다.
② 단백질 3.4%, 유당 4.75%, 유지방 3.65%, 회분 0.7%가 들어 있다.
③ 유지방의 비중은 0.92~0.94로 낮아 원심분리하여 크림을 만들 수 있다.
④ 우유의 비중은 1.030~1.032, 산도는 pH6.6이다.
⑤ 우유의 주 단백질은 카제인(75~80%)으로 산과 레닌 효소에 의해 응고되며, 열에 강하다.

(2) 유제품의 종류
① 시유(우유) : 원유를 위생처리하여 균질화시켜 음용할 수 있게 가공된 액상우유이다.
② 분유 : 우유의 수분을 제거하여 가루로 만든 것이다.
　ㄱ. 전지분유 : 시유를 건조한 것
　ㄴ. 탈지분유 : 지방을 뺀 시유를 건조한 것
　ㄷ. 부분탈지분유 : 지방을 부분적으로 뽑아 쓴 우유를 건조한 것
③ 버터 : 우유에서 지방을 분리하며 크림을 만들고 교반하여 굳힌 것이다.
　ㄱ. 발효버터 : 젖산균을 넣어 발효시킨 버터
　ㄴ. 무염버터 : 소금을 넣지 않은 제과·제빵용 버터
　ㄷ. 콤파운드 버터 : 버터에 식물성유지를 섞어 만든 버터
④ 치즈 : 우유나 그 밖의 유즙을 레닌과 젖산균을 넣어 카제인을 응고시킨 후 발효 숙성시켜 만든 것이다. 단백질과 지방이 많아 유제품 중 가장 많은 열량을 낸다.
⑤ 연유 : 가당연유(우유에 10%의 설탕을 넣고 농축시킨 것)와 무당연유(우유를 그대로 농축 시킨 것)가 있다.
⑥ 크림 : 우유의 비중차이를 이용하여 유지방을 원심분리하여 농축시켜 만든 것이다. 제과, 아이스크림의 재료로 사용된다.
⑦ 유장 : 우유에서 유지방, 카제인 등을 분리하고 남은 부분으로 유당이 주성분(73% 정도)이다. 유산균 식품의 원료로 사용된다.

(3) 유제품의 기능

① 영양가가 높고, 맛과 향을 낸다.

② 제품의 색을 좋게 하고 노화를 지연시킨다.

9. 팽창제와 안정제

(1) 팽창제

① 팽창제의 특징

ㄱ. 제품의 부피를 크게 하고 적당한 형태로 만들기 위해 사용되는 첨가제이다.

ㄴ. 천연팽창제로는 효모가 있고, 합성팽창제로는 베이킹 파우더, 탄산수소나트륨 등이 있다.

② 베이킹 파우더

ㄱ. 탄산수소나트륨과 산성제와 전분이 거의 동량으로 혼합된 팽창제로써, 중조를 중화시킴과 동시에 가스 발생력과 속도를 조절한다.

탄산수소나트륨	① 중조 또는 소다라고 한다.(베이킹 파우더보다 가스 발생력이 3배 크며 과다 사용 시 소다 맛, 노란 속색을 야기한다.) ② 이산화탄소(CO_2)를 발생시킨다.
산 작용제	① 산염이라고도 한다. ② 탄산수소나트륨의 가스 발생 속도를 조절한다. ③ 속효성(가스 발생속도가 빠름) : 주석산 ④ 지효성(가스 발생속도가 느림) : 황산알루미늄소다
부형제 (밀가루, 전분)	① 계량을 용이하게 한다. ② 중조와 산염을 격리한다. ③ 흡수제로 작용한다.

ㄴ. 작용 기전 : $2NaHCO_3$(탄산수소나트륨) → $CO_2+H_2O+Na_2CO_3$(탄산나트륨)

ㄷ. 베이킹 파우더 무게의 12% 이상의 유효 이산화탄소 가스가 발생된다.

ㄹ. 중조와 산염이 결합하여 pH 7인 중성의 팽창제이다.

ㅁ. 중화가는 인산염 100g으로 중화할 수 있는 중조의 g수를 나타낸다. 즉, 산에 대한 중조의 비율로서 적정량의 유효가스(이산화탄소)를 발생시키고 중성이 되는 값이다.

> **중화가** = (중조의 g수 ÷ 인산염의 g수) × 100

ㅂ. 베이킹 파우더의 사용방법
- 지효성은 굽는 시간이 길고 굽는 온도가 높은 제품에 사용한다. 예 파운드 케이크
- 속효성은 굽는 시간이 짧고 굽는 온도가 낮은 제품에 사용한다. 예 찐빵, 도넛류
- 일반적인 사용량은 밀가루 대비 3~6%이며, 제품의 부피와 부드러움을 준다.
- 과다 사용 시 제품의 구조가 연화되어 체적이 감소된다.
- 달걀, 쇼트닝의 양이 증가하면 팽창제의 사용을 줄여야 한다.
- 베이킹 파우더를 혼합한 반죽은 바로 사용해야 기포손실을 줄일 수 있다.

③ 염화암모늄(NH_4Cl)

밀가루 단백질을 연화시키는 작용을 하며, 중조와 혼합하여 사용하는 이스파타는 중조나 베이킹 파우더보다 팽창력이 강하다. 희고 강한 팽창이 필요한 찐빵 등에 사용하면 좋다.

(2) 안정제

① 안정제의 특징과 기능
ㄱ. 안정제는 상태가 불안정한 화합물에 첨가해 상태를 안정시키는 물질이다.
ㄴ. 안정제는 포장성을 개선하며, 흡수제로서 노화지연 효과가 있다.
ㄷ. 크림 토핑의 거품을 안정시키고, 젤리 제조에 사용된다.
ㄹ. 아이싱의 끈적거림, 부서짐을 방지한다.
ㅁ. 머랭의 수분 배출을 억제한다.
ㅂ. 파이 충전물의 농후화제로 사용된다.

② 안정제의 종류
ㄱ. 한천
- 우뭇가사리로부터 추출하여 만든다.
- 물에 대해 1~1.5% 사용한다. 끓는 물에 용해되며, 냉각하면 굳는데 식물성 젤라틴이라고 한다.

ㄴ. 젤라틴
- 동물의 껍질이나 연골 조직의 콜라겐을 정제한 것이다.
- 과다 사용하면 질겨지므로 용액에 대하여 1%의 농도로 사용하여야 한다.
- 고온의 물에 용해되며, 냉각하면 굳는다.
- 산이 존재하면 젤 능력이 감소된다.

ㄷ. 펙틴 : 과일과 식물 조직에 있는 일종의 다당류로 설탕농도 50% 이상, pH 2.8~3.4에서 젤리를 형성한다.

ㄹ. 알긴산 : 큰 해초로부터 추출되고 온수, 냉수에서 모두 용해된다.

ㅁ. 씨엠씨(C.M.C) : 셀룰로오스로부터 만든 제품으로 냉수에서 쉽게 팽윤되고, 산에 대해서는 저항력이 약하다.

ㅂ. 로커스트 빈 검 : 로커스트 빈 나무의 수지이다. 산에 대한 저항성이 크고, 냉수에서도 용해되지만 뜨거워야 더 효과적으로 용해된다.

10. 초콜릿(Chocolate)

(1) 초콜릿 종류

초콜릿은 카카오 매스, 코코아, 카카오버터를 중심으로 설탕, 우유, 유화제 등을 혼합하여 만든다.

① 카카오 매스 : 버터 초콜릿이라고도 한다(카카오빈에서 외피와 배아를 제거하고 잘게 부순 것).
② 다크 초콜릿 : 카카오 매스에 설탕과 카카오 버터, 유화제, 향 등을 조합
③ 밀크 초콜릿 : 다크 초콜릿에 분유를 더한 것
④ 화이트 초콜릿 : 카카오 매스를 빼고 카카오 버터와 다량의 설탕, 분유, 유화제, 향을 섞어 만든 초콜릿

(2) 초콜릿의 원료

① 카카오(코코아) 매스
  ㄱ. 카카오 콩 속 부분을 마쇄하여 페이스트 상태로 만든 것으로 특유의 쓴맛이 있어 비타 초콜릿이라고도 한다.
  ㄴ. 여러 종류의 카카오를 혼합하여 초콜릿의 특징에 맞는 향과 맛을 낸다.
② 코코아

ㄱ. 카카오 매스에서 카카오 버터를 약 2/3 정도 추출한 후 나머지를 분말로 만든 것이다.

ㄴ. 알칼리 처리하지 않은 천연 코코아와 알칼리 처리한 더치 코코아로 구분한다.

③ 카카오 버터

ㄱ. 카카오 매스를 압착하여 지방을 약 2/3 정도 분리한 것이다.

ㄴ. 초콜릿의 풍미를 결정하는 중요한 원료로 융점은 약 34℃이며, 응고점은 26℃ 정도이다.

ㄷ. 카카오 버터의 고체에서 액체로 변하는 온도 범위는 2~3℃로 매우 좁아 용해성이 좋다.

ㄹ. 카카오 버터를 구성하는 지방산은 스테아르산, 팔미트산, 올레산, 리놀레산의 4종류이며, 지방산의 종류와 양, 글리세린과의 결합 방법에 따라 카카오 버터의 물리적 특성이 나타난다.

④ 하드 버터

ㄱ. 초콜릿의 카카오 버터를 융점이 높은 다른 지방으로 대체시켜 제과 제품의 피복용으로 쓰이는 제품을 하드 버터라고 한다.

ㄴ. 블룸 현상이 없고 높은 융점과 광택이 있으므로 코팅용 초콜릿으로 사용되고 있다.

(3) 템퍼링과 제품보관

① 템퍼링은 카카오 버터가 가장 안정한 상태로 굳을 수 있도록 온도 조절에 의해 가장 안정한 상태인 β-형으로 지방 구조를 바꾸는 공정이다. 템퍼링을 한 초콜릿은 광택을 나타내며 보관성을 향상시킬 수 있다.

② 템퍼링은 공기와 수증기 혼입을 방지하면서 가급적 천천히 해야 하고, 종류별로 정확한 온도로 해야 한다.

ㄱ. 제 1단계(용해) : 45~50℃까지 가온하면서 천천히 녹인다.

ㄴ. 제 2단계(냉각) : 26~27℃까지 냉각시킨다.

ㄷ. 제 3단계(재가온) : 30~32℃까지 재가온하여 온도를 유지하면서 사용한다.

※ 주의사항 : 중탕으로 용해(직화 금지), 물, 수증기가 들어가지 않도록 주의, 공기 혼입 방지

③ 템퍼링에는 항온형 템퍼링과 승온형 템퍼링이 있다.

ㄱ. 항온형 템퍼링 : 녹인 초콜릿을 30℃로 맞추어 오랫동안 교반하면서 결정화하는 방법이다. β-형 이외의 결정은 모두 녹고, β-형 결정만 오랜 시간동안 천천히 형성되는 방법이다.

ㄴ. 승온형 템퍼링 : 녹인 초콜릿을 27℃로 냉각 후 다시 30℃로 온도를 높이는 방법으로, 항온형에 비하여 단시간에 템퍼링을 완료할 수 있다.

④ 초콜릿 보관방법

ㄱ. 온도 17~18℃, 습도는 50% 이하에서 보관해야 한다.

ㄴ. 밀봉상태로 빛과 강한 냄새로부터 차단해야 한다.

(4) 블룸(Bloom)현상

블룸이란 꽃의 의미로, 초콜릿의 표면에 지방이나 설탕이 녹아 하얀 무늬나 반점이 생긴 모양이 마치 꽃과 비슷하여 붙여진 이름이다.

① 지방 블룸(Fat bloom) : 지방이 유출되어 표면에 얼룩이 생기는 현상

ㄱ. 높은 온도에 보관 또는 직사광선에 노출된 경우

ㄴ. 템퍼링이 불량한 경우

ㄷ. 초콜릿이 용해되어 지방이 분리되었다가 다시 굳은 경우

② 슈가 블룸(Sugar bloom) : 설탕의 재결정화 현상으로 표면에 하얗게 석출되는 현상

ㄱ. 습도가 높은 곳에 보조한 경우

ㄴ. 차가운 곳에서 꺼낸 후 그대로 방치한 경우

ㄷ. 습기가 초콜릿 표면에 붙어 다시 증발한 경우

11. 주류와 향료, 향신료

(1) 주류

① 양조주 : 원료를 당화하거나 그대로 발효하여 만든 술로 알코올 함량이 낮다. 청주, 맥주, 포도주 등이 있다.

② 증류주 : 양조주를 증류하여 만든 술로 소주, 위스키, 보드카 등이 있다.

③ 혼성주 : 양조주나 증류주에 식물의 잎, 뿌리, 꽃 등을 담가 식물의 향기, 맛을 침출시키어 만든 술이다. 대부분 알코올 농도가 높은 술이다.

> **Baking Tip**
>
> **제과·제빵용 양주(Pastry Liqueur)**
> ① 럼(Rum) : 사탕수수를 원료로 한 당밀을 발효시킨 증류수
> ② 그랑마니에르(Grand marnier) : 오렌지 껍질을 꼬냑에 담가 만들어짐. 초콜릿과 잘 어울린다.
> ③ 브랜디(Brandy) : 과실을 원료로 한 증류수의 총칭(Cognac-포도, Calvados-사과)
> ④ 쿠앵트로(Cointreau) : 오렌지향의 증류수
> ⑤ 오렌지큐라쇼(Orange curacao) : 오렌지 껍질로 만드는 리큐르
> ⑥ 키리쉬(Kirsch) : 체리의 과즙을 발효, 증류
> ⑦ 마라스키노(Maraschino) : 마라스카종의 블랙 체리를 이용한 리큐르

(2) 향료

후각을 자극하여 식욕을 높여 주는 역할을 하는 첨가제로, 각 제품의 개성을 살리는 역할을 한다. 알코올성인 에센스와 오일 형태, 분말형태의 향료가 있다.

(3) 향신료

① 후추(Pepper)
  ㄱ. 가장 용도가 넓게 쓰이는 향신료로 과실을 건조시킨 것이다.
  ㄴ. 주산지는 인도이고, 매운맛과 상큼한 향기가 난다.

② 계피(Cinnamon)
  ㄱ. 열대성 상록수 껍질로 만든 향신료이다.
  ㄴ. 케이크, 쿠키 등의 과자류와 빵류에 사용된다.

③ 정향(Clove)
  ㄱ. 정향나무의 열매를 따서 말린 것이다.
  ㄴ. 단맛이 강한 크림, 소스 등에 사용한다.

④ 박하(Peppermint)
  ㄱ. 박하잎을 말린 것으로 시원한 향이 난다.
  ㄴ. 소스, 크림에 사용되고 장식으로도 사용한다.

⑤ 넛메그(Nutmeg)
  ㄱ. 과육을 일광 건조하여 만든다.

ㄴ. 하나의 종자에서 메이스와 넛메그 두 종류의 향신료를 얻을 수 있다.

⑥ 카다몬(cardamon)

ㄱ. 생강과의 다년초 열매속의 작은 씨를 말린 것이다.

ㄴ. 케이크, 푸딩, 페이스트리에 사용된다.

⑦ 올스파이스(allspice)

ㄱ. 올스파이스 나무 열매를 익기 전에 말린 것이다.

ㄴ. 케이크, 비스킷, 푸딩 등에 사용된다.

⑧ 그 외 코리앤더, 오레가노, 캐러웨이, 생강

04 기초 재료과학

1. 탄수화물

(1) 탄수화물의 의의

① 탄수화물은 탄소(C), 수소(H), 산소(O)로 구성되어 있다.

② 단백질, 지방과 함께 3대 영양소 중 하나이다.

③ 최종분해산물로 당류가 대부분을 차지하므로 당질이라고 한다.

④ 감미도는 과당(175) > 전화당(130) > 자당(100) > 포도당(75) > 맥아당(32), 갈락토오스(32) > 유당(16)의 순이다.

⑤ 단백질과 갈색화 반응을 일으켜 멜라노이딘을 형성하는 것을 마이야르(메일라드) 반응이라 한다.

⑥ 설탕은 포도당과 과당으로 분해되며, 가열하면 캐러멜화 반응으로 흑갈색의 캐러멜을 형성한다.

⑦ 1g 당 4kcal의 에너지가 발생한다.

(2) 탄수화물의 분류

① 단당류

ㄱ. 포도당(Glucose) : 포도, 과즙에 많이 함유되어 있고, 혈액 내에 0.1% 정도 포함되어 있다.

ㄴ. 과당(Fructose) : 꿀과 과즙에 많이 함유되어 있고, 당류 중 단맛이 가장 강하다.

ㄷ. 갈락토오스(Galactose) : 젖당의 구성성분으로 단맛이 덜하고 물에 잘 녹지 않는다.

ㄹ. 만노오스(Mannose) : 곤약의 가수분해로 얻는다.

② **이당류**

ㄱ. 설탕(자당, Sucrose) : 사탕수수와 사탕무에 존재하며, 인베르타아제에 의해 포도당과 과당으로 분해된다. 비환원당이며 상대적 감미도는 100이다.

ㄴ. 맥아당(엿당, Maltose) : 말타아제에 의해 포도당 2분자로 분해된다.

ㄷ. 유당(젖당, Lactose) : 락타아제에 의해 포도당과 갈락토오스로 분해된다.
- 대장의 정장작용을 하며 당류 중 단맛이 가장 약하다.
- 발효과정에서 이스트가 분해하지 못하는 당이며, 유일한 동물성 당이다.

③ **다당류**

ㄱ. 전분(Starch) : 수많은 포도당의 결합으로 이루어져 있으며 곡류와 감자에 많다.

ㄴ. 덱스트린(호정, Dextrin) : 전분을 고온으로 가열하면 호정으로 변화한다.

ㄷ. 섬유소(Cellulose) : 채소류, 해조류에 많으며 배변효과가 있다.

ㄹ. 글리코겐(Glycogen) : 동물성 전분으로 간이나 근육에 포함되어 있다.

ㅁ. 펙틴(Pectin) : 과실류에 있고 가열하면 잼이나 젤리가 된다.

(3) 전분(녹말)

① 전분의 성질

ㄱ. 전분은 다당류로 옥수수, 보리 등의 곡류와 감자, 고구마, 타피오카 등의 뿌리에 존재하며 몸의 신진대사에 주된 에너지원이다.

ㄴ. 전분은 맛과 냄새가 없는 흰색의 분말이다.

ㄷ. 물에 녹지 않고 침전한다.

② 전분의 성분

전분은 아밀로오스와 아밀로펙틴의 두 가지 성분으로 이루어져 있으며, 각각의 비율은 곡물의 종류에 따라 다르지만 밀가루는 아밀로오스가 25%, 아밀로펙틴이 75%이다.

아밀로오스(Amylose)	아밀로펙틴(Amylopection)
요오드 용액에 의해 청색반응	요오드 용액에 의해 적자색반응
비교적 작은 분자량(80,000~320,000)	천개의 포도당 단위를 가진 백만개 이상의 분자량
포도당 단위가 직쇄구조로 α-1,4결합	포도당의 α-1,4결합에 측쇄상 α-1,6결합
β-아밀라아제에 의해 거의 맥아당	
일반 곡물에 17~28% 함유	찹쌀, 찰옥수수는 아밀로펙틴이 100%

③ 전분의 호화(α화, 젤라틴화)

ㄱ. 불용성인 전분(β-전분)에 물과 열을 가하면 수분을 흡수하면서 내부구조가 팽윤되며, 점성이 증가해 반투명한 콜로이드상태가 된다. 이러한 전분을 α-전분, 호화전분이라 하며 생전분보다 소화가 더 잘 된다.

ㄴ. 수분이 많고 pH가 높을수록 빨리 진행된다.

ㄷ. 전분의 호화온도는 전분과 물의 비율, 그리고 전분의 종류에 따라 다르며 쌀과 감자전분은 비교적 낮은 온도(약 60℃), 밀과 옥수수 전분은 높은 온도(80℃ 이상)를 필요로 한다.

④ 전분의 노화(β화)

ㄱ. 호화된 α-전분이 딱딱하게 굳어서 결정화, 퇴화하여 β-전분으로 되돌아가는 현상을 말한다.

ㄴ. 빵과 케이크가 딱딱해지는 현상이며 전분이 퇴화한 결과이다.

ㄷ. 노화의 최적 온도는 0~5℃(냉장온도)이며, -18℃ 이하에서는 노화가 거의 정지된다.

ㄹ. 노화지연 방법 : 포장관리, 냉동저장(-18℃ 이하), 수분함량을 15% 이하로 조절, 유화제 사용, 양질의 재료사용과 적정한 공정관리 등

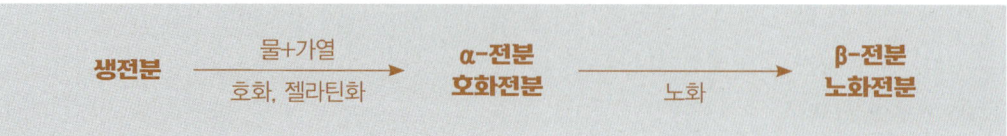

2. 지방(lipid)

(1) 지방(지질)의 의의

생물체에 함유되어 있고 물에 녹지 않으며 에테르, 아세톤 등의 지용성 용매에 녹는 물질을 통틀어 유지 또는 지방이라 한다. 지방은 글리세린(글리세롤) 1개 분자와 지방산 3개 분자의 에스테르 결

합으로 이루어진 트리글리세리드의 혼합물이다.
① 지방은 탄소(C), 수소(H), 산소(O)로 구성되어 있다.
② 지방은 체온을 조절하고, 외부의 충격으로 내장기관을 보호하는 기능을 한다.
③ 지방은 지용성 비타민의 흡수를 촉진하고, 장내에서 윤활제 역할을 한다.
④ 탄수화물과 단백질에 비해 산소 함유량이 적고, 수소와 탄소가 많기 때문에 산화 분해 시 더 많은 에너지가 발생한다.
⑤ 지방 1g당 9kcal의 에너지가 발생한다.

(2) 지방의 종류

① 단순지방
  ㄱ. 중성지방(유지) : 3분자의 지방산과 1분자의 글리세롤이 결합된 것이다.
  ㄴ. 필수지방산 : 리놀레산, 리놀렌산, 아라키돈산이 있으며, 체내 합성은 불가능하여 음식물을 통해 섭취해야 한다.
② 복합지방 : 지방산, 알코올, 인, 당 등이 결합된 지방이다.
  ㄱ. 인지질 : 항산화제, 유화제로 쓰이며 난황, 콩, 간에 많다.
  ㄴ. 당지질 : 중성지방과 당류가 결합된 것이다.
③ 유도지방
  ㄱ. 콜레스테롤 : 동물성 스테롤로 뇌, 골수, 혈액 등에 많고 지방대사, 해독 등의 중요한 작용을 하며, 세포막의 주요 구성요소이고 담즙산 생산에 관여한다.
  ㄴ. 에르고스테롤 : 식물성 스테롤로 효모, 버섯 등에 많다.
  ㄷ. 스쿠알렌 : 심해 상어의 간유에서 분리된 것으로 콜레스테롤 합성 중에 생성된다.
  ㄹ. 글리세린 : 지방산과 함께 지방을 구성하고 물에 잘 혼합되며, 비중이 물보다 무겁다. 수분을 끌어들이는 보습성이 뛰어나며 거품제거제, 용매로 사용된다.

(3) 지방의 구조

① 지방산
  ㄱ. 지방 전체의 95% 정도를 구성하며 1개의 카르복실기(-COOH)가 부착된 화합물이다.
  ㄴ. 탄소와 탄소 사이의 이중결합 유무에 따라 포화지방산과 불포화지방산으로 구분된다.

> **Baking Tip**
> **필수지방산** : 우리몸에 꼭 필요한 지방산으로 반드시 식품으로 섭취해야만 하는 지방산을 말하며, 불포화지방산인 리놀레산, 리놀렌산, 아라키돈산이 필수지방산이다.

② 포화지방산
  ㄱ. 지방산 사슬의 탄소원자가 2개의 수소원자와 단일결합만으로 이루어진 지방산이다.
  ㄴ. 동물성 유지에 다량 함유되어 있고, 물에 녹지 않는다.
  ㄷ. 탄소수가 증가하면 융점(녹는점)과 비점(끓는점)이 높아진다.
  ㄹ. 뷰트릭산, 팔미트산, 카프로산, 스테아르산 등이 있다.

③ 불포화지방산
  ㄱ. 지방산 사슬의 탄소원자가 1개의 수소원자와 결합하여 탄소와 탄소 사이에 이중결합이나 삼중결합으로 이루어진 지방산이다.
  ㄴ. 이중결합이 많을수록(불포화도가 높을수록) 산화되기 쉽고 융점이 낮아진다.
  ㄷ. 식물성 유지에 다량 함유되어 있고, 상온에서는 액체이다.
  ㄹ. 올레산, 리놀레산, 리놀렌산, 아라키돈산 등이 있다.

④ 트랜스지방산
  ㄱ. 불포화지방산의 이중결합에 수소를 첨가하여 경화시키면 지방산의 불포화도가 감소하면서 융점이 높아지고, 작업성이 좋아진다.
  ㄴ. 트랜스지방산은 경화과정에서 이중결합의 일부가 시스형이 아니고 수소의 위치가 서로 반대방향인 트랜스형의 구조로 바뀌는 지방산이며, 이는 포화지방산과 함께 각종 심혈관계 질환을 유발하므로 트랜스지방산의 저감화를 위한 가공방법들이 개발되고 있다.

(4) 유지의 화학적 반응
① 가수분해
  ㄱ. 지방의 글리세린과 지방산의 결합이 분해되는 것으로, 유리지방산과 모노글리세리드, 디글리세리드가 생성된다.
  ㄴ. 유리지방산의 함량이 높아지면, 튀김기름은 거품이 많아지고 발연점이 낮아진다.

② 산화
  ㄱ. 불포화 지방산의 이중결합 부위와 산소가 결합하여 과산화물을 형성하는 것을 산화라고 하며 지방의 산패와 직결된다.
  ㄴ. 산화를 가속시키는 요인
    - 산소량
    - 불포화도가 높을수록
    - 이중결합의 수가 많을수록
    - 철, 구리 등의 금속물질
    - 광선, 특히 자외선
    - 온도가 높을수록
    - 효소(Lipoxidase) 및 생물학적 촉매(Heme 화합물 등)

(5) 유지의 화학적 성질

① 산가(Acid value)

유지의 가수분해정도를 나타내는 지표이며, 1g의 유지에 들어있는 유리지방산을 중화하는데 필요한 수산화칼륨(KOH)의 양을 mg으로 나타낸 값이다. 일반적인 식용유지의 산가는 1.0 이하여야 하며, 신선한 유지일수록 유리지방산의 함량이 적어 산가가 낮으며, 산가가 높을수록 산패가 진행된 유지이므로 산가는 유지의 신선도를 나타낸다.

② 요오드가(Iodine value)

유지의 불포화도를 나타내는 지표이며, 유지 100g에 대하여 반응한 요오드의 양을 g수로 나타낸 값이다. 요오드가가 크다는 것은 불포화지방산이 있어 자동산화를 받기 쉽다는 뜻이다.

  ㄱ. 건성유 : 요오드가 120 이상인 기름으로 해바라기 기름, 들기름 등
  ㄴ. 반건성유 : 요오드가 90~120인 기름으로 면실유, 대두유, 참기름 등
  ㄷ. 비건성유 : 요오드가 80 이하인 유지로 팜유, 코코넛유, 돼지기름 등

③ 검화가

유지 1g을 가수분해하는데 필요한 수산화칼륨(KOH)의 mg수를 말한다. 탄소길이가 짧아 분자량이 작은 지방산일수록 유지의 검화가가 크다.

  ㄱ. 우유 지방의 검화가 : 210~230

ㄴ. 옥수수유의 검화가 : 187~193

④ 과산화물가

유지의 품질을 나타내는 지표의 하나이다. 유지의 자동산화에 의해서 생성되는 히드로퍼옥시드 등의 과산화물 함유량을 나타낸다.

⑤ 아세틸가

유지 혹은 납에 존재하는 유리된 히드록시기 양의 척도이다. 아세틸화한 시료 1g에 결합되어 있는 아세트산을 중화하는데 필요한 수산화칼륨을 mg수로 나타낸다. 신선한 유지에서는 값이 작지만, 변패하면 커진다.

(6) 유지의 안정화

① 항산화제 : 비타민 E(토코페롤), BHA, BHT, PG

② 항산화 보완제 : 항산화제 효과를 높여주는 물질로 비타민 C(아스코르빈산), 구연산, 주석산, 인산 등이 있다.

③ 수소 첨가 : 불포화지방산의 이중결합에 수소를 첨가하여 불포화결합을 포화시키는 조작을 유지의 경화라 하며, 이렇게 만들어진 대표적인 경화유가 마가린이다.

ㄱ. 촉매제 : 니켈

ㄴ. 수소 첨가 후 유지의 변화 : 불포화도 감소, 융점이 높아짐, 이중결합의 수 감소, 액체상태에서 고체상태로 굳어짐

(7) 제과용 유지의 특성

① 가소성 : 유지가 고체모양을 유지하는 성질로 파이용 유지가 대표적이다.

예 파이, 페이스트리

② 산화 안정성 : 지방의 산화와 산패을 억제하는 기능으로 저장기간이 긴 제품에 요구된다.

예 쿠키

③ 크림성 : 유지가 공기를 포집하는 능력으로 크림법을 사용하는 반죽형 케이크나 버터크림에 요구된다.

④ 유화성 : 유지가 물을 흡수하여 보유하는 능력으로 유화 쇼트닝은 자기 무게의 800% 까지 흡수한다. 많은 유지와 액체재료를 사용하는 고율배합 케이크나 반죽형 케이크에 요구된다.

⑤ 쇼트닝성 : 빵, 과자 제품의 부드러움을 나타내는 수치로 비스킷, 크래커 제조 시 요구된다.

3. 단백질

(1) 단백질의 의의 및 성질
① 의의
ㄱ. 단백질은 탄소(C), 수소(H), 산소(O), 질소(N)로 구성된 유기화합물이다. 이 중 질소가 단백질의 특성을 규정한다.
ㄴ. 단백질은 각종 생체기능을 담당하는 1차적 기본요소이다.
ㄷ. 일반식품 단백질 함량은 N(질소량)×6.25이며, 밀 단백질은 N(질소량)×5.7이다.

② 성질
ㄱ. 응고성 : 열, 산, 알칼리를 가하면 응고되는 성질을 가지고 있다.
ㄴ. 변성 : 열, 산, 알칼리, 유기약품 등에 구조가 변하는 성질을 가지고 있다.
ㄷ. 침전성 : 단백질에 용액이나 이온을 가하게 되면 침전한다.
ㄹ. 가수분해 : 산, 알칼리의 수용액에 열이나 효소를 가하면 아미노산의 혼합물을 얻을 수 있다.

(2) 단백질의 분류
단백질은 산, 알칼리, 염이나 유기 용매에 대한 용해도의 차이에 의한 화학적 분류와 아미노산의 종류 및 양에 의한 영양학적 분류로 구분된다.

① 화학적 분류
ㄱ. 단순 단백질
- 가수분해로 인해 아미노산이 생성되는 단백질을 말한다.
- 섬유상 단백질로는 콜라겐, 엘라스틴, 케라틴이 있고 구상단백질로는 알부민, 글로불린, 글루테닌, 프롤라민, 히스톤, 프로타민이 있다.

ㄴ. 복합 단백질
- 단순 단백질에 다른 물질이 결합되어 있는 단백질을 말한다.
- 핵단백질 : 세포핵을 구성하는 단백질로 DNA, RNA, 효모, 세균 등이다.
- 인단백질 : 유기인과 결합한 단백질로 카제인, 비텔린이 있다.

- 색소단백질 : 헤모글로빈, 미오글로빈, 시토크롬, 클로로필이 있다.
- 당단백질 : 단백질과 탄수화물이 결합한 것으로 뮤신, 뮤코이드가 있다.

ㄷ. 유도 단백질
- 단순, 복합 단백질이 물리적, 화학적인 변화로 인해 생성된 단백질이다.
- 프로테오스, 펩톤, 펩티드가 있다.

② **영양학적 분류**

ㄱ. 완전 단백질
- 정상적인 성장을 돕는 필수아미노산이 많은 단백질, 즉 생물가가 높은 단백질이다.
- 우유의 카제인(Casein), 달걀의 오브알부민(Ovalbumin), 대두의 글리시닌(Glycinine) 등이 있다.

ㄴ. 부분적인 불완전 단백질
- 성장을 돕지는 못하나 생명을 유지시키는 단백질이며, 몇 종류의 필수 아미노산이 부족한 단백질이다.
- 밀의 글리아딘(Gliadin), 보리의 호르데인(Hordeine) 등이 있다.

ㄷ. 불완전 단백질
- 성장이 지연되고 체중이 감소하는 단백질이다.
- 육류의 젤라틴(Gelatine), 옥수수의 제인(Zein) 등이 있다.

(3) 아미노산

① 의의

ㄱ. 아미노산은 단백질의 구성 단위로 염기와 산의 특성을 함께 가지고 있다.

ㄴ. 아미노($-NH_2$) 그룹과 카르복실기($-COOH$) 그룹을 함유하는 유기산이다.

② 종류

ㄱ. 필수 아미노산 : 인체에서 생성할 수 없어 식품으로부터 공급받아야만 하는 아미노산이다. 라이신, 이소류신, 트립토판, 트레오닌, 페닐알라닌, 메티오닌, 류신, 발린, 히스티딘이 있다.

ㄴ. 불필수 아미노산 : 체내에서 생성 가능한 아미노산이다.

③ 아미노산의 분류

반응하는 성질과 성분을 기준으로 하여 다음과 같이 분류한다.

ㄱ. 염기성 아미노산 : 2개의 아미노 그룹과 1개의 카르복실기 그룹을 가지고 있어 약염기성을 띤다. 라이신이 여기에 속한다.

ㄴ. 산성 아미노산 : 1개의 아미노 그룹과 2개의 카르복실기 그룹을 가지고 있어 약산의 성질을 띤다.(여기에 속하는 필수 아미노산은 없다)

ㄷ. 중성 아미노산 : 아미노 그룹과 카르복실기 그룹을 각각 1개씩 가지고 있다. 발린, 류신, 이소류신, 트레오닌이 여기에 속한다.

ㄹ. 함황 아미노산 : 아미노산의 화학 구조상, 측쇄에 황(S)원자를 함유하는 아미노산으로 시스테인, 시스틴, 메티오닌이 있다.

ㅁ. 페닐알라닌은 방향족, 트립토판은 이종 환상 아미노산에 속한다.

(4) 단백질의 구조

① 1차 구조 : 아미노산과 아미노산의 펩타이드 결합을 말하며, 20여종의 아미노산의 배열 순서를 1차 구조라고 한다.

② 2차 구조 : 아미노산 사슬이 코일구조를 이룬다. 사람의 모발이나 손톱을 구성하는 단백질인 케라틴(Keratin)이 2차 구조이다.

③ 3차 구조 : 2차 구조 단백질이 구부러진 구상구조를 이룬다. 즉, 단백질 구조가 전체적으로 공처럼 둥글며, 대부분의 효소들은 3차 구조이다.

④ 4차 구조 : 3차 구조의 단백질이 화합하여 고분자를 이뤄서 생물학적 기능을 나타낸다. 사람의 혈액 속에 존재하는 헤모글로빈(Hemoglobin)은 4차 구조의 대표적인 예다.

4. 효소

(1) 효소의 의의 및 성질

① 의의

효소는 생체 내에서 일어나는 화학반응을 돕는 촉매 역할을 한다. 효소는 단백질이며 온도, 수분, pH 등의 영향을 받는다.

② 성질

ㄱ. 선택성(기질특이성)

- 기질특이성이란 효소의 입체구조와 기질의 입체구조가 일치해야 효소가 작용하는 성질을 말한다.
- 효소는 선택적으로 반응하는 성질이 있다.

ㄴ. 온도의 영향
- 적정 온도에서는 온도가 10℃ 상승하면 반응속도는 2배가 증가된다.
- 효소는 대개 60℃ 이상에서 활성이 저하되고 79~80℃ 이상에서는 파괴된다.

ㄷ. pH의 영향
- 적정 pH는 작용기질에 따라 다르다.
- 효소가 활성화되는 적정 pH는 4.5~8.0 범위이며, 제빵용 이스트의 경우 pH 4.6~4.8에서 활성이 가장 크다.

(2) 효소의 분해효소

① 탄수화물 분해효소

ㄱ. 이당류 분해효소
- 인베르타아제 : 자당(설탕)을 포도당과 과당으로 분해하며 췌액, 장액, 제빵용 이스트 등에 있다.
- 말타아제 : 맥아당을 2개의 포도당으로 분해하며 췌액, 장액, 제빵용 이스트 등에 있다.
- 락타아제 : 유당을 포도당과 갈락토오스로 분해하며 췌액과 장액에 있다.

ㄴ. 다당류 분해효소
- 아밀라아제 : 전분이나 글리코겐과 결합한 다당류를 분해하는 효소이다.
- 셀룰라아제 : 섬유소를 분해하는 효소이다.

ㄷ. 산화효소
- 치마아제 : 단당류를 이산화탄소와 알코올로 분해시키는 효소이다.
- 퍼옥시디아제 : 카로틴계의 황색 색소를 무색으로 산화시키는 효소이다.

② 단백질 분해효소

ㄱ. 프로테아제 : 단백질을 펩톤, 펩티드, 아미노산, 폴리펩티드로 분해하는 효소이다.

ㄴ. 펩신 : 위액에 존재하는 단백질 분해효소이다.

ㄷ. 트립신 : 췌액에 존재하는 단백질 분해효소이고, 십이지장에서 단백질을 가수분해시킨다.

ㄹ. 레닌 : 소, 양 등의 위액에 존재하고, 단백질을 응고시킨다.
③ 지방 분해효소
　ㄱ. 리파아제 : 지방을 지방산과 글리세린으로 분해하는 효소이다.
　ㄴ. 스테압신 : 췌장에 존재하는 지방 분해효소이다.

(3) 효소와 제빵
① 아밀라아제(탄수화물 분해효소)
　ㄱ. α-아밀라아제
　　• 전분을 분해하는 리드 효소이며 내부 아밀라아제라고 한다.
　　• 전분을 덱스트린으로 분해하는 액화효소이다.
　　• α-1,4결합과 α-1,6결합에 모두 작용한다.
　ㄴ. β-아밀라아제
　　맥아당을 생성하는 당화효소이며 외부 아밀라아제라고 한다. α-1,4결합에만 작용한다.
　ㄷ. 아밀라아제의 역할
　　• 전분을 당으로 전환하여 발효성 당을 제공함으로써 가스생산을 늘린다.
　　• 전분을 포도당 같은 단당류로 분해하여 제품의 착색을 돕는다.
　　• 껍질의 수분을 증가시켜 부드러움을 유지하고, 저장성을 향상시킨다.
　　• 빵의 부피와 가스보유력을 증가시킨다.
② 프로테아제(단백질 분해효소)
　ㄱ. 반죽의 신장성을 향상시킨다.
　ㄴ. 기계적 내성을 향상시킨다.
　ㄷ. 제품의 기공과 조직을 향상시킨다.
　ㄹ. 혼합시간을 줄일 수 있다.

05 재료의 영양학적 특성

1. 영양소의 정의 및 종류

(1) 영양소의 정의

영양소란 식품 속의 성분들로 체내에 섭취되어 생리적 기능에 이용되는 것이다. 탄수화물, 단백질, 지방, 무기질, 비타민, 물 등이 있다.

(2) 영양소의 종류

① 열량 영양소 : 탄수화물, 지방, 단백질로 구성되며 에너지원으로 이용된다.
② 구성 영양소 : 단백질, 지방, 무기질로 구성되며 근육, 골격, 효소, 호르몬 등 신체구성의 성분이 된다.
③ 조절 영양소 : 무기질, 비타민, 물로 구성되며 체내 생리작용을 조절하고 대사를 원활하게 한다.

2. 탄수화물

(1) 탄수화물의 정의

- 탄소(C), 수소(H), 산소(O)로 구성되어 있다.
- 사람에게 가장 중요한 에너지원으로 1g에 4kcal의 열량을 낸다.
- 포도당은 글리코겐이 되어 간, 근육에 저장된다.
- 부족하면 체중이 감소, 체력저하 현상이 나타난다.
- 과잉 섭취 시에는 비만, 당뇨병이 유발될 수 있다.

(2) 탄수화물의 종류

① 단당류

ㄱ. 포도당(Glucose)

- 과일에 많이 들어 있으며, 영양상 중요한 당이다.
- 탄수화물의 최종분해산물로 인체의 혈액에 0.1% 정도 포함되어 있다.
- 전분을 가수분해하여 얻는다.

ㄴ. 과당(Fructose)

- 당류 중 단맛이 가장 강하고 꿀, 과즙 등에 들어있다.
- 흡습성이 있으며 결정화되지 않는다.
- 이눌린, 자당의 가수분해로 얻는다.

ㄷ. 갈락토오스(Galactose)

- 단당류 중 가장 빨리 소화, 흡수되나 물에는 잘 녹지 않는다.
- 단독으로 존재하지 않고 포도당과 결합하여 유당을 이룬다.

② **이당류**

ㄱ. 자당(설탕, Sucrose)
- 사탕수수, 사탕무에서 얻으며 단맛의 기준이 된다.
- 물에 녹기 쉽고, 장액에 의해 과당과 포도당이 같은 비율로 분해된다.

> **Baking Tip**
>
> **전화당** : 자당이 가수분해될때 생기는 중간산물로 포도당과 과당이 동량으로 혼합된 당으로 감미도는 설탕의 1.3배이다.

ㄴ. 유당(젖당, Lactose)
- 유즙에만 존재하고 포도당과 갈락토오스로 구성된다.
- 물에 대한 용해도가 적고, 다른 당에 비해 감미가 적다.
- 장에서 칼슘의 흡수를 돕는다.

ㄷ. 맥아당(엿당, Maltose)
- 물에 녹기 쉬우며 엿기름 속에 있다.
- 포도당 2분자로 구성되며, 소화기 계통의 환자에게 좋다.
- 전분이 가수분해되는 과정에서 생긴 중간산물이다.

③ **다당류**

ㄱ. 전분(녹말, Starch)
- 곡류의 주성분으로 대부분 열량 에너지원이다.
- 여러개의 포도당이 축합되어 이루어진 것이다.
- 아밀로오스와 아밀로펙틴이 20:80의 비율로 함유되어 있다.
- 찹쌀이나 찰옥수수의 전분은 아밀로펙틴이 100%이다.

ㄴ. 섬유소(셀룰로오스, Cellulose)
- 식물 세포막의 구성 성분으로 채소의 줄기, 잎, 열매의 껍질 등에 분포한다.
- 장의 소화운동을 촉진하여 배설작용을 원활히 한다.
- 체내에서는 소화되지 못하므로 에너지원이 되지 못한다.

ㄷ. 펙틴(Pectin)
- 과일껍질 부분에 많이 있다.
- 펙틴산(반섬유소)은 소화흡수는 되지 않으나, 장내 세균, 유독물질을 흡착, 배설하는 성질이 있다.
- 가열하면 잼, 젤리 등을 만들 수 있다.

ㄹ. 글리코겐(Glycogen)
- 동물성 전분으로, 쉽게 포도당으로 변해 에너지원으로 쓰인다.
- 요오드 반응 시 적포도주 색깔이 나타난다.
- 어패류, 효모 등에 분포되어 있다.

ㅁ. 한천(Agar)
- 바다 홍조류의 세포성분으로, 응고제로 사용된다.
- 장을 자극시켜 변통을 좋게 하나, 소화에는 거의 이용되지 않는다.

ㅂ. 이눌린(Inulin)
- 우엉, 돼지감자 등에 분포한다.
- 이눌라아제에 의해 가수분해 되어 과당을 생성한다.

(3) 탄수화물의 기능 및 소화 · 흡수

① 탄수화물의 기능

ㄱ. 가장 경제적인 에너지원으로 1g당 4kcal이다.
ㄴ. 대부분 체내에서 이용되고, 소화흡수율은 98%이다.
ㄷ. 간에서 지방의 완전대사를 돕는다.
ㄹ. 단백질 절약 작용과 간장 보호, 해독 작용을 한다.
ㅁ. 간에서 글리코겐으로 저장되었다가 필요 시 포도당으로 분해되어 사용된다.
ㅂ. 뇌나 신경조직은 에너지원을 포도당으로만 이용하므로 중추신경조직의 완전한 기능을 유지시켜 준다.
ㅅ. 변비 방지, 혈당량 유지(0.1%) 등에 이용된다.

② 탄수화물의 소화 · 흡수

ㄱ. 단당류는 그대로 흡수된다.

ㄴ. 이당류와 다당류는 분해되어 소장에 흡수된다.

ㄷ. 체내에 흡수된 포도당은 혈액에 혼합되어 각 조직으로 운반된다.

ㄹ. 에너지로 쓰고 남은 포도당은 혈액으로 이동되어 0.1%의 혈당량이 유지된다.

ㅁ. 1g당 4kcal의 에너지를 방출시킨다.

ㅂ. 탄수화물 과잉 섭취 시 비만, 당뇨 등을 유발시킨다.

ㅅ. 섬유소는 소화되지 않고, 장의 운동을 도와 변비를 방지한다.

ㅇ. 탄수화물 연소 시 조효소로 비타민 B군이 작용하고, 무기질이 필요하다.

3. 지방

(1) 지방의 정의

- 탄소(C), 수소(H), 산소(O)로 구성되어 있다.
- 1g당 9kcal의 에너지를 발생한다.
- 알코올, 에테르, 벤젠, 아세톤 등의 유기용매에만 녹고 물에는 녹지 않는다.
- 체온유지의 에너지원이 된다.
- 지방이 과잉 섭취되면 피하에 저장된다.

(2) 지방의 종류

① 단순지방

고급지방산과 알코올의 결합체이다.

ㄱ. 중성지방
- 천연지방의 대부분이 중성지방이다.
- 1분자의 글리세롤과 3분자의 지방산이 결합된 것이다.
- 주로 동물성지방인 포화지방산과, 주로 식물성지방인 불포화지방산이 있다.
- 상온에서 고체인 지방(fat)과 액체인 기름(oil)으로 나뉜다.

ㄴ. 왁스
- 지방산과 고급 알코올의 결합체로서 영양적 가치는 없다.
- 식물의 줄기, 잎, 동물의 뇌, 뼈 등에 분포되어 있다.

② 복합지방

지방산, 알코올 외에 다른 분자군을 함유하는 지질이며, 단순지질과 달리 친수성이 있어 유화제로 이용된다.

    ㄱ. 인지질
- 레시틴은 뇌, 신경, 간장, 난황, 콩 등에 존재한다.
- 세팔린은 혈액, 뇌에 들어 있고, 식품 중에는 난황, 콩에 많다.

    ㄴ. 당지질 : 뇌, 신경 조직에 존재하며, 중성지방과 당류가 결합된 것이다.

    ㄷ. 단백지질 : 단백질과 중성지방이 결합한 것이다.

③ 유도지방

비누화되지 않은 물질로 스테롤, 고급 알코올, 지용성 비타민 등이 있다.

    ㄱ. 콜레스테롤
- 뇌, 골수, 혈액 등에 많고, 동물성 스테롤이다.
- 혈관내부에 쌓이면 신진대사에 방해가 된다.
- 자외선으로 인해 비타민 D_3로 바뀐다.
- 과잉 섭취 시 고혈압과 동맥경화를 유발한다.
- 성호르몬과 부신피질호르몬의 성분이다.

    ㄴ. 에르고스테롤
- 버섯, 효모, 간유 등에 함유되어 있는 식물성 스테롤이다.
- 자외선에 의해 비타민 D_2로 바뀐다.

(3) 지방의 불포화도

① 포화지방

    ㄱ. 탄소와 탄소사이가 단일결합으로 이루어져 있어 산화에 대한 안정도가 높다.

    ㄴ. 탄소수가 증가할수록 융점이 높아진다.

    ㄷ. 팔미트산, 스테아르산 등이 있다.

    ㄹ. 주로 동물성 식품에 들어있으며, 식물성인 팜유, 코코넛유는 포화지방산 함량이 높다.

② 불포화지방산

    ㄱ. 탄소와 탄소사이가 이중결합으로 이루어져 있어 산화에 대한 안정도가 낮다.

ㄴ. 상온에서 액체로 존재한다.

ㄷ. 이중결합이 많을수록 불포화도가 높고, 융점이 낮아진다.

ㄹ. 올레산(이중결합 1개), 리놀레산(이중결합 2개), 리놀렌산(이중결합 3개), 아라키돈산(이중결합 4개) 등이 있다.

ㅁ. 주로 식물성 식품에 들어있으며, 동물성인 생선기름은 불포화지방산 함량이 높다.

③ 필수지방산

ㄱ. 체내에서 합성되지 않지만, 성장에 필요하므로 반드시 음식물로 섭취해야 하는 지방산이다.

ㄴ. 성장촉진, 피부보호, 동맥경화증을 예방한다.

ㄷ. 리놀레산, 리놀렌산, 아라키돈산 등이 있다.

(4) 지방의 기능 및 소화 · 흡수

① 지방의 기능

ㄱ. 에너지원으로 1g당 9kcal의 열량을 발생한다.

ㄴ. 체온조절과 내장보호 기능을 한다.

ㄷ. 장에서 윤활유 역할을 하여 변비를 예방한다.

ㄹ. 위에서 머무는 시간이 길기 때문에 포만감을 준다.

ㅁ. 지용성 비타민의 흡수와 운반을 도와준다.

② 지방의 소화 · 흡수

ㄱ. 지방산과 글리세롤로 분해 흡수된 후 혈액에 의해 조직으로 운반되어진다.

ㄴ. 지방의 대사에는 지용성 비타민이 관여한다.

ㄷ. 지방의 과잉 섭취 시 비만, 동맥경화 등을 유발한다.

ㄹ. 소화흡수율은 95%이다.

4. 단백질

(1) 단백질의 정의

- 탄소(C), 수소(H), 산소(O), 질소(N) 등으로 구성된 고분자 유기화합물이다. 질소의 함량은 단백질의 종류에 따라 다르지만 평균 16% 정도이며, 단백질의 양은 질소의 양에 질소계수를 곱하면 알 수 있다.

>  Baking Tip
>
> **질소계수** = 100÷16 = 6.25 (밀 단백질의 질소계수는 5.70이다)

- 생명유지와 몸의 근육과 조직의 형성에 꼭 필요한 영양소이다.
- 기본 구성단위는 아미노산이고, 이는 필수 아미노산과 불필수 아미노산으로 나뉜다.
- 필수 아미노산은 체내 합성이 안되므로 음식물로 섭취해야 하며, 동물성 단백질에 많이 함유되어 있다. 필수 아미노산의 종류는 라이신, 이소류신, 트립토판, 트레오닌, 페닐알라닌, 메티오닌, 류신, 발린, 히스티딘이다.
- 불필수 아미노산은 체내 합성이 가능한 아미노산이다.

(2) 단백질의 분류

① 화학적 분류

ㄱ. 단순 단백질 : 아미노산으로 구성된 단백질을 말한다.

분류	특징	종류
알부민	물, 묽은산, 알칼리에 녹으며 열, 알코올에 응고된다.	• 오브알부민(흰자) • 미오겐(근육)
글루테닌	묽은산, 알칼리에 녹고, 알코올에 녹지 않는다.	• 글루테닌(밀) • 오리제닌(쌀)
글로불린	묽은 염류 용액에 녹고, 물에 녹지 않는다.	• 오보글로불린(흰자) • 락토글로불린(우유)
프로타민	물, 묽은산, 염류에 녹으며 열에 응고되지 않는다.	• 살몬(연어) • 글루페인(정어리)
프롤라민	산, 알칼리, 알코올에 녹는다.	• 호르데인(보리) • 제인(옥수수)

ㄴ. 복합 단백질 : 단순 단백질에 다른 유기 화합물인 당질, 지질, 색소, 인산 등이 결합된 단백질을 말한다. 헤모글로빈, 미오글로빈, 카제인, 오보뮤신, 당 단백질 등이 있다.

ㄷ. 유도 단백질 : 단백질이 열 등으로 인한 물리적 작용에 의해 분해되는 과정에서 만들어지는 단백질이다. 젤라틴, 프로테오스, 펩톤 등이 있다.

② 영양적 분류

　ㄱ. 완전 단백질 : 생명유지, 성장발육, 생식에 필요한 필수 아미노산을 골고루 갖춘 단백질이다. 달걀의 오브알부민, 콩의 글리시닌, 생선의 미오겐, 육류의 미오신, 우유의 카제인과 락토알부민 등에 많이 들어 있다.

　ㄴ. 부분적 완전 단백질 : 성장발육과는 관계없고, 생명유지만 가능하게 하는 단백질이다. 쌀의 오리제닌, 보리의 호르데인, 밀의 글리아딘과 글루테닌 등에 많이 들어 있다.

　ㄷ. 불완전 단백질 : 성장발육과 생명유지 모두에 관계없는 단백질이다. 육류의 젤라틴, 옥수수의 제인 등에 함유되어 있다.

(3) 단백질의 기능 및 소화 · 흡수

① 단백질의 기능

　ㄱ. 근육, 피부, 머리카락 등 체조직을 구성한다.

　ㄴ. 체내에서 에너지 공급을 하고 1g당 4kcal의 에너지를 발생한다.

　ㄷ. 체액의 pH(수소이온농도)를 일정하게 유지하고, 삼투압조절로 체내 수분 함량을 조절한다.

② 단백질의 소화 · 흡수

　ㄱ. 아미노산으로 분해되어 소장에서 흡수되며, 아미노산은 전신의 각 조직으로 운반되어 조직 단백질을 구성한다. 그 외는 혈액과 함께 간으로 운반되어 분해되고, 요소와 질소화합물은 소변으로 배출된다.

　ㄴ. 단백질을 과잉섭취하면 혈압상승, 체중증가, 요독을 유발한다.

　ㄷ. 결핍 시에는 발육장애, 저항력 감퇴와 쿼시오카, 마라스무스 등 심각한 질병을 초래한다.

> **Baking Tip**
> - **쿼시오카(Kwashiorkor)** : 피하지방이 현저히 감소하며 함께 부종이 나타난 상태
> - **마라스무스(Marasmus)** : 피하지방 조직이 거의 없거나 전혀 없어 피부와 뼈만 있는 상태

　ㄹ. 하루에 필요한 총에너지의 10~20% 정도를 섭취하여야 한다.

(4) 단백질의 영양

① 생물가

흡수된 단백질 양에 대하여 체내에 보유된 질소량의 비율을 말하며, 체내에 보유된 질소가 많을수록 양질의 단백질이다.

② 단백질 효율(Protein efficiency ratio)

일정한 기간 동안 섭취한 단백질 총량에 대한 그 동안의 체중 증가량을 비율로 표시한 것이다.

$$생물가 = \frac{체내에 보유된 질소량}{흡수된 질소량} \times 100 \qquad PER = \frac{체중 증가량}{단백질 섭취량}$$

(5) 단백질의 성질

① 등전점

(+), (−)전하의 양이 같아서 단백질이 중성이 되는데, 이때의 pH를 등전점이라고 하며, 대부분의 단백질에서 등전점은 pH 5~7 사이에 있다. 등전점에서 단백질은 가장 용해도가 낮으며 침전하기 쉬워 단백질의 분리, 정제에 이용된다.

② 단백질의 변성

가열, 압력, 냉동, 산, 알칼리, 표면장력 등에 의하여 아미노산의 입체구조가 무너져서 단백질의 성질과 기능을 잃게 되는 현상이다. 단백질이 변성되면 점도의 증가, 용해도의 변화·응고·침전 등이 생긴다.

5. 무기질

(1) 무기질의 정의

① 미네랄 또는 회분이라고도 하며, 체내에서 합성되지 못한다.

② 인체의 4% 정도가 무기질로 구성되어 있다.

③ 체내에서 직접적인 열량원이 되지 못하나, 생체기능조절 역할을 한다.

④ 다른 영양소에 비해 조리 시 손실이 크다.

(2) 무기질의 기능

① pH와 삼투압을 조절한다.
② 대사 생리에 관여한다.
③ 체조직을 구성하고, 뼈와 치아의 구성성분이다.
④ 효소의 기능을 촉진한다.

(3) 무기질의 종류

종류	특징	결핍증	급원식품
칼슘(Ca)	• 체내 무기질 중 가장 많은 양을 차지한다. • 대부분이 뼈와 치아를 형성한다. • 혈액응고에 이용된다. • 심장과 근육의 수축, 이완을 조절하고 근육의 흥분을 억제한다.	• 구루병 • 골다공증 • 골연화증	• 우유 • 달걀 • 뼈째 먹는 생선
인(P)	• 칼슘 다음으로 체내에 많다. • 산, 염기의 평형, 혈액 및 pH의 조절한다.		• 우유 • 치즈 • 육류, 어패류
철분(Fe)	• 산소의 운반과 세포의 호흡에 꼭 필요한 성분 • 흡수율은 10%이고, 간장, 근육, 골수에 존재 • 염산(위액)과 아스코르브산은 흡수를 돕고, 피트산과 탄닌은 흡수를 방해한다. • 식품으로 보충하기 힘들 경우 철분 보충제를 복용하여 보충해야한다.	• 빈혈	• 콩 • 살코기 • 동물의 간
요오드(I)	• 갑상선 호르몬(티록신)의 구성성분이다. • 에너지 대사, 성장, 지능 발달에 관여한다.	• 갑상선종 • 부종 • 성장부진	• 해조류 • 어패류
나트륨(Na)	• 혈액과 체액의 삼투압 조절, 신경의 흥분을 억제 • 근육의 수축, 이완을 조절한다. • 과잉 시 동맥경화증을 유발한다.	• 신장병 • 식욕저하 • 저혈압	• 소금 • 육류 • 우유
칼륨(K)	• 신경의 흥분을 억제한다. • 체액의 pH와 삼투압을 조절한다.		• 밀가루, 현미 • 밀의 배아, 참깨
마그네슘(Mg)	• 신경의 흥분을 억제한다. • 탄수화물, 단백질, 지방대사에 관여한다. • 칼슘, 인과 함께 골격형성에 관여한다.	• 근육통증 • 경련	• 곡류, 콩류 • 채소, 견과류

종류	특징	결핍증	급원식품
염소(Cl)	• 소화를 돕고, 체액의 삼투압을 조절한다.	• 소화불량 • 식욕부진	• 소금, 우유 • 육류, 달걀
구리(Cu)	• 철의 흡수와 운반을 돕는다. • 헤모글로빈, 시토크롬 형성에 촉매작용을 한다.	• 악성빈혈	• 동물의 내장 • 콩류, 해산물류

(4) 산, 알칼리의 평형

단백질과 무기질은 산과 염기에 대한 완충작용을 하므로 혈액의 항상성(pH 7.4)이 유지된다.

① 산성 식품

ㄱ. S, P, Cl 등의 산성을 띠는 무기질을 많이 포함한 식품이다.

ㄴ. 곡류, 육류, 어패류, 난황 등이 속한다.

② 알칼리성 식품

ㄱ. Ca, Mg, K, Na, Fe 등의 알칼리성 무기질을 많이 포함한 식품이다.

ㄴ. 해조류, 채소, 과일, 우유, 굴 등이 속한다.

6. 비타민

(1) 비타민의 정의와 성질

① 정의

ㄱ. 비타민은 생리작용의 조절과 성장을 유지하는 영양소로 조효소 역할을 한다.

ㄴ. 체내에서 합성되지 않으므로 음식물을 통해서만 섭취 가능하다.

ㄷ. 호르몬의 분비를 조절하며, 영양소의 완전연소를 돕는다.

② 성질

ㄱ. 수용성 비타민

- 물에 용해되는 비타민이다.
- 필요량 이상은 체외로 배설된다.
- 필요량은 매일 공급되어야 하며, 결핍증이 빨리 나타난다.
- 비타민 B군과 비타민 C군이 수용성 비타민이다.

ㄴ. 지용성 비타민

- 지방과 유기용매에 녹는 비타민이다.
- 필요량 이상 섭취되면 체내에 저장 축적되며, 결핍증이 서서히 나타난다.
- 필요량을 매일 공급하지 않아도 된다.
- 전구체가 존재한다.
- 비타민 A, 비타민 D, 비타민 E, 비타민 K가 지용성 비타민이다.

(2) 비타민의 종류

① 지용성 비타민

종류	특징	결핍증	급원식품
비타민 A (레티놀, Retinol) : 항 야맹증 비타민	• 전구체는 베타카로틴이다. • 자외선에 의해 파괴되기 쉬우나 열, 산, 염기에는 강하다. • 성장촉진, 상피세포의 건강유지, 질병의 저항력을 높이는 기능을 한다.	• 야맹증 • 안구건조증	• 우유 • 뱀장어 • 난황 • 녹색 채소
비타민 D (칼시페롤, Calciferol) : 항 구루병 비타민	• 전구체는 에르고스테롤과 콜레스테롤이다. • 산, 염기, 열에 강하여 조리 시 손실이 적다. • 칼슘과 인의 흡수를 도와준다.	• 골다공증 • 구루병	• 청어 • 연어 • 난황 • 버터
비타민 E (토코페롤, Tocopherol) : 항산화 비타민	• 천연 항산화 작용을 하며, 세포막과 조직의 손상을 방지한다. • 동물의 생식기능을 돕고, 노화를 방지한다. • 근육 작용을 향상시키고 근육의 위축을 방지한다.	• 쥐의 불임증	• 식물성 기름 • 우유 • 버터 • 녹색채소
비타민 K : 혈액응고 비타민	• 간에서 혈액응고에 필요한 트로트롬빈의 형성을 돕는다.	• 혈액의 응고가 지연	• 달걀 • 푸른잎 채소

② 수용성 비타민

종류	특징	결핍증	급원식품
비타민 B_1 (티아민, Thiamine) : 항 각기병 비타민	• 당질 대사의 보조작용을 한다. • 쌀을 주식으로 하는 사람에게 필요하다.	• 피로 • 권태감 • 신경통 • 각기병	• 대두 • 땅콩 • 돼지고기 • 난황

종류	특징	결핍증	급원식품
비타민 B₂ (리보플라빈, Riboflavin) : 항 구각성 비타민, 성장 촉진 비타민	• 세포의 호흡 작용에 관여하는 효소, 조효소의 구성 성분이며, 자외선에 쉽게 파괴된다. • 성장, 발육을 촉진하고, 입안의 점막을 보호한다. • 포도당의 연소 등 열량 대사에 필수 조효소이다.	• 피부염 • 발육 장애	• 우유 • 치즈 • 달걀 • 녹색 채소
비타민 B₆ (피리독신, Pyridoxine) : 항 피부염 비타민	• 불필수 아미노산의 형성에 관여한다. • 트립토판이 나이아신으로 전환될 때의 조효소이다.	• 피부염 • 충치 • 성장의 정지	• 육류 • 곡류 • 난황
비타민 B₁₂ : 항 빈혈 비타민	• 성장과 적혈구의 생성에 중요한 역할을 한다.	• 악성 빈혈 • 성장의 정지	• 간 • 내장 • 살코기
나이아신 (Niacin) : 항 펠라그라 비타민	• 열량 대사의 필수 조효소로써 포도당, 지방, 아미노산 등의 연소에 필요한 조효소이다. • 트립토판 60mg이 체내에서 나이아신 1mg으로 전환된다.	• 피부염 • 펠라그라병	• 육류 • 콩 • 효모 • 생선
엽산(Folic acid)	• 산과 염기에 약하고 헤모글로빈, 핵산 형성에 필요하다.	• 악성 빈혈 • 장염	• 간 • 두부 • 치즈 • 밀 • 효모
비타민 C (아스코르빈산, Ascorbic acid) : 항 괴혈성 비타민	• 가장 불완전한 비타민으로 열, 염기, 자외선, 금속에 의해 파괴되고 공기에 산화된다. • 칼슘과 철분 흡수를 도우며, 세균에 대한 저항력을 주고 상처의 회복을 돕는다. • 성장에 필수적이며 세포 내의 산화, 환원작용에 관여한다.	• 저항력이 감소 • 괴혈병을 초래	• 채소 • 과일류

7. 물

(1) 의의 및 기능

① 물은 인체의 중요한 구성성분으로 체중의 약 2/3를 차지한다.

② 내장기관을 보호하며 영양소와 노폐물 운반, 체온 조절, 체내 분비액의 주성분이 된다.

③ 영양소의 용매, 삼투압 작용, 체내 화학반응의 촉매 역할을 한다.

(2) 특징 및 필요량

① 표면 장력이 크다.

② 끓는점, 융점, 비열이 높다.

③ 기온, 습도, 연령 등에 따라 다르지만, 1kcal당 1ml(영유아는 1kcal당 1.5ml)가 필요하다.

8. 소화흡수와 식이요법

(1) 소화작용의 분류

① 물리적 소화작용(기계적 소화작용)

치아로 씹어 잘게 부수는 일과 위와 소장의 연동작용을 말한다.

② 화학적 소화작용

침, 위액, 장액에 의한 가수분해 작용을 말한다.

③ 발효작용

소장의 하부에서 대장에 이르는 곳에서 세균류가 분해되는 작용을 말한다.

(2) 소화과정

① 입에서의 소화

ㄱ. 음식물을 씹어 잘게 부수는 기계적인 소화작용을 한다.

ㄴ. 음식물이 입에 들어오면 침샘에서 침이 분비되고, 침에 들어있는 아밀라아제(프티알린)에 의해 녹말로 분해된다.

② 위에서의 소화

위액에 들어있는 펩시노겐이 염산에 의해 펩신으로 활성화된 후 단백질을 폴리펩티드로 분해한다.

③ 췌장에서의 소화

ㄱ. 췌액에 함유된 아밀라아제에 의해 녹말이 맥아당으로 분해된다.

ㄴ. 지방은 담즙에 의해 유화되고, 췌액의 스테압신에 의해 지방산과 글리세롤로 가수분해된다.

ㄷ. 췌액의 트립신은 폴리펩티드로 분해되고, 일부는 아미노산으로 분해된다.

④ 소장에서의 소화

ㄱ. 수크라아제는 자당을 과당과 포도당으로 분해한다.

ㄴ. 말타아제는 맥아당을 포도당과 2분자로 분해한다.

ㄷ. 락타아제는 젖당을 포도당과 갈락토오스로 분해한다.

ㄹ. 에렙신은 펩톤, 프로테오스, 펩티드를 아미노산으로 분해한다.

⑤ 대장에서의 소화

ㄱ. 수분이 흡수되고, 장내 세균에 의해 섬유소가 분해된다.

ㄴ. 소화효소가 없기 때문에 소화작용은 일어나지 않는다.

(3) 소화효소

① 소화효소의 의의

ㄱ. 음식물의 소화를 돕는 기능을 하는 단백질의 일종으로 소화액 속에 들어있다.

ㄴ. 열에 약하고 최적의 pH를 가지며, 한가지 효소가 한가지 물질만 분해한다.

ㄷ. 온도가 높아질수록 작용능력이 커지나, 고온이 되면 작용능력이 없어지게 된다.

② 소화효소의 종류

ㄱ. 탄수화물 분해효소 : 수크라아제, 아밀라아제, 말타아제, 락타아제 등이 있다.

ㄴ. 단백질 분해효소 : 립신, 에렙신, 펩신 등이 있다.

ㄷ. 지방 분해효소 : 리파아제가 있다.

③ 주요 소화효소

ㄱ. 펩신(Pepsin) : 위액 속에 존재하는 단백질 분해효소로 극도의 산성용액에서만 활성화된다.

ㄴ. 트립신(Trypsin) : 췌장에서 만들어지고 췌액과 함께 십이지장으로 분비되어 단백질을 가수분해하는 효소이다.

ㄷ. 프티알린(Ptyalin) : 침 속에 들어있는 탄수화물 가수분해 효소로 녹말을 덱스트린과 엿당 등의 당류로 분해한다.

ㄹ. 아밀롭신(Amylopsin) : 췌장에서 분비되는 아밀라아제로 녹말을 분해하여 다량의 맥아당과 소량의 덱스트린, 포도당을 만드는 소화효소이다.

ㅁ. 수크라아제(Sucrase) : 소장에서 분비되며, 설탕을 포도당과 과당으로 분해하는 소화효소이다.

ㅂ. 말타아제(Maltase) : 장에서 분비되며, 엿당을 포도당으로 가수분해하는 소화효소이다.

ㅅ. 리파아제(Lipase) : 췌장에서 분비되는 지방 분해효소로 단순지질을 지방산과 글리세롤로 가수분해한다.

ㅇ. 락타아제(Lactase) : 소장에서 분비되며 유당을 포도당과 갈락토오스로 분해한다.

(4) 소화효소의 흡수

① 소화효소의 작용으로 탄수화물은 포도당으로, 단백질은 아미노산으로, 지방은 지방산과 글리세롤로 분해된 후 소장벽의 융털로 흡수된다.

② 융털로 흡수 된 후 지용성 비타민과 지방산은 림프관으로 흡수되며, 수용성 영양소는 융털에 있는 모세혈관으로 흡수된다.

③ 수분은 대장에서 흡수된다. 흡수가 안된 영양소는 변으로 배출된다.

02 반죽 및 반죽관리

01 반죽법의 종류 및 특징

1. 반죽형(Batter type)
유지 사용량이 많은 배합법으로 유지의 크림성과 화학팽창제의 사용으로 부피감 있는 제품을 만든다.

(1) 크림법(Cream method)
① 유지와 설탕을 충분히 혼합
② 천천히 달걀을 투입하며 크림제조
③ 부피감을 우선으로 하는 경우에 적당
④ 파운드 케이크, 컵 케이크 등

> **Baking Tip**
> 달걀을 수 회 나누어 투입하여 부드러운 크림을 만들어 공기 혼입을 크게 하고, 가루재료를 균일하게 혼합하되 밀가루의 글루텐 발달을 최소화하여야 부피가 큰 제품을 얻을 수 있다.

(2) 블렌딩법(Blending method)
① 유지와 밀가루를 피복(유지 막이 밀가루 입자를 코팅하도록 믹싱한다.)
② 나머지 가루재료와 달걀, 물을 투입
③ 제품의 부드러움·유연감을 주기위한 방법, 비터 사용
④ 데블스 푸드 케이크

(3) 설탕/물 반죽법(Sugar/Water method)
① 설탕과 물을 2:1로 만든 설탕물을 사용
② 반죽에 녹지 않은 설탕이 없으므로 고운 내상과 균일한 껍질색의 제품 생산이 가능하다.
③ 스크래핑이 필요없는 장점과 대규모 생산에 적합한 방법이다.

(4) 1단계법(Single stage method)
① 모든 재료를 한 번에 넣고 혼합함으로써 시간과 노동력을 절약할 수 있다.
② 기계의 성능이 우선 되어야 하고 유화제 및 화학 팽창제의 사용을 함께 하여야 한다.

2. 거품형 반죽(Form type)
달걀 단백질의 기포성, 응고성(변성)을 이용한 반죽방법으로 달걀의 양을 밀가루보다 많이 사용한다.

(1) 공립법
흰자와 노른자을 함께 혼합하여 거품을 내는 방법이다.
① 더운 믹싱법(가온법) : 일반적으로 설탕양이 많고 낮은 실내온도인 경우에 달걀과 설탕을 중탕하여 37~43℃ 까지 데워서 거품내는 방법으로, 유지는 60℃ 정도로 녹인 후 마지막에 혼합한다. 가온법으로 제조 시 빠르고 원활한 공기포집 및 균일한 껍질색을 낼 수 있다.
② 일반 믹싱법 : 중탕하지 않고 달걀과 설탕을 거품 내는 방법으로, 베이킹 파우더를 사용하는 배합에 적합하다. 반죽온도를 23℃ 내외로 하여 실온에서 공기포집을 하므로 시간이 더 걸리지만 튼튼한 거품을 형성할 수 있다.

(2) 별립법
흰자와 노른자를 따로 분리한 후 각각 거품을 내서 다른 재료와 섞는 방법으로 공립법보다 부피가 큰 제품을 만들 수 있다. 흰자와 노른자 분리 시 섞이지 않도록 주의한다.

(3) 단단계법
전 재료를 동시에 넣고 유화제를 첨가하여 만드는 반죽으로 시간과 노동력을 절감하는 효과가 있다.

(4) 제노아즈법
스펀지 케이크 반죽에 유지를 넣어 만드는 방법으로, 일반적으로 공립법으로 제조하는 스펀지를 일컫는 말이다.

3. 시풍형 반죽(Chiffon type)
(1) 흰자와 노른자를 나누어 노른자는 거품내지 않고, 흰자의 머랭과 화학팽창제를 이용하여 팽창시킨 반죽으로 부드러움과 부피를 동시에 만족시키는 방법이다.
(2) 흰자의 머랭을 이용한 점은 별립법과 같지만, 노른자의 기포형성이 없으므로 별립법으로 제조한 제품의 조직과는 차이가 있다.

02 반죽의 결과온도

1. 반죽온도의 조절

> **온도**
> 온도는 온도계를 사용하여 열의 강도를 측정한 것으로, 우리나라 제과·제빵에서는 섭씨(℃), 영·미에서는 화씨(℉)를 사용하며 섭씨, 화씨, 절대온도와의 관계는 다음과 같다.
> - F(Fahrenheit) = $\frac{9}{5}$℃ + 32
> - C(Celcius) = $\frac{5}{9}$℉ - 32
> - K(Kelvin) = T(K) = ℃ + 273

Baking Tip

- **열의 전달방식**
  ① 전도(Conduction) : 고체 물질간의 접촉에 의한 열의 전달
  ② 대류(Convection) : 액체나 공기의 흐름을 통한 열의 전달
  ③ 복사(Radiation) : 가열된 표면에서 공간으로 열의 전달

(1) 마찰계수(Friction factor)

일정량의 반죽을 정해진 방법으로 믹싱 할 때 반죽온도에 영향을 주는 마찰열을 공식에 맞도록 수치로 환산한 것이다.

> **마찰계수** = (반죽결과온도×6) - (실내온도 + 밀가루온도 + 설탕온도 + 쇼트닝온도 + 달걀온도 + 수돗물온도)

(2) 희망하는 반죽온도를 맞추기 위해 물의 온도를 조절한다.

> **사용수 온도** = (희망 반죽온도×6) - (실내온도 + 밀가루온도 + 설탕온도 + 쇼트닝온도 + 달걀온도 + 마찰계수)

(3) 사용수 온도를 낮추기 위해 적정량의 얼음을 사용할 수 있다.

$$얼음 \ 사용량(g) = \frac{물 \ 사용량 \times (수돗물 \ 온도 - 사용할 \ 물의 \ 온도)}{80 + 수돗물 \ 온도}$$

2. 각 제품의 적정 반죽온도

- 반죽형 및 거품형 케이크 : 22~24℃
- 쿠키 : 18~24℃
- 파이, 퍼프 페이스트리 : 18~20℃

3. 반죽온도의 영향

(1) 반죽형 케이크

① 반죽온도가 낮은 경우

유지의 크림화 능력이 저하되어 공기혼입은 안되지만, 팽창제의 반응속도가 늦어져서 발생한 이산화탄소가 전부 부피팽창에 이용된다. 따라서 열린 기공, 거친 조직, 큰 부피, 두껍고 진한 껍질 색을 가진 제품이 된다.

② 반죽온도가 높은 경우

유지의 결정구조가 녹아 공기혼합능력이 떨어지고, 팽창제의 반응속도가 빨라져서 혼합초기에 이산화탄소가 발생되어 손실되므로 부피가 작은 제품이 된다. 따라서 닫힌 기공, 촘촘한 조직, 작은 부피, 얇고 약한 껍질 색을 가진 제품이 된다.

(2) 거품형 케이크

① 반죽 온도가 낮은 경우

공기혼합능력이 떨어져 제품의 조직이 조밀하고 부피가 작아지며, 표면이 터지고 거칠어진다.

② 반죽 온도가 높은 경우

공기혼합능력이 커지고 팽창제의 반응속도가 빨라져서, 기공이 열리고 조직이 거칠고 부피가 커지며 노화가 빠르다.

(3) 재료와 반죽의 온도 조절이 중요한 이유

① 제품의 점도를 조절한다.
② 베이킹 파우더의 반응속도를 조절한다.
③ 유지의 굳기를 조절한다.
④ 일정한 품질의 제품을 생산한다.

03 반죽의 비중(Specific gravity)

비중은 같은 부피의 물 무게에 대한 같은 부피의 반죽무게의 비율을 나타낸 숫자이다. 물의 비중은 1.00이므로 1.00보다 낮은 비중의 반죽은 물보다 가벼우며, 이는 공기 혼입과 관련이 깊다. 즉 공기가 많이 함유될수록 비중이 낮고, 공기가 적게 혼입될수록 비중이 높아진다.

> **Baking Tip**
>
> - 비중 = $\dfrac{\text{같은 부피의 반죽 무게}}{\text{같은 부피의 물 무게}}$ = $\dfrac{(\text{반죽+컵 무게}) - (\text{컵 무게})}{(\text{물+컵 무게}) - (\text{컵 무게})}$
>
> - 비중과 제품의 품질 요소들의 관계
>   최종 볼륨, 기공, 내부조직, 내부색상, 겉껍질색, 맛과 향

(1) 비중이 높은 경우

기공이 조밀하여 무겁고 치밀한 조직이 되어 부피가 작아진다.

(2) 비중이 낮은 경우

기공이 열려 거칠어지고 가로로 눌린 기공의 조직이 되며, 내부 구조의 약화로 부피는 커졌다가 작아진다.

(3) 각 제품의 적정 비중

반죽 형태	비중	용도
반죽형 케이크	0.80 ~ 0.85	파운드 케이크, 옐로 레이어 케이크, 데블스 푸드 케이크
거품형 케이크	0.50 ~ 0.60	스펀지 케이크, 멥쌀 스펀지 케이크
	0.40 ~ 0.50	시폰 케이크, 롤 케이크

04 산도(Acidity)

- pH(수소이온농도) 7을 중심으로 숫자가 작으면 산성, 크면 알칼리성이다.
- pH 1의 차이는 수소이온농도 10배 차이이다.
- 제품이 요구하는 품질에 따라 반죽의 pH는 제품별로 다르다.

(1) 산성
① 기공이 조밀하고, 부피가 작고, 껍질색이 여리며, 향이 약하고 신맛의 제품이다.
② 엔젤 푸드 케이크(pH 5.2~6.0) 등이 있으며, 주석산이나 식초를 첨가하여 pH를 낮출 수 있다.

(2) 알칼리성
① 기공이 거칠고 열려 있으며, 껍질과 속색이 어둡고, 향이 강하고 쓴맛의 제품이다.
② 데블스 푸드 케이크(pH 8.5~9.2) 등이 있으며, 중조를 첨가하여 pH를 높여주면 코코아의 향과 색깔이 더욱 진하게 된다.

03 충전물·토핑물 제조

- 토핑물 : 물, 유지, 설탕, 향료, 식용색소를 섞은 혼합물이나 설탕이 주재료인 피복물로 빵과자 제품을 덮거나 피복하는 것을 통칭하며 아이싱이라 부른다.
- 충전물 : 다양한 재료와 방법으로 만든 내용물을 제품의 내부에 넣어 그 특성과 상품성을 향상시키는 것으로 필링으로 부르기도 한다.

1. 충전물, 토핑물의 종류

(1) 생크림
① 진한 크림 : 유지방 40% 이상 함유, 아이싱 및 데커레이션용도
② 라이트 크림 : 우유지방 18~20%, 커피 크림
③ 휘핑크림 : 우유지방을 식물성지방으로 대치하여 기포성과 안정성을 강화한 제품 냉장보관하며 차가운 온도(4~6℃)로 중속 휘핑하고, 무가당 크림은 10% 정도의 설탕을 첨가하여 오버런 85~90% 정도로 휘핑 후 술을 혼합한다.

Baking Tip

- **오버런(Over run)** : 최초 부피에 대한 최종 부피 증가분의 백분비를 말한다.

$$\text{오버런} = \frac{\text{최종부피} - \text{최초부피}}{\text{최초부피}} \times 100$$

(2) 펀던트(퐁당, Fondant)
설탕 100에 대하여 물 30을 더하여 114~118℃로 가열한 후 38~44℃로 낮추고 교반하면, 설탕이 재결정되어 유백색의 펀던트가 제조되며, 수분 보유력을 높이기 위해 물엿이나 전화당 시럽을 첨가할 수 있다.

① 굳어진 설탕 아이싱을 적당하게 녹이는 방법
- 설탕시럽 첨가(물 직접 사용 금지)
- 중탕하여 가온

② 펀던트 아이싱의 끈적거림을 방지하는 방법
- 아이싱에 최소의 액체 사용

- 아이싱 크림은 35~43℃로 가온 후 사용
- 굳은 것을 사용할 때는 시럽을 첨가하거나 중탕하여 사용
- 젤라틴, 한천 같은 안정제나 전분, 밀가루 등의 흡수제 사용

(3) 머랭(Meringgue)

① 일반 머랭 : 흰자와 설탕을 1:2로 제조한다.

② 스위스 머랭 : 흰자와 설탕을 1:1.8 비율로 하여 흰자 1/3과 설탕 2/3를 40℃로 가온하여 기포하면서 산 첨가하여 온제 머랭을 만든 후, 나머지 흰자와 설탕으로 일반 머랭을 만든 후 혼합하여 제조한다.

③ 이탈리안 머랭(시럽법 머랭) : 흰자 거품에 뜨거운 시럽(116~120℃)을 넣어 기포를 안정시킨 제품으로 열에 의해 살균되었으므로 버터크림, 냉과제품에 이용하거나 기포의 안정성이 좋으므로 여러 가지 모양으로 짜내어 케이크 장식용으로 사용한다.

(4) 크림

① 버터 크림 : 버터에 설탕이나 달걀, 펀던트, 시럽, 우유 등을 넣어 만든 크림이다.

② 커스터드 크림 : 달걀이 주된 농후화제로 우유, 설탕 등을 끓여서 만든 크림이다.

③ 디플로매트 크림 : 커스터드 크림과 생크림을 1:1로 혼합한 크림이다.

④ 가나슈 크림 : 초콜릿에 생크림을 혼합하여 만든 크림으로 용도에 따라 그 비율을 조정할 수 있다.

(5) 스트로이젤

고체유지, 설탕, 밀가루 등을 거칠게 섞어 제품의 외부에 입히는 토핑물의 종류

(6) 과일을 이용한 충전물

각종 과일을 설탕으로 전처리하여 파이, 타르트, 페이스트리에 사용한다.

Chapter 02

과자류 제품 반죽 정형

01 성형

01 제품별 성형 방법 및 특징

1. 반죽형 케이크

(1) 옐로 레이어 케이크(Yellow layer cake)

반죽형 케이크를 대표하는 제품으로 버터 케이크 종류의 여러 가지 양과자 제품을 만드는데 기본이 된다.

재료	재료사용범위
밀가루	100%
설탕	110~140%
쇼트닝	30~70%
전란	쇼트닝 × 1.1
우유	변화
소금	2~3%
B.P	2~6%
향	0.5~1.0%

- 전란 = 쇼트닝 × 1.1
- 우유 = 설탕 + 25 – 달걀
- 우유 = 분유10% + 물90%

(2) 데블스 푸드 케이크(Devil's food cake)

옐로 레이어 케이크에 코코아를 첨가한 형태로 코코아 케이크라고도 하며, 붉은 속색을 가졌다 하여 '악마의 음식'이라는 이름이 붙여졌다고 한다. 천연 코코아는 산성이기 때문에 중조를 사용하여 pH를 높여야 향이 강해지고 색상이 진하게 된다.

재료	재료사용범위
밀가루	100%
설탕	110~180%
쇼트닝	30~70%
전란	쇼트닝 × 1.1
우유	변화
소금	2~3%
B.P	2~6%
향	0.5~1.0%
코코아	15~30%
중조	사용 코코아 종류에 따라 결정

- 전란 = 쇼트닝 × 1.1
- 우유 = 설탕 + 30 + (코코아×1.5) – 전란
- 우유 = 분유10% + 물90%
- 중조 = 천연 코코아 × 7%
  (더치 코코아 사용 시 중조 불필요)
- B.P = 중조의 1/3 효과이므로 사용량 조절

(3) 초콜릿 케이크(Chocolate cake)

재료	재료사용범위
밀가루	100%
설탕	110~180%
쇼트닝	30~70%
전란	쇼트닝 × 1.1
우유	변화
소금	2~3%
B.P	2~6%
향	0.5~1.0%
초콜릿	20~50%

- 전란 = 쇼트닝 × 1.1
- 우유 = 분유10% + 물90%
- 우유 = 설탕 + 30+ (코코아×1.5) − 전란
- 초콜릿 = 코코아(5/8) + 코코아 버터(3/8)
- 코코아 버터 = 1/2 쇼트닝 효과
- 더치 코코아 사용 시 중조 불필요
- 천연 코코아 사용 시 7% 중조사용
- B.P = 더치 코코아 사용 시 배합표양 사용, 천연 코코아 사용 시 중조 사용량의 3배를 감소하여 사용

(4) 파운드 케이크(Pound cake)

밀가루, 설탕, 달걀, 유지를 1pound(약 453g)씩 동량으로 사용하여 만든 케이크로 영국에서 유래되었다.

① 재료 사용 범위

밀가루(100%), 설탕(75~125%), 쇼트닝(40~100%), 달걀(40~100%)

② 배합표 작성 시 주의사항

ㄱ. 달걀 ≥ 쇼트닝, 달걀+우유 ≥ 설탕 또는 밀가루(저율 배합 시 액체사용량 감소)

ㄴ. 유지가 증가하면 전란 증가, 우유 감소, 베이킹 파우더 감소, 소금 증가

③ 과일 케이크 제조 시 건포도 전처리 목적

ㄱ. 반죽 내에서 반죽과 건조과일 간의 수분이동을 방지할 수 있다.

ㄴ. 풍미와 식감을 개선할 수 있다.

ㄷ. 씹을 때의 조직감이 좋아진다.

ㄹ. 건포도양의 12% 정도의 물(27℃)에 4시간 동안 침지시키거나, 건포도가 잠길 정도의 물에 10분간 담가두었다가 물기를 제거 후 반죽의 마지막 단계에 투입한다.

④ 과일 케이크 제조 시 주의사항

ㄱ. 과일 케이크 제조 시 반죽에 과일을 혼합 전에 과일을 소량의 밀가루로 버무려 사용하면 과일이 바닥에 가라앉는 것을 방지할 수 있다.

ㄴ. 사용하는 밀가루를 구조가 강한 밀가루(강력분 or 중력분)와 혼합해서 사용하면 역시 과

일이 바닥에 가라앉는 것을 방지할 수 있다. 팽창이 과도하게 일어나지 않게 믹싱의 정도와 팽창제 사용을 조절한다.

⑤ 팬에 넣기

    ㄱ. 팬 종류 : 일반 파운드팬, 이중팬(옆면과 밑면의 급격한 껍질 형성 방지), 은박팬, 종이팬 등

    ㄴ. 분할 : 팬 높이의 70% 팬닝(반죽량은 1g당 2.4㎤의 용적이 표준)

    ㄷ. 마블 파운드는 반죽의 일부에 코코아를 사용하여 가볍게 섞은 형태이다.

⑥ 굽기

굽기 중 표면에 자연적인 터짐이 일어나지만, 인위적으로 칼집을 내어 터트려 주기도 한다.

Baking Tip

- **반죽형 케이크의 윗면이 터지는 경우**
  - ① 반죽내 수분이 부족하거나 불충분할 때
  - ② 용해되지 않은 설탕이 있을 때
  - ③ 높은 오븐 온도로 껍질이 형성될 때
  - ④ 인위적으로 터뜨릴 때

- **마무리** : 구운 직후 제품이 뜨거울 때 윗면에 광택제(노른자 100% + 설탕 30~50%)를 칠한다.

---

2. 거품형 케이크

(1) 스펀지 케이크(Sponge cake)

기본배합률 = 밀가루 (100%), 설탕 (166%), 달걀 (166%), 소금 (2%)를 기본으로 한다.

    ① 설탕을 줄이려면 수분을 줄여야 함

    ② 수분을 줄이려면 달걀을 줄임

    ③ 달걀을 줄이면 구조가 약해짐

    ④ 수분과 고형질의 균형을 맞춰야 함

(2) 롤 케이크 (Roll cake)

배합은 일반적으로 스펀지 케이크의 배합보다 달걀 사용량이 많아 수분함량이 높다.

> **Baking Tip**
>
> • 롤 케이크 말 때 표면의 터지는 결점을 위한 조치
>   ① 설탕(자당)의 일부를 물엿으로 대치
>   ② 덱스트린의 점착성을 이용
>   ③ 팽창이 과다하지 않도록 팽창제 사용과 비중 점검
>   ④ 노른자의 비율을 감소시키고 전란의 양을 증가
>   ⑤ 반죽온도가 너무 낮거나 비중이 높지 않도록 주의
>   ⑥ 오버 베이킹이 되지 않도록 한다.

(3) 엔젤 푸드 케이크(Angel food cake)

재료	재료사용범위
흰자	40~50
설탕	30~42
주석산크림	0.5~0.625
소금	0.375~0.5
박력분	15~18
합계	100

〈배합률 조정〉
- 흰자 사용량 결정
- 밀가루 사용량 결정
- 설탕 = 100 − (흰자 + 밀가루 + 1)
- 설탕 × 2/3 = 입상형
- 설탕 × 1/3 = 분당
- 주석산 + 소금 = 1%

> **Baking Tip**
>
> • 머랭 제조 시 주의사항
>   ① 용기에 기름기 또는 노른자가 섞이지 않도록 한다.
>   ② 품질이 좋고 신선한 흰자를 사용한다.
>   ③ 주석산을 사용하면 흰자의 pH를 등전점으로 낮추어 희고 강한 머랭을 만들수 있다.
>   ④ 머랭 제조 시 설탕이 많으면 공기 융합이 불완전하고, 설탕이 적으면 탄력성 없는 거품이 형성된다.
>   ⑤ 머랭 상태에 따라서 젖은 피크, 중간 피크(70~90%), 건조 피크(100%)로 구분되며, 일반적인 제품에는 중간 피크의 머랭을 사용한다.

(4) 거품형 케이크의 제조 원리

① 믹싱볼과 사용 용기는 깨끗하고 기름기가 없도록 한다.

② 거품을 올리는 최종단계에서는 저속으로 혼합하여 공기가 미세하게 분산 되도록 한다.

③ 밀가루 등 가루 재료는 체질하여 이물질을 제거하고 밀가루에 공기를 공급하여 반죽이 잘 부

풀 수 있도록 한다.

④ 거품 형성이 완료되면 가루 재료가 빠르고 고루 섞일 수 있도록 혼합하여 적정 비중이 되도록 한다.

3. 퍼프 페이스트리(Puff pastry)

(1) 기본배합률
강력분 (100%), 유지 (100%), 물 (50%), 소금 (1%)

① 밀가루는 동량의 유지를 지탱하여 반죽과 유지층을 분명히 할 수 있는 양질의 제빵용 강력분을 사용한다.

② 충전용 유지는 융점이 높고 가소성과 신장성이 좋은 충전용 유지를 사용한다.

③ 유지의 융점과 반죽의 휴지상태를 고려하여 물은 냉수를 사용한다.

(2) 반죽법
프랑스식(롤인법)으로 반죽에 충전용 유지를 넣은 후 밀어펴기와 접기를 하여 균일한 결을 만든다.

① 접기
- 휴지 – 밀어펴기 – 접기를 반복하며 모서리가 직각이 되도록 한다.
- 밀어펴기는 일정한 두께가 되도록 한다.
- 밀어펴기와 접기를 한 후 냉장고에서 30분 정도 휴지를 시킨다.
- 수작업은 밀대로, 기계는 쉬터(sheeter)를 사용한다.
- 밀어펴기 접기의 회수는 보통 3×3, 3×4로 한다.

② 정형
- 도르레 칼, 커터 등 예리한 기구로 절단한다.
- 파치를 최소화한다.
- 굽기 전 적정한 휴지를 시킨다.
- 바닥 면적이 넓거나 충전물이 있는 경우 껍질에 구멍을 낸다.

③ 굽기
- 일반적인 온도 : 고온 200℃ 이상
- 결의 형성 : 반죽과 유지의 층에 있는 수분이 오븐 열로 수증기가 되면서 층을 밀어 올리

고, 글루텐의 피막은 증기압에 의해 늘어나고 공간이 다시 공기로 채워지면서 결을 형성하게 된다.

4. 파이(Pie), 타르트(Tarte)

파이 반죽을 용기로 삼아 다양한 충전물이나 크림을 채운 파이, 얇고 낮은 원형 틀에 비스킷 반죽을 깔고 아몬드 등 여러 가지 크림이나 과일을 채운 타르트 등이 있다.

반죽은 유지를 다져서 물과 밀가루를 섞는 스코틀랜드식이나 버터, 설탕, 달걀을 부드럽게 한 후 가루류를 섞는 크림법을 이용한다.

(1) 껍질

① 스코틀랜드식인 경우 파이 결의 길이는 유지의 입자에 따라 클수록 긴 결을 나타낸다.

② 호두알 크기의 유지는 긴 결을 나타내고, 크래커형은 쇼트브레드 반죽에 크래커형 반죽을 혼합한 것으로 결과 껍질이 바삭하고 부드럽다.

(2) 충전물의 농후화제

굽는 동안 수분을 흡수하고 호화를 빠르게 하며, 냉각 후 내용물이 서로 결합하고 적정농도를 유지할 수 있도록 농후화제를 사용한다.(전분을 사용 시 물에 대해 8~11%, 시럽에 대해 6~10% 사용)

(3) 타르트의 아몬드크림

크림법으로 제조 시 분리현상이 생기지 않도록 하고, 과다한 기포가 혼입되면 구울 때 넘쳐흐를 수 있으므로 혼합정도와 되기를 잘 조절하여야 한다.

(4) 제조 시 주의사항

① 반죽 제조 후 냉장휴지를 하여 취급을 용이하게 한다.

② 덧가루를 뿌린 면포를 이용하면 밀어펴기가 용이하고 덧가루 사용을 최소화 할 수 있다.

③ 아랫 껍질에 구멍을 내어 뒤틀림을 방지한다.

④ 윗 껍질이 있는 제품인 경우 윗 껍질에 작은 구멍을 내어 수증기가 빠져 나가도록 하여 껍질이 터지는 것을 방지한다.

⑤ 충전물을 채운 후 가장자리를 잘 봉합하여 충전물이 새어 나오지 않도록 하고, 굽기 전에 위 껍질에 노른자 칠을 한다.

⑥ 너무 낮은 온도에서 구우면 충전물이 끓어 넘치고 바닥이 축축해지므로 높은 온도에서 굽는다. 특히, 충전물의 수분은 밑바닥 껍질이 익는 것을 방해하므로 바닥열이 필요하며, 밑바닥

껍질이 너무 얇지 않도록 한다.

5. 쿠키(Cookies)

(1) 반죽 특성에 따른 분류

① **반죽형 쿠키**(Batter type cookies)

ㄱ. 드롭 쿠키(Drop cookies) : 달걀 사용량이 많아 소프트 쿠키라고 하며, 반죽형 쿠키 중 가장 수분이 많은 쿠키이다.(짜는 형태)

ㄴ. 스냅 쿠키(Snap cookies) : 드롭 쿠키보다 달걀 사용량이 적고, 낮은 온도에서 오랫동안 구워 건조하고 바삭한 식감의 쿠키로 일명 슈거쿠키 라고도 한다.(밀어 펴는 형태)

ㄷ. 쇼트브레드 쿠키(Shortbread cookies) : 스냅 쿠키와 비슷하지만 더 많은 유지를 사용하는 쿠키이다.(밀어 펴는 형태)

② **거품형 쿠키**(Foam type cookies)

ㄱ. 머랭 쿠키(Meringue cookies) : 달걀 흰자와 설탕을 거품 내어 만드는 머랭이 주재료로 낮은 온도에서 건조시켜서 굽는 쿠키이며 과도한 착색이 되지 않도록 한다.(짜는 형태)

ㄴ. 스펀지 쿠키(Sponge cookies) : 스펀지 케이크를 만드는 방법과 유사하고, 밀가루를 많이 사용하여 수분이 적은 쿠키이며 핑거 쿠키(Finger cookie)가 있다.(짜는 형태)

(2) 제조 특성에 따른 분류

① 밀어펴서 정형하는 쿠키(Short dough cookies) : 쇼트브레드 쿠키, 스냅 쿠키

② 짜는 형태의 쿠키(Bagged-out cookies) : 드롭 쿠키, 거품형 쿠키

③ 아이스박스 쿠키(Ice-box cookies) : 냉동 쿠키

(3) 재료 사용에 따른 특성

① 설탕

ㄱ. 제품에 단맛을 내고 밀가루 단백질을 연하게 한다.

ㄴ. 쿠키의 퍼짐에 중요한 역할을 한다. 쿠키 반죽 중에 녹지 않고 남아 있는 설탕 입자는 굽기 중 오븐 열에 녹아 쿠키의 표면적을 크게 한다. 반면, 너무 고운 입자의 설탕은 충분한 퍼짐이 일어나지 않아 조밀한 기공의 쿠키가 만들어진다.

> **Baking Tip**
>
> - **퍼짐률** = 직경÷두께 (퍼짐률이 클수록 표면의 크기가 증가한다.)

② 유지
　ㄱ. 맛, 부드러움, 저장성에 중요한 역할을 한다.
　ㄴ. 쇼트브레드 형태의 쿠키에는 밀가루 대비 유지 함량을 60~70% 정도 사용한다.
③ 팽창제
　ㄱ. 퍼짐과 크기를 조절하고, 부피와 부드러움을 조절하기 위해 사용한다.
　ㄴ. 제품의 향과 산도를 조절한다.
　ㄷ. 중조를 과다 사용하면 밀가루 단백질이 약해져 쿠키가 잘 부서지며 어두운색과 소다맛이 나고, 산염을 과다 사용하면 여린 색과 조밀한 조직의 쿠키가 된다.
④ 제조 시 주의사항
　ㄱ. 한 팬에 일정한 크기와 두께, 간격을 유지해야 굽기가 고르게 된다.
　ㄴ. 팬에 기름칠이 과도하면 퍼짐성이 크다.
　ㄷ. 혼합이 과도하면 쿠키가 단단해지므로 글루텐의 발달을 최소화한다.

6. 도넛(Doughnuts)

케이크 도넛(Cake doughnut), 찹쌀 도넛 등이 있으며, 충전물과 토핑물을 사용하여 제품을 다양화 할 수 있다.

(1) 재료
중력분 또는 수분 11% 이하의 수분 흡수율이 높은 밀가루를 이용한 프리믹스를 사용한다.

(2) 믹싱 후 휴지
이산화탄소 가스의 발생, 밀가루 등 재료의 수화, 밀어펴기 등 취급의 용이를 위하여 표피가 마르지 않도록 조치하여 10~15분 정도 휴지를 시킨다.

(3) 도넛의 구조와 특성
① 껍질 : 튀김 기름에 바로 닿는 부분으로 수분이 거의 없고 바삭거린다.
② 껍질 안쪽 부분 : 일반적인 케이크 조직과 비슷하며, 팽창이 일어나고 전분이 호화되기에 충

분한 열을 받으며 약간의 유지를 흡수하는 부분이다.

③ 속 부분 : 열이 다 전달되지 않아 수분이 많으며 나중에 껍질쪽으로 이동한 수분은 도넛에 묻힌 설탕을 녹이는 발한현상을 유발한다.

7. 기타 제과 제품

(1) 슈(Choux)

① 양배추와 모양이 비슷하여 슈(프랑스어)라고 하며, 크림을 넣은 것을 슈크림이라 한다. 밀가루를 먼저 익힌 후에 반죽하여 굽는 것이 특징이며 물, 밀가루, 유지, 달걀을 기본재료로 하고 설탕은 들어가지 않는다.

② 슈 반죽은 굽기 시 오븐 문을 열면 찬 공기로 인해 팽창되던 반죽이 주저 앉게 되므로 주의해야 한다.

Baking Tip

- **설탕이 들어갔을 때 현상**
  ① 표면에 균열이 생기지 않고 매끄럽게 된다.(겉이 갈라지고 바삭해야 한다.)
  ② 내부의 공간 형성이 좋지 않다.(호화가 충분하지 않아도 내부 공간이 비지 않는다.)

---

(2) 냉과

냉장고나 냉동고에서 굳히는 방법을 이용하는 모든 과자제품을 말한다.

① 바바루아(Bavarois) : 우유, 설탕, 젤라틴, 노른자, 바닐라, 생크림을 기본재료로 하고 과일 퓨레를 혼합하여 맛을 보강하기도 한다.

② 무스(Mousse) : 흰자의 거품, 생크림, 과일 퓨레, 젤라틴 등을 이용하여 차게 굳힌 제품을 말한다.

③ 푸딩(Pudding)

  ㄱ. 달걀의 열변성에 의한 농후화 작용을 이용한 제품이다.

  ㄴ. 우유와 설탕은 80~90℃로 데운 후에 달걀과 소금을 혼합하여 중탕으로 굽는다.

  ㄷ. 설탕과 달걀의 배합비는 2:1로 한다.

  ㄹ. 과일, 육류, 야채, 빵을 섞어 만들기도 한다.

④ 젤리(Jelly)

와인이나 과즙 같은 액체에 안정제(펙틴, 젤라틴, 한천, 알긴산 등)를 넣고 굳힌 제품이다. 펙틴 사용 시 충분한 유기산의 존재하에 가열하고 굳혀야 한다.

⑤ 블랑망제(Blanc manger)

아몬드 밀크에 전분, 바닐라 에센스, 젤라틴, 생크림, 설탕 등을 넣어 굳힌 희고 부드러운 냉과이다.

02 팬닝

- 팬에 반죽을 넣는 작업으로, 반죽의 종류에 따라 분할 중량이 달라진다.

1. 분할 팬닝 방법

(1) 적정한 양의 반죽을 팬닝하기 위한 방법

① 사용하는 팬의 부피를 기준으로 팬닝 양을 정하는 방법(거품형 케이크, 머핀, 컵 케이크류)

② 팬의 용적을 구하고 반죽 당 차지하는 비용적을 계산하여 팬닝 양을 정하는 방법(파운드, 레이어 케이크류)

(2) 팬의 용적 계산(팬의 부피)

팬의 크기에 대하여 반죽양이 너무 많거나 적으면 결과적으로 제품의 부피, 대칭성, 조직의 기공 등이 나빠지므로 팬의 정확한 용적을 계산해야 한다.

① 직육면체 부피(cm^3) = 밑넓이 × 높이 = 가로 × 세로 × 높이

② 원기둥(cm^3) = 반지름 × 반지름 × 3.14 × 높이

③ 윗면적과 아래 면적이 다를 경우는 평균을 내고 높이를 곱하여 구한다.

(3) 비용적

① 반죽 1g당 차지하는 부피(cm^3/g)를 나타내며, 비용적이 클수록 가벼운 제품이 된다.

② 파운드 케이크 $2.42cm^3$, 레이어 케이크 $2.96cm^3$, 엔젤 푸드 케이크 $4.71cm^3$, 스펀지 케이크 $5.08cm^3$

> **분할 무게(반죽 무게)** = 팬 용적 ÷ 비용적

Chapter 03

과자류 제품 반죽 익힘

01 반죽 익히기

Baking & Pastry

01 반죽 익히기 방법의 종류

1. 굽기(Baking)

- 완성된 반죽에 열(복사, 전도, 대류)을 가하여 익히는 과정으로 색을 내고 풍미를 향상시키며 소화를 돕게 된다.
- 과자류 제품의 굽기는 가열하는 과정에서 팽창제로 인한 이산화탄소의 발생과 기공의 팽창, 단백질의 변성과 응고, 전분의 호화가 진행된다.

2. 튀기기(Frying)

(1) 특징

① 기름을 사용하여 반죽을 익히고 색과 풍미를 내주는 과정을 말한다.
② 튀김 기름의 표준온도는 180~190℃이며, 온도가 너무 낮으면 껍질이 부풀어 기름이 많이 흡수되면서 맛이 떨어지므로 알맞은 온도에서 튀기도록 한다.
③ 튀김기 사용 시 주입기와 기름의 높이는 7cm 정도로 한다.
④ 발연점이 높고, 산패가 느리며 안정성이 큰 면실유가 좋다.
⑤ 경화제로 스테아린을 기름의 3~6% 정도 첨가하면 융점을 높일 수 있다.
⑥ 기름 보관 시 공기, 수분, 열, 이물질을 주의하여 산패되지 않도록 한다.

(2) 주의사항

① 고온에서 튀길 시 : 껍질색이 진해지고 속은 익지 않는다.
② 저온에서 튀길 시 : 퍼짐이 커지고 기름 흡수가 많아진다.
③ 찹쌀도넛의 튀김
  ㄱ. 반죽 속에 앙금이 잘못 충전되거나 봉합이 부적절한 경우 기름에서 터질수 있으므로 주의해야 한다.
  ㄴ. 기름의 불을 줄이거나 끄고 나서 반죽을 넣어야 반죽이 타는 것을 방지할 수 있다.
  ㄷ. 베이킹 파우더의 반응으로 인해 반죽이 떠오르면 기름온도를 조절하고 망으로 굴려주면서 속까지 잘 익도록 한다.

(3) 제품 제조 시 문제점

① 황화(Yellowing), 회화(Graying)

지방이 제품 표면의 설탕을 적시는 현상으로 기름에 스테아린을 3~6% 첨가하여 방지할 수 있다.

② 발한(Sweating)

ㄱ. 제품 내의 수분이 이동하여 설탕이나 글레이즈를 적시는 현상이다.

ㄴ. 주어진 설탕에 대해 수분이 많은 경우에 발생한다.

ㄷ. 포장용 도넛의 수분 함유량은 21~25% 정도이다.

Baking Tip

- **발한 방지 방법**
  ① 묻히는 설탕 량 증가
  ② 충분한 냉각(40℃ 전후)
  ③ 많은 환기, 튀김시간 증가
  ④ 점착력 있는 기름사용

---

③ 글레이즈(Glaze)의 부서짐 : 도넛이 냉각되는 동안 9%의 수분 증발과 함께 글레이즈 표면의 건조에 의해 발생한다.

Baking Tip

- **부서짐 방지 방법**
  ① 글레이즈의 온도를 49℃ 근처에서 피복
  ② 설탕의 일부를 포도당이나 전화당 시럽으로 대치
  ③ 안정제(한천, 젤라틴)를 설탕의 0.25~1% 사용

---

④ 과도한 흡유의 원인

ㄱ. 반죽의 수분이 너무 많을 경우

ㄴ. 글루텐이 부족할 경우나 질이 낮은 박력분을 사용 시

ㄷ. 혼합시간이 짧을 경우

ㄹ. 튀김 온도가 낮을 경우

ㅁ. 설탕 사용량이 너무 많을 경우

3. 찌기(Steaming)

- 수증기의 대류를 이용하는 방법으로 수증기의 열이 재료에 옮겨져 조리되는 원리이다.

- 물이 수증기로 될 때 537cal/g의 기화 잠열을 가지고 있는데 이 수증기가 반죽에 닿으면 액화되어 열을 방출하며 익히는 원리이다.
- 찌기 전 충분히 수증기를 발생시켜서 온도가 내려가지 않도록 하고, 물의 양은 용기의 70~80% 정도로 한다.
- 찌기의 장점은 식품의 수용성 성분을 보존하여 맛과 영양 손실을 줄이고, 제품 내 수분 손실이 없어 부드러운 식감을 유지 시킬 수 있지만 가열도중 제품 공정을 수정할 수 없는 단점이 있다.
- 찌는 공정을 사용하는 제품에는 치즈 케이크, 푸딩, 찐빵, 만두 등이 있다.

02 익히기 중 성분 변화의 특징

1. 익히기 작업 시 고려사항

(1) 오버 베이킹
① 낮은 온도에서 장시간 구워서 윗면이 평평하고 표면이 딱딱하다.
② 제품에 수분의 손실이 크고 조직이 건조하며, 노화가 빠르다.
③ 고율배합과 많은 양의 반죽일수록 낮은 온도에서 오래 굽도록 한다.

(2) 언더 베이킹
① 높은 온도에서 단시간 구워서 설익고 중심 부분이 터진다.
② 조직이 거칠며 제품에 수분이 많아 주저앉기 쉬우며 껍질색이 진하다.
③ 저율배합과 소량의 반죽일수록 높은 온도에서 빨리 굽도록 한다.

(3) 굽기 손실에 영향을 주는 요인
① 굽는 시간, 배합율, 굽는 온도, 제품의 모양과 크기
② 손실의 원인 : 수분 증발, 이산화탄소의 용해, 알코올의 기화 등
③ 굽기 손실율(%) = $\dfrac{(반죽무게-완제품무게)}{반죽무게} \times 100$

2. 익히기 중 성분 변화

(1) 전분의 호화
굽기 과정 중 전분 입자는 40℃에서 팽윤하기 시작하여 50~60℃에 이르면 유동성이 급격히 떨어진다.

(2) 단백질 변성
오븐 온도가 74℃를 넘으면 단백질이 응고하기 시작하여 열변성을 일으키고, 반대로 전분은 호화하여 글루텐 막을 더욱 얇게 만든다.

(3) 껍질색의 변화
① 캐러멜화 반응 : 당 성분이 높은 온도(160~180℃)에 의해 갈색으로 변하는 반응이다.
② 마이야르(메일라드) 반응 : 당(환원당)과 단백질(아미노산)이 결합하여 껍질이 갈색으로 변하는 반응이다.

(4) 향의 생성
굽기 중 발생하는 향의 원천은 사용된 재료, 반죽의 기계적·화학적 변화가 열에 반응하여 내는 산물이다.

3. 익히기 작업 후 제품의 결함과 원인

(1) 반죽형 케이크의 결함과 원인

결함상태	원인
파운드 케이크의 윗면이 터짐	• 반죽에 수분이 불충분 • 설탕입자가 용해되지 않고 남아있는 경우 • 팬닝 후 오븐에 넣기 전까지 장시간 방치하여 껍질이 마른 경우 • 오븐 온도가 높아 껍질 형성이 빠른 경우
고율 배합 케이크의 기공이 열리고 거친 경우	• 표백하지 않은 박력 밀가루 사용 • 재료들이 고루 섞이지 않음 • 오븐의 온도가 낮음 • 화학팽창제의 사용이 많음

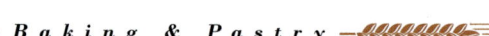

결함상태	원인
굽는 동안 부풀어 올랐다가 가라앉음	• 설탕과 액체 재료의 사용이 많음 • 표백하지 않은 박력 밀가루 사용 • 팽창제의 과다 사용 • 재료들이 고루 섞이지 않아 어느 한쪽만 부풀어 오르고 한쪽은 가라앉음
케이크 껍질에 반점이 생기거나 색의 농도가 고르지 않음	• 설탕이 녹지 않고 남은 경우 • 밀가루를 체질하지 않아 밀가루 덩어리가 케이크 표면에 흰색으로 남음 • 오븐 열이 고르지 않음
케이크가 단단하고 질김	• 고율배합 케이크에 맞지 않은 밀가루 사용 • 달걀의 사용량이 많음 • 부피 팽창이 적어 기공이 치밀한 경우 • 오븐 온도가 높아 껍질이 빨리 형성된 경우
고율배합 케이크의 부피가 작음	• 설탕과 액체 재료의 사용량이 많아 수축된 경우 • 팽창제의 사용이 많아 굽는 동안 부풀었다가 구워낸 뒤 수축한 경우 • 오븐의 온도가 높아 껍질이 빨리 형성된 경우 • 구워낸 제품을 급속 냉각하여 심한 온도변화로 수축한 경우
과일 케이크의 과일이 가라앉음	• 팽창제를 많이 사용한 경우 • 충전물의 수분을 충분히 제거하지 않고 사용 • 질이 낮은 밀가루를 사용

(2) 거품형 케이크의 결함과 원인

결함상태	원인
스펀지 케이크의 부피가 작음	• 제품의 모양을 지탱하지 못할 만큼 약한 밀가루 사용 • 노른자의 사용량이 많고 공기 포집할 흰자의 부족 • 녹인 버터를 넣고 오래 섞거나 반죽을 오래 방치한 후 구움 • 오븐의 온도가 높아 껍질이 빨리 형성된 경우 • 오븐 온도가 낮아 오래 구워서 건조하여 수축 • 언더 베이킹되어 꺼낸 경우나 냉각 속도가 빨라 수축

결함상태	원인
기공과 조직이 고르지 않음	• 약한 밀가루 사용 • 설탕 사용량이 많아 시럽상태로 한곳에 모여 있음 • 달걀을 오래 기포했거나 유화제의 사용이 많음 • 오븐 온도가 낮아 오래 구워서 건조됨
케이크의 조직이 축축하고 찐득거림	• 배합에 수분이 많아 달걀과 팽창제의 작용이 떨어져 조밀하고 축축한 기공 형성 • 팽창이 부족했거나 고온 단시간 굽기를 했을 때 • 물 사용량 감소, 믹싱 증가, 적절한 굽기로 보완
엔젤 푸드 케이크의 위 껍질 함몰 및 조직의 큰 기포	• 팬의 바닥에 공기나 물이 있을 때 • 질 낮은 달걀 사용했을 때 • 흰자를 너무 기포했을 때 • 반죽온도가 높을 때

(3) 퍼프 페이스트리

결함상태	원인
굽기 후 수축	• 반죽이 단단한 경우 • 굽기 전 휴지부족 • 밀어펴기 과도 • 너무 높거나 낮은 오븐온도
굽는 동안 유지가 흘러나옴	• 밀어펴기 부적절 • 과도한 밀어펴기 • 오래된 반죽 • 약한 밀가루 • 너무 높거나 낮은 오븐온도
팽창부족	• 밀어펴기 부적절 • 반죽의 휴지부족 • 너무 높거나 낮은 오븐온도 • 밀어펴기 부적절 • 부적당한 유지사용
과일 또는 충전물이 흐르는 것	• 낮은 오븐온도 • 장자리 봉합이 부적절 • 정형한 반죽에 작은 구멍이 없을 때 • 낮은 오븐온도
제품이 단단함	• 지나치게 작업한 반죽 • 팽창이 부족한 제품 • 자투리를 많이 넣은 반죽

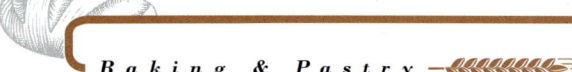

(4) 파이

결함상태	원인	
껍질이 심하게 수축	• 부족한 유지 사용 • 너무 강한 밀가루 • 질이 낮은 단백질의 밀가루 사용	• 과량의 물 사용 • 과도한 믹싱
결이 없거나 바닥 껍질이 젖음	• 반죽온도가 높음 • 굽기가 불충분 • 바닥 열 부족	• 유지가 너무 연함 • 유지와 밀가루를 과하게 혼합함 • 낮은 오븐온도
질긴 껍질	• 너무 강한 밀가루 • 작업을 너무 많이 한 밀가루	• 오버믹싱 • 과량의 물
과일이 끓어 넘친다	• 배합의 부정확 • 껍질에 수분이 많음 • 낮은 오븐 온도 • 설탕이 너무 적음 • 위 껍질과 아래 껍질이 잘 봉해지지 않음	• 충전물의 온도가 높음 • 바닥 껍질이 너무 얇음 • 과일의 산도가 높음 • 껍질에 구멍이 없음

(5) 쿠키

결함상태	원인	
반죽형 쿠키가 퍼짐이 적음	• 너무 고운 입자의 설탕 사용 • 과도한 믹싱 • 높은 온도의 오븐	• 한번에 전체 설탕을 넣고 믹싱 • 반죽이 산성에 치우침
반죽형 쿠키가 과도하게 퍼짐	• 과량의 설탕 사용 • 팬에 과도한 기름칠 • 반죽이 알칼리성	• 반죽의 되기가 너무 묽음 • 낮은 온도의 오븐 • 유지가 많거나 부적당한 경우
반죽형 쿠키의 딱딱한 식감	• 유지부족 • 너무 강한 밀가루	• 글루텐 발달을 많이 시킨 반죽
반죽형 쿠키의 표피가 갈라짐	• 오버 베이킹 • 수분 보유제 빈약	• 급속 냉각 • 부적절한 보관

결함상태	원인
짜는 쿠키의 반죽이 짜내기 어려움	• 크림화가 부족한 반죽에 밀가루를 과다 혼합하여 반죽이 질겨짐 • 달걀의 온도가 낮아 유지가 굳음 • 반죽정도가 심하거나 밀가루의 글루텐 힘이 강함
짜는 쿠키의 제품에 기름기가 흐름	• 유지의 사용량이 많음 • 크림상태가 좋지 않거나 유지가 고루 섞이지 않음 • 뜨거운 팬에 팬닝하여 미리 기름이 배어 나옴 • 오븐 온도가 낮아 오래 구움
짜는 쿠키의 제품이 잘 부서짐	• 설탕과 유지의 사용량이 많음 • 짤주머니에 오래 넣어둔 반죽을 사용 • 밀가루의 질이 나쁘거나 저율 배합의 반죽 • 오븐 온도가 높아 설익음

(6) 도넛

결함상태	원인
도넛에 기름이 많음	• 튀김시간이 길거나, 온도가 낮았을 때 • 반죽에 수분이 많을 때 • 배합에 설탕, 팽창제, 유지가 많을 때 • 믹싱이 부족했을 때
도넛의 부피가 작음	• 튀김시간이 짧거나, 온도가 높을때 • 휴지시간 없이 튀겼을 때 • 강력분을 사용하거나, 화학 팽창제의 사용량이 적을 때 • 반죽 후 튀길 때까지 오랜 시간이 경과 시 • 성형중량이 미달인 때

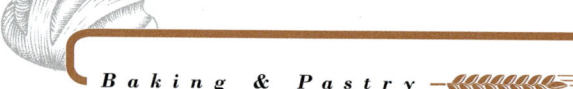

(7) 슈(Choux)

결함상태	원인	
슈 바닥 껍질 중앙이 올라옴	• 아래 불 온도가 너무 강할 때 • 굽기 중 수분을 많이 잃게 된 경우	• 팬에 기름칠이 과다한 경우
내부가 깨끗하게 비어 있지 않음	• 반죽의 호화가 불충분한 경우	
윗면이 울퉁불퉁하고 벌어짐	• 반죽이 된 경우 • 표피에 수분이 부족한 경우	• 윗불이 강한 경우
옆으로 퍼짐	• 반죽이 진 경우	• 과다한 믹싱으로 지친 반죽인 경우

03 관련기계 및 도구

1. 오븐

오븐은 열(전도, 대류, 복사)과 수증기를 이용하여 반죽을 굽거나 건조시켜 제품을 완성하도록 만들어진 기구이다.

(1) 오븐의 종류

① 열원에 따른 분류 : 전기식 오븐, 가스식 오븐, 전자식 오븐, 복합식 오븐 등이 있다.

② 열의 전달 방법에 따른 분류 : 복사형 오븐, 대류형 오븐, 전도형 오븐

③ 제품과 제법에 따른 사용 오븐의 종류

종류	특징
데크 오븐(Deck oven)	• 일반적인 베이커리에서 많이 사용한다.(소량 다품종 생산) • 열전달은 주로 복사와 전도 방식이다. • 각각의 칸에서 독립적 온도조절이 가능하다. • 각종 팬을 다양하게 사용하기 편리하며, 상태확인이 용이하다. • 굽는 시간이 짧고 수분 증발이 적어야 하는 스펀지 반죽이 적합하다. • 전체적인 온도가 균일하지 않아, 익히기 도중에 팬의 위치를 바꿔 주어야 할 경우도 있다.

종류	특징
컨벡션 오븐 (Convection oven)	• 열전달은 주로 대류방식으로 오븐안의 열을 팬(fan)을 이용하여 순환시킨다. • 소량 다품종 생산에 적합한 오븐이다. • 전체적인 온도가 균일하게 유지되므로 빵과 쿠키 등의 굽기에 적합하다.
로터리 래크 오븐 (Rotary rack oven)	• 열전달은 주로 대류방식이다. • 래크에 같은 제품의 팬을 정리하여 래크를 오븐에 고정하고, 회전시켜서 굽는 방법으로 고른 열 전달이 가능하다. • 제품의 성형, 발효, 굽기, 냉각이 일관되게 작업 가능하다. • 대량 생산이 가능하므로 소규모 공장이나 대형 매장들에 적합하다.
터널 오븐 (Tunnel oven)	• 대규모 생산 공장에 적합하다. • 입구와 출구가 다르므로 설비시설 공간이 충분히 확보되어야 한다. • 터널 통과 시 부분적으로 온도를 다르게 조절하여 미세한 굽기가 가능하다.

(2) 오븐의 사용

① 같은 오븐 안에서도 열량과 열의 분포가 다를 수 있으므로 사전에 사용하고자 하는 오븐의 특성을 파악해 두어야 한다.

② 오븐 계기판 온도와 실제 온도가 맞지 않는 경우가 많으므로 주기적으로 보정하여 오차가 생기지 않도록 한다.

③ 오븐 사용 후에는 항상 내부의 이물질을 제거하고 확인 창 부분이 청결하게 유지되도록 주의한다.

2. 튀김기

① 열원은 가스, 전기를 사용하므로 제품생산의 양과 종류, 시설을 고려하여 선택한다.

② 기계 사용 후 청소와 기름 사용 주기 등 위생 관리에 주의한다.

Chapter 04
과자류 제품의 포장

01 과자류 제품의 냉각

1. 과자류 제품의 냉각방법 및 특징

익히기 과정을 끝낸 제품을 청결한 냉각 구역으로 옮겨 적정 품온으로 식히는 것으로 곰팡이, 세균의 피해를 막고 소분 및 포장을 용이하게 한다.

(1) 냉각 조건 : 온도 35~40℃, 수분 38% 내외

(2) 냉각법

    ① 자연 냉각 : 냉각팬에 올려 실온 3~4시간 수분 손실이 가장 적음

    ② 터널식 냉각(공기 배출기 이용) : 2~2.5시간

    ③ 에어콘디션식 냉각(공기조절 방법) : 온도 20~25℃, 습도 85%, 시간 90분

    ④ 냉각기의 이용 : 0~5℃의 온도를 유지하고 제과제품의 보관에 많이 사용

    ⑤ 냉동고의 사용

       • 완만한 냉동고

       • 급속 냉동고 : 무스 등의 냉과류에 사용

(3) 수분함량

    ① 굽기 직후 : 껍질 12~15%, 내부 42~45%

    ② 냉각 후 : 38%

(4) 냉각 손실 : 평균 2%

02 장식 재료의 특성 및 제조

1. 장식 재료의 특성

- 제품의 외관과 맛을 향상시켜 가치를 높이고 노화를 방지하는 효과도 있다.
- 식품위생법의 기준에 적합한 재료를 적절히 사용하여 제품의 가치를 높인다.

2. 종류 및 제조방법

(1) 아이싱(Icing)

    ① 단순 아이싱 : 슈거파우더, 물엿, 물, 향을 넣고 43℃로 데워 되기를 조절하여 사용한다.

② 크림 아이싱
   ㄱ. 펀던트 아이싱 : 설탕 100에 대하여 물 30을 114~118℃로 가열한 후 38~44℃로 낮추고 교반하면, 설탕이 재결정되어 제조된다.
   ㄴ. 퍼지 아이싱 : 설탕, 초콜릿, 버터, 우유를 주재료로 크림성을 이용하는 방법
   ㄷ. 마시멜로우 아이싱 : 흰자, 설탕시럽을 사용 휘핑하여 만든다.

(2) 머랭(Meringgue)
   ① 일반 머랭 : 흰자를 휘핑 하면서 설탕을 나누어 넣어 충분한 공기를 넣어 만든다.
   ② 스위스 머랭 : 흰자와 설탕을 40℃로 가온하여 기포를 만들면서 산을 첨가하여 온제 머랭을 만든 후, 나머지 흰자와 설탕으로 일반 머랭을 만든 후 혼합하여 제조한다.
   ③ 이탈리안 머랭(시럽법 머랭) : 흰자 거품에 뜨거운 시럽(116~120℃)을 넣어 기포를 안정시킨 제품으로 버터크림, 냉과제품에 이용하거나 케이크 장식용으로 사용한다.

(3) 크림(Cream)
   ① 버터 크림 : 버터에 설탕이나 달걀, 펀던트, 시럽, 우유 등을 넣어 만든 크림이다.
   ② 커스터드 크림 : 달걀이 주된 농후화제로 우유, 설탕 등을 끓여서 만든 크림이다.
   ③ 디플로매트 크림 : 커스터드 크림과 생크림을 1:1로 혼합한 크림이다.
   ④ 가나슈 크림 : 초콜릿에 생크림을 혼합하여 만든 크림으로 용도에 따라 그 비율을 조정 할 수 있다.

(4) 글레이즈(Glaze)
제과 제품에 광택을 내거나 표면의 수분 증발을 막기 위해 시럽, 퐁당, 초콜릿, 젤라틴 등을 사용하는 것을 말한다.

03 제품 포장의 목적

제품의 유통과정에서 제품의 가치 및 상태를 보호하고 저장성을 높이기 위하여 적합한 재료나 용기를 사용하여 장식하거나 담는 것을 말한다.

(1) 제품 위생

(2) 제품 보호
유통 중 제품의 형태유지와 성분변화를 최소화 할 수 있도록 한다.

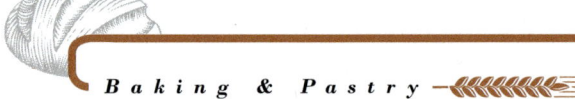

(3) 상품성의 향상
식품위생법상 표기사항을 고려하면서도 제품의 가치를 올릴 수 있는 포장재와 디자인을 선택한다.

(4) 경제성과 편리성
포장의 목적을 효과적으로 달성하면서도 비용과 사용 편리성을 고려한 적정한 포장이 이루어져야 한다.

(5) 포장작업 시 제품의 종류, 작업량, 장소 등을 고려하여 선정한다.

04 포장재별 특성과 포장방법

1. 포장재별 특성

(1) 종이
① 가장 오랫동안 사용해 온 포장재로 최근 코팅, 인쇄 등을 통한 다양한 제품 출시
② 식품용지 검사를 통과한 제품여부를 확인한다.

(2) PP(폴리프로필렌, Polypropylene)
① 비교적 안정된 비닐 포장지, 투명성, 방습성, 내유성 좋으므로 도넛, 쿠키, 스낵류, 일회용 커피 컵의 뚜껑, 플라스틱 음료수 뚜껑에 사용된다.
② OPP(Oriented polypropylene)는 PP보다 강도와 투명성이 더 우수하다.

(3) PE(폴리에틸렌, Polyethylene)
① 인체에 무해한 플라스틱 재질로 식품에 직접 닿아도 되는 소재로 투명, 반투명, 불투명제품
② 방습성이 좋아서 식품 포장용, 택배봉투, 에어캡, 페트병에 사용
③ 폴리에틸렌 사용 시 주의사항
    ㄱ. 기름기, 알코올, 산성성분에 노출 시 인체에 유해한 화학물질이 쉽게 녹아 나온다.
    ㄴ. 90℃ 이상에서 20분 이상 사용 시 코팅이 벗겨진다.
    ㄷ. 전자레인지에 조리하는 음식물의 포장에 사용하지 않는다.

(4) PS(폴리스티렌, Polystyrene)

① 플라스틱 중 표준이 되는 수지로 광택이 좋고 투명하며 독성이 없다.

② 내열성이 떨어지므로 뜨거운 제품에는 적당치 않다.

③ 1회용 컵, 과자 속 포장 용기에 사용된다.

2. 포장 방법

(1) 포장의 준비

① 포장 온도 : 35~40℃

　ㄱ. 높은 온도에서의 포장 : 포장지에 수분과다로 곰팡이가 발생하고 형태 유지가 어려움

　ㄴ. 낮은 온도에서의 포장 : 껍질이 건조하며 노화가 가속됨

② 포장 용기의 선택

　ㄱ. 1차 포장

- 제품과 직접 접촉하며 외부는 차단시키는 기본 포장, 진열시 사용
- 종이, 플라스틱파우치, 유리병, 캔

　ㄴ. 2차 포장

- 1차 포장 후 여러 개를 한 단위로 묶어서 포장, 유통 시 사용
- 쇼핑백, 상자

　ㄷ. 3차 포장

- 2차 포장을 다시 한 단위로 묶거나 담기, 팔레트 포장

　ㄹ. 4차 포장

- 국가간 무역에서의 포장, 컨테이너

(2) 포장용기, 포장재의 기준규격 및 표시사항

① 기준 규격

　ㄱ. 「식품위생법」 제 9조 3항 규정, 식품공전 제7장 기구 및 용기 포장의 기준규격

　ㄴ. 소비자에게 판매하는 제품의 최소 판매 단위별 용기, 포장에는 제9조에 따른 표시사항을 표시하여야 한다.

　ㄷ. 여러 개의 최소 판매단위 제품이 하나의 용기, 포장으로 진열, 판매할 수 있도록 포장된

경우에는 그 용기, 포장에 대신 표시 할 수 있다.
ㄹ. 최소 판매단위 포장 안에 내용물을 2개 이상 나누어 개별 포장한 제품의 경우는 내포장별로 제품명, 내용량, 열량, 유통기한, 영양성분을 표시 할 수 있다.

② 포장용기 표시사항
ㄱ. 제품명 : 개개의 제품을 나타내는 고유의 명칭
ㄴ. 식품의 유형 : 식품의 기준 및 규격의 최소 분류 단위
ㄷ. 업소명 및 소재지
ㄹ. 제조연월일 : 포장을 제외한 더 이상의 제조나 가공이 필요하지 않은 시점
ㅁ. 유통기한 : 제품의 제조일부터 소비자에게 판매가 허용되는 기한
ㅂ. 내용량 : 기구 또는 용기 포장을 제외한 용량
ㅅ. 원재료명 : 식품 또는 식품첨가물의 처리, 제조, 가공, 또는 조리에 사용되는 물질로 최종 제품 내에 들어 있는 것
ㅇ. 성분명 및 함량(해당 경우에 한함)
ㅈ. 영양성분 : 제품의 일정량에 함유된 영양성분의 함량 표시
ㅊ. 용기·포장 재질 : 포장재로 사용된 재료의 종류
ㅋ. 품목보고번호 : 식품위생법에 따라 제조·가공업 영업자가 관할 기관에 품목제조를 보고할 때 부여되는 번호
ㅌ. 보관방법(해당 경우에 한함)

05 제품 관리

1. 제품의 품질유지 관리

(1) 노화 관리

① **노화에 따른 변화**
제품의 껍질과 속에서 일어나는 물리·화학적 변화로 제품의 맛, 향기가 변화하며 딱딱해지는 현상을 말한다.

② **노화에 영향을 주는 요인**
ㄱ. 저장시간

- 오븐에서 꺼낸 직후부터 노화가 시작된다.
- 최초 1일에 4일간 진행될 노화의 절반이 진행되므로 신선할 때 노화가 빠르다.

ㄴ. 온도
- 노화 정지 : -18℃
- 노화 최적 온도 : -6.6~10℃(냉장 온도)
- 43℃ 이상에서는 노화속도는 느려지지만 미생물에 의한 변질이 빠르게 진행된다.

③ 노화를 지연시키는 방법

ㄱ. 저장 온도를 -18℃ 이하 또는 30~35℃로 유지한다.
ㄴ. 당류와 유지를 첨가하여 수분 보유력을 높인다.
ㄷ. 적정한 공정에 의해 제조한다.
ㄹ. 탈지분유와 달걀에 의한 단백질 증가도 노화를 지연한다.
ㅁ. 수분을 흡수하는 수용성 펜토산 함량이 많으면 노화를 지연한다.
ㅂ. 제품의 수분함량이 38% 이상이 되면 노화가 지연되므로, 반죽의 수분함량을 높인다.
ㅅ. 제품이 적절한 온도와 습도로 냉각되었을 때 포장한다.
ㅇ. 유화제의 첨가 : 유화제는 전분입자끼리의 결합력을 방해하여 재결정화를 방지하고, 반죽의 수분보유력 증가 및 전분 입자의 수분 보호를 통하여 노화를 억제하므로 노화지연제 역할을 한다.

Baking Tip

- **노화방지에 사용되는 유화제**
  모노글리세리드로 대표되는 글리세린 지방산 에스테르, 자당 지방산 에스테르, 솔비탄 지방산 에스테르, 폴리솔베이트, 대두인지질 등이 있으며, 대두인지질은 천연 유화제이다.

(2) 미생물에 의한 제품의 변질 관리

① 보존료로 허가된 프로피온산 나트륨, 프로피온산 칼슘을 첨가하거나, 젖산이나 초산, 발효액이나 발효 유제품 분말을 첨가하여 반죽의 pH를 낮춘다.
② 세균, 곰팡이, 효모 등에 의한 변질을 막기 위해 저장온도, pH, 습도를 고려한 저장관리가 필요하다.

③ 개인 위생을 준수하고, 작업실, 소도구, 설비 등을 청결히 관리하며, 공기 순환, 살균 등 위생적 조건을 갖춘다.

2. 제품의 포장관리

① 포장 완료된 제품이 제품의 특성에 맞도록 적절히 포장되었는지 확인한다.

② 품질을 최적의 상태로 최종 소비자에게 제공하기 위해 제품의 유통기한, 생산일자가 정확히 표기 되어 포장되었는지 확인한다.

Chapter 05
과자류 제품의 저장·유통

01 과자류 제품의 저장 및 유통

제품 생산을 위한 재료 구입 시 입고된 재료를 검수과정을 거쳐 위생적으로 보관·관리하여 사용하고, 제품 생산 후 출고 전까지 생산품을 위생 안전 기준에 따라 보관하며 소비자에 유통·판매될때까지 모든 위해요소를 고려하여 관리함을 의미한다.

1. 저장 방법의 종류 및 특징

(1) 실온 보관

① 서늘하고 통풍이 잘되며 온도 10~20℃, 습도 50~60% 유지되는 장소로 선정한다.
② 일정한 온도와 습도의 유지를 위해 온도계, 습도계를 부착하여 사용한다.
③ 정리를 위한 선반은 바닥에서 15cm, 벽에서 5cm 이상의 공간을 둔다.
④ 포장상태를 확인하고 위생해충의 발생과 피해를 막는다.
⑤ 재료와 제품의 관리는 항상 선입선출의 기준으로 정리한다.

(2) 냉장 보관

① 재료나 상품의 유통 및 보관조건을 반드시 확인하고 지켜야한다.
② 재료나 제품의 부패와 변패를 일시적으로 억제하는 방법으로 온도 0~10℃, 습도 80~95%가 적당하다.
③ 일반적으로 육류·달걀은 1~3℃, 우유·축산가공품은 3~5℃, 과일·채소는 7~10℃ 로 저장한다.
④ 냉장실 내에서도 분류를 하여 이취, 이물질에 의한 교차 오염이 없도록 한다.

(3) 냉동 보관

① −20~−18℃의 저온에서 식품의 수분을 급속으로 동결시켜서 조직의 손상을 최소화하는 방법으로 습도는 80~95% 이다.
② 저장고의 온도를 일정하게 유지하고, 포장을 소분하여 냉동하여, 수분의 재결정화나 표면 얼음의 승화로 인한 맛과 조직 손상을 막을 수 있다.
③ 주기적인 청소와 관리로 재료손실을 막고, 재고관리를 확실히 한다.

2. 과자류 제품의 유통·보관방법

(1) 유통 및 보관

① 유통기한 결정
- 식품의 제조일로부터 소비자에게 판매 가능한 기한을 결정하는 법적인 기한
- 포장재질, 보존조건, 제조방법, 원료배합 비율 등 제품의 특성과 냉장 또는 냉동보존 등 기타 유통실정을 고려하여 위해 방지 및 품질을 보장할 수 있도록 정해진다.

② 유통 및 보관 시 고려사항
- 제품에 따른 유통기한을 소비자가 인지할 수 있도록 식품의 포장에 정확하게 표기한다.
- 냉동 또는 냉장제품의 운반은 적절한 온도를 유지할 수 있는 냉동 또는 냉장차량이거나 이와 동등 이상의 효력이 있는 방법으로 한다.
- 제품의 운반 및 포장과정에서 용기·포장이 파손되지 않도록 주의하여야 하며 가능한 한 심한 충격을 주지 않도록 하여야 한다.
- 소비자가 제품을 구매하고 보관, 소비하는 과정에 필요한 정보를 제공한다.

3. 과자류 제품의 저장유통 중의 변질 및 오염원 관리

(1) 저장유통 중의 변질의 종류

과자류 제품이 저장유통 중 미생물, 햇볕, 산소, 화학물질 등에 의하여 본래의 성질(외적 및 관능적 변화)이 변하여 먹을 수 없는 상태가 되는 것을 말한다.

① **부패** : 단백질 성분이 혐기적 상태에서 미생물에 의해 저급 물질로 분해되어 형태, 경도, 맛 등의 변질
② **변패** : 탄수화물 성분이 화학적 요인이나 세균에 의한 분해로 인한 변질
③ **산패** : 유지가 공기 중의 산소와 결합하여 불쾌한 냄새, 맛, 점성의 증가로 인한 변질
④ **발효** : 탄수화물, 단백질, 지방이 분해되면서 유익균을 생성하는 것으로 효모에 의한 알코올 발효, 젖산균에 의한 김치, 요구르트, 치즈 등의 발효

(2) 오염원 관리

① 제품 변질에 영향을 주는 물리적(온도, 습도), 화학적(산소, 금속, pH) 생화학적, 생물학적(위생해충, 미생물) 위해를 방지하는 식품위생과정이 제조과정에서 유통과정까지 지속 유지

될 수 있도록 한다.
② 제품의 특성에 따른 유통 및 보관방법을 철저히 관리한다.
③ 유통과정에서 식품과 비식품의 교차오염과 운송차량으로 인한 오염이 되지 않도록 한다.
④ 냉장 · 냉동 · 상온 보관 등 제품에 맞는 보관 유통기준에 따라 관리한다.

Chapter 06
과자류 제품의 위생안전관리

01 식품위생 관련 법규 및 규정

01 식품위생법 관련 법규

1. 식품위생의 정의

식품위생법 제1장 총칙 제2조에 "식품위생이란 식품, 식품 첨가물, 기구 또는 용기·포장을 대상으로 하는 음식에 관한 위생을 말한다."라고 규정되어 있다. WHO에서는 식품위생은 식품의 생육, 생산, 제조로부터 최종적으로 사람에게 섭취되기까지의 전 과정에 걸친 식품의 안정성, 건전성, 완전성을 확보하기 위해 필요한 모든 수단이라고 정의되어 있다.

2. 식품위생법

식품으로 인한 위생상의 위해(危害)를 방지하고 식품에 관한 올바른 정보를 제공하는 식품위생법은 식품위생법 시행령, 식품위생법 시행 규칙으로 법령 체계를 이루고 있다. 식품에서 사용하는 용어의 정의, 영업의 종류, 식품 및 축산물의 안전관리인증기준, 식품공전(식품별 기준 및 규격), 식품첨가물 기준 및 규격 등이 규정되어 있다.

3. 식품위생의 정의 및 대상 범위

① 식품이란 모든 음식물(의약으로 섭취하는 것은 제외)을 말한다.
② 식품, 식품첨가물, 기구, 용기와 포장이 대상 범위이다.
③ 식품이력추적관리란 식품을 제조부터, 가공단계까지 각 단계별로 정보를 기록, 관리하여 그 식품의 안전성 등에 문제가 발생할 경우 그 식품을 추적하여 원인을 규명하고 필요한 조치를 할 수 있도록 관리하는 것이다.

Baking Tip

• **안전한 식품의 조건**
　① 부패 또는 변질되지 않은 것
　② 유독 또는 유해물질이 함유되어 있지 않은 것
　③ 병원 미생물에 오염되어 있지 않은 것
　④ 불결한 것이나 이물 등이 존재하지 않은 것

④ 식중독이란 식품 섭취로 인체에 해로운 미생물 또는 유독물질이 생겼거나 생긴 것으로 판단되는 감염성 질환 또는 독소형 질환을 말한다.
⑤ 식품공전이란 판매를 목적으로 하는 식품의 제조, 가공, 사용, 조리 및 보존의 방법에 대한 기준과 그 성분에 관한 규격이며, 식품위생의 안전성 확보를 위한 최소한의 관리규범이다.

4. 식품위생의 목적
① 식품으로 인한 위생상의 위해사고를 방지한다.
② 식품 영양의 질적 향상을 도모한다.
③ 국민보건의 향상과 증진에 이바지한다.

02 HACCP(해썹), 제조물 책임법 등의 개념 및 의의

1. HACCP(식품 및 축산물 안전관리인증기준) 정의
식품 및 축산물의 안전관리인증기준(Hazard analysis and critical control point, HACCP)이란 식품 및 축산물의 원료관리부터 제조, 가공, 조리, 선별, 처리, 포장, 소분, 보관, 유통, 판매의 모든 과정에서 위해한 물질이 식품 또는 축산물에 섞이거나 오염되는 것을 방지하기 위하여 각 과정의 위해요소를 확인, 평가하여 중점적으로 관리하는 기준이다. 식품의약품안전처장은 식품 및 축산물 안전관리인증기준을 식품별로 정하여 고시할 수 있다.

2. HACCP 관련용어 정의
(1) 위해요소(Hazard)
식품위생법 제4조(위해식품 등의 판매 등 금지)의 규정에서 정하고 있는 인체의 건강을 해할 우려가 있는 생물학적, 화학적 또는 물리적 인자나 조건을 말한다.

(2) 중요관리점(CCP ; Critical control points)
식품의 위해요소를 예방·제거하거나 허용수준 이하로 감소시켜 당해 식품의 안전성을 확보할 수 있는 중요한 단계·과정 또는 공정을 말한다.

(3) 한계기준
중요관리점에서의 위해요소 관리가 허용범위 이내로 충분히 이루어지고 있는지 여부를 판단할 수 있는 기준을 말한다.

(4) 모니터링
중요관리점에서 설정된 한계기준을 적절히 관리하고 있는지 여부를 확인하기 위하여 수행하는 일련의 계획된 관찰이나 측정하는 행위 등을 말한다.

(5) HACCP 적용업소
식품의약품안전청장이 고시한 HACCP을 적용·준수하여 식품을 제조·가공 또는 조리하는 업소를 말한다.

(6) 우수제조기준(GMP ; Good manufacturing practices)
위생적인 식품생산을 위한 시설·설비요건 및 기준, 건물의 위치, 시설·설비의 구조, 재질요건 등에 관한 기준이다. 주로 건강기능성식품의 제조가공에 적용된다.

(7) 표준위생관리기준(SSOP; Sanitation standard operating procedure)
일반적인 위생관리운영기준, 영업장관리, 종업원관리, 용수관리, 보관 및 운송관리, 검사관리, 회수관리 프로그램 등의 운영절차이다.

(8) HACCP 관리계획(HACCP plan)
식품의 원료 구입에서부터 최종 판매에 이르는 전 과정에서 위해가 발생할 우려가 있는 요소를 사전에 확인하여 허용 수준 이하로 감소시키거나 제거 또는 예방할 목적으로 HACCP 원칙에 따라 작성한 제조, 가공 또는 조리, 유통단계의 공정 관리문서나 계획을 말한다.

3. HACCP 7원칙 12절차
(1) **HACCP팀 구성** – 절차1
(2) **제품 설명서 작성** – 절차2
제품명, 제품 유형 및 성상, 품목 제조보고 연·월·일, 작성자, 성분배합비율, 제조단위, 보관·유통 시 주의사항, 유통기한, 포장방법 및 재질 등을 포함한다.
(3) **용도 확인** – 절차3
제품의 조리 및 섭취방법, 일반인·노약자·임산부 등 제품을 제공 받는 소비자 계층을 분명히 한다.
(4) **공정 흐름도 작성** – 절차4
(5) **공정 흐름도 현장 확인** – 절차5
(6) **위해요소 분석** – 원칙1 / 절차6

원·부재료와 공정·단계별로 위해요소를 파악하여 목록을 작성한다.
  ① 생물학적 위해요소 : 곰팡이, 세균, 바이러스 등의 미생물과 기생충, 원충 등
  ② 화학적 위해요소 : 청소세제, 농약, 중금속, 화학적 식품첨가물, 동·식물독, 곰팡이독 등
  ③ 물리적 위해요소 : 금속, 플라스틱, 머리카락, 유리, 돌 등

(7) **중요관리점(CCP) 결정** – 원칙 2 / 절차7

위해요소 분석을 통해 확인된 생물학적, 화학적, 물리적 위해요소를 목록화한 후 위해발생의 위험성이 높을 경우에는 CCP로 결정하고 위험성이 낮은 경우에는 CP로 정한다.

(8) **한계기준 설정** – 원칙 3 / 절차8

한계기준은 CCP에서 관리되어야 할 생물학적·화학적·물리적 위해요소를 예방, 제거 또는 허용 가능한 수준까지 감소시킬 수 있는 최대치 또는 최소치를 의미한다.

(9) **모니터링 체계 확립** – 원칙 4 / 절차9
  ① CCP가 한계기준을 벗어나지 않도록 하기 위해서 현장에서 식품을 제조·가공·조리하는 현장담당자가 주기적으로 측정 또는 관찰하는 활동이다.
  ② 모니터링을 수행함으로서 작업과정에서 발생되는 위해요소의 추적이 가능하고 한계기준 이탈 시점을 알 수 있으며 기록으로 남김으로써 식품사고 발생 시 증빙자료로 활용이 가능하다.

(10) **개선조치 방법 수립** – 원칙 5 / 절차10

모니터링 결과 한계기준을 벗어났을 경우에 개선조치 방법을 사전에 설정하여 신속한 대응 조치가 이루어질 수 있도록 하는 단계이다.

(11) **검증 절차 및 방법 수립** – 원칙 6 / 절차11

HACCP 계획이 올바르게 수립되어 있는지 확인하는 '유효성 평가'와 HACCP 계획이 설계한 대로 이행되고 있는지를 확인하는 '실행성 검증' 두가지를 정기적으로 확인·평가하는 활동이다.

(12) **문서화 및 기록유지** – 원칙 7 / 절차12

4. HACCP 즉시 인증취소(One-strike out)

다음의 주요 위생안전조항을 1개 이상 위반 시 또는 평가점수 60점 미만인 경우 즉시 인증이 취소된다.
  ① 원료 검사 미실시
  ② 지하수 미살균

③ 개인위생관리 및 작업장 세척 · 소독 미비
④ 중요관리점(CCP)에 대한 모니터링 및 개선조치 실시 미비

5. HACCP 의무적용 대상 식품

① 2020년 11월 30일까지 : 과자 · 캔디류, 과자류 · 떡류, 초콜릿류, 어육 소시지, 음료류, 즉석 섭취 식품, 국수 · 유탕면류, 특수 용도 식품

② 의무적용 시기

1단계('14.12)	2013년 매출액 20억 원 이상으로 종업원 51인 이상
2단계('16.12)	2013년 매출액 5억 원 이상으로 종업원 21인 이상
3단계('18.12)	2013년 매출액 1억 원 이상으로 종업원 6인 이상
4단계('20.12)	1~3단계에 해당하지 아니하는 영업소

떡류 3단계 중 종업원 10인 이상('17.12.1 시행)
출처 : 2019년도 식품안전관리지침 2018.12.28. 식품의약품안전처 p.52

6. 제조물 책임법(PL법)

제조자가 제조한 제품이 소비자에게 판매됐을 때 그 제품의 하자로 신체 또는 재산에 손해를 입은 소비자에 대해 제조자가 책임을 지는 제도로써 제조자는 과실이나 고의성 여부에 상관없이 소비자에게 배상해야 한다. 따라서 소비자가 제조물의 결함으로 피해를 봤다는 사실만 입증하면 배상을 받을 수 있게 되어 소비자의 권익이 크게 향상된다. 수입품에 대해서는 수입상, 제조업자를 알 수 없는 제품은 유통업자가 각각 보상의무를 진다. 또한, 제조물 책임법에서 해당되는 제품은 제조 또는 가공한 물건에 한하고 1차적인 생산물인 농산물이나 수산물 등은 제조물에 포함되지 않는다.

03 식품첨가물

식품첨가물이란 식품의 제조, 가공 또는 보존을 위해 식품에 첨가, 혼합, 침윤 기타 방법에 의하여 사용되는 물질이라고 정의된다.

1. 식품첨가물의 사용 목적

① 식품의 외관을 만족시키고 기호성을 높이기 위해

② 식품의 변질 및 변패를 방지하기 위해

③ 식품의 품질을 개량하여 저장성을 높이기 위해

④ 식품의 향과 풍미를 개선하고 영양을 강화하기 위해

2. 식품첨가물의 조건

① 미량으로 효과가 클 것

② 독성이 없거나 극히 적을 것

③ 사용하기 간편하고 경제적일 것

④ 무미, 무취이고 자극성이 없을 것

⑤ 변질 미생물에 대한 증식 억제 효과가 있을 것

⑥ 공기, 빛, 열에 안전성이 있을 것

⑦ pH에 대한 영향을 받지 않을 것

3. 식품첨가물의 종류 및 용도

보존료	미생물의 생육과 증식에 의한 식품의 부패나 변패를 방지하여 저장기간 연장, 히드로초산 (DHA), 데히드로초산나트륨, 소르빈산, 안식향산, 프로피온산 니트륨, 프로피온산 칼슘
살균제	미생물의 생육과 증식에 의한 식품의 부패나 변패를 방지하여 저장기간 연장, 히드로초산 (DHA), 데히드로초산나트륨, 소르빈산, 안식향산, 프로피온산 니트륨, 프로피온산 칼슘
항산화제 (산화방지제)	디부틸히드록시톨루엔(BHT), 부틸히드록시아니졸(BHA), 몰식자산 프로필, 에리소르빈산, L-아스코르빈산(비타민 C), DL-α-토코페롤(비타민 E)
감미료	사카린나트륨염, 아스파탐, 스테비오사이드
산미료	신맛을 부여하여 청량감을 주며 식욕을 증진시키는 물질, 초산, 구연산, 사과산, 주석산, 젖산, 탄산
소포제	거품 형성을 억제하거나 제거하는 목적, 규소수지(실리콘 수지)
착색료	캐러멜, 베타카로틴

발색제	색을 선명하게 하여 발색을 촉진시키는 물질, 아질산염
팽창제	효모(이스트), 명반, 탄산수소나트륨(중조, 소다), 베이킹 파우더
호료	점착제로 식품의 점성과 안정성을 높여 형태를 유지하고 미각증진 목적, 카제인, 알긴산나트륨, 메틸셀룰로오스
유화제 (계면활성제)	두 종류의 액체를 혼합·분산시키는 유화작용을 목적, 글리세린 지방산에스테르, 소르비탄 지방산에스테르, 자당 지방산에스테르
피막제	과일, 채소류 등의 호흡작용과 증산작용을 억제하여 신선도를 유지하며 식품 표면의 윤택 목적, 초산비닐수지, 몰포린 지방산염
영양강화제	비타민류, 아미노산류, 무기염류
이형제	반죽이 용기에 붙는 것을 방지 목적, 유동파라핀
밀가루 개량제	제분에 의해 품질이 저하된 밀가루를 개선하는 목적, 과황산암모늄, 브롬산칼륨, 비타민 C

02 개인위생관리

01 개인위생관리

식품을 제조, 가공, 조리 등에 종사하는 식품 취급자들은 개인위생관리에 신경을 써야 한다. 개인위생관리는 소비자에게 안전한 식품을 공급할 수 있는 척도가 되며, 식중독 예방 및 식품에 위해를 일으킬 수 있는 요소를 방지하기 위해 중요하다. 개인위생관리란 위생복, 위생모, 장갑, 앞치마, 마스크 등의 위생상태 및 머리카락, 손톱, 손의 상처 등 위해를 일으킬 수 있는 요소뿐만 아니라 흡연, 개인의 청결상태 등을 광범위하게 관리하는 것을 말한다.

1. 개인위생관리

① 영업자 및 종업원에 대한 건강 진단을 년 1회 실시하고 건강진단결과서를 보관해야 한다.
② 종사자는 작업장 출입 전에 위생복, 위생모, 위생화, 마스크(필요시), 앞치마 등을 항시 착용해야 한다.
③ 작업의 종류에 따라 필요시 앞치마, 고무장갑 등을 구분하여 사용하고, 매 작업 종료 시 세척·소독을 실시한다.
④ 반지, 팔찌, 시계, 목걸이, 귀고리 등의 개인용 장신구 등을 착용하여서는 안 된다.
⑤ 휴대 전화, 열쇠 등의 소지품과 클립, 스테플러, 커터칼 등의 사무용품은 소지하고 입실하면 안된다.
⑥ 손세척, 건조를 실시하고 작업장 입실 후 손소독을 실시 후 작업을 개시한다. 또한 음식물을 만지기 전, 설비나 기구를 사용하기 전/후, 작업 공정이 바뀌거나 손이 비위생적인 곳에 접촉한 후, 재채기와 기침 및 귀, 코, 입, 머리와 같은 신체 부위를 접촉한 후, 화장실에 다녀온 후 등을 포함하여 작업 중 수시로 손 세척을 실시한다.
⑦ 전염성 상처나 피부병, 염증, 설사 등의 증상을 가진 식품 매개 질병 보균자는 식품을 직접 제조·가공 또는 취급하는 작업을 금지해야 한다.

2. 위생복장관리

① 종사자는 작업장 입실 시 이물제거장치(끈끈이 롤러)를 이용하여 위생복장에 묻어 있는 이물을 제거하고 유해물질이 제품에 오염되지 않도록 청결하게 관리하여야 한다.

② 위생복에 의한 이물 혼입 및 교차오염 방지를 위해 위생복의 단추 및 주머니는 제거하고 가급적 신체 부위가 노출되지 않도록 긴팔 소매의 위생복장 착용을 원칙으로 한다.
③ 향이 강한 화장품 및 붙이는 속눈썹 사용을 자제하고, 털이나 수염 등이 이탈되어 제품에 혼입되지 않도록 청결하게 관리한다.
④ 머리카락이 이물로 혼입되지 않도록 머리망이나 모자를 착용하여 청결하게 관리한다.
⑤ 작업화는 외출화와 구분하여 관리하고, 작업장 내에서는 미끄러지지 않는 재질의 앞부분이 막힌 청결한 작업화만 착용하도록 한다.
⑥ 위생복장을 착용한 상태에서는 제조 외의 식사, 화장실 출입, 운동, 외출 및 출퇴근 등 다른 활동을 금지하고 이를 철저히 관리하여야 한다.

3. 작업태도관리

① 종사자는 항상 깨끗하고 청결한 위생복장을 착용해야 한다.
② 작업장에서 작업장 이외의 장소로 이동할 때는 위생복 또는 앞치마를 벗어둔다.
③ 이물로 혼입될 우려가 있는 시계, 반지 등의 장신구를 착용하지 않는다.
④ 작업중 머리카락을 만지거나 재채기를 하지 않도록 한다.
⑤ 작업의 종류가 변경될 때나 필요시 수시로 손세척 및 소독을 하여 손에 의한 미생물 오염이 되지 않도록 관리한다. 손세척은 비누를 사용하여 30초 이상 꼼꼼하게 씻고, 일회용 종이 수건이나 건조기를 사용하여 건조시키도록 한다.
⑥ 위생장갑을 착용 시는 반드시 손세척을 한 이후 착용해야 하며, 작업의 종류가 변경될 때는 교체하여 사용하여야 한다. 1회용 비닐장갑을 사용 시는 사용 후 반드시 폐기한다.
⑦ 손 세척 후 손의 물기를 앞치마나 위생복에 문질러 닦지 않도록 한다.

02 식중독의 종류, 특성 및 예방방법

식중독이란 식품 섭취로 인하여 유해한 미생물 또는 유독 물질에 의하여 발생하였거나 발생한 것으로 판단되는 감염성 질환 또는 독소형 질환으로써 급성 또는 만성 위장장애 현상이다.

1. 세균성 식중독

(1) **감염형 식중독** : 세균이 증식한 상태의 식품을 섭취함으로써 이것이 체내에 들어와 장관 내에 정착, 증식해서 일으키는 식중독이다.

살모넬라	원인균 특징	장티푸스를 일으키는 대표적인 균
	원인식품	어류, 유제품, 어패류, 샐러드 등 거의 모든 식품
	증상	24시간 이내 발병하며 급성 위장염
	예방	60℃에서 20분 가열살균, 저온보존 및 쥐, 파리, 바퀴 등 구제
장염비브리오	원인균 특징	Gram 음성, 무포자, 간균, 단모균, 해수균의 일종으로 3~4% NaCl에서 잘 자라는 중온균
	원인식품	어패류, 생선, 조개, 오이, 야채절임 등
	증상	복통, 구토, 설사, 발열 등의 전형적인 위장장애 증상
	예방	어패류를 담수로 세척하거나 가열 후 섭취
병원성대장균	원인균 특징	Gram 음성, 무아포, 간균, 주모균
	원인식품	햄, 치즈, 소시지, 채소샐러드, 분유, 두부, 급식 도시락 등
	증상	영·유아는 전염성 설사, 성인은 급성 장염
	예방	가열조리, 저온보존, 사람이나 동물 분변이 식품에 오염되지 않도록 주의
리스테리아	원인균 특징	Gram 음성, 단간균, 주모균, 0~5℃의 냉장고에서도 발육이 가능한 호냉균
	원인식품	오염된 냉장식품, 냉동식품
	증상	유아에게는 복통이나 발열 등 위장염, 소아에게는 설사
	예방	냉장 및 냉동육과 그 제품의 유통과정에서 주의

(2) **독소형 식중독** : 식품 중에 세균이 증식하면서 생산해 낸 독소를 식품과 함께 섭취함으로써 발생하는 식중독이다.

웰치균	독소	엔테로톡신
	증상	심한 설사, 복통
	예방	호열성이기 때문에 조리 후 모든 음식을 신속하게 냉각하고 가열한 후 섭취
포도상구균	독소	엔테로톡신, 잠복기가 평균 3시간으로 빠름
	증상	구토, 복통, 설사
	예방	화농성 질환자의 조리를 금지시키고 조리된 식품은 즉시 섭취

보툴리누스	독소	신경독소(Neurotoxin), 독성이 매우 강하나 열에 약한 단순 단백질로 100℃에서 1~2분 가열로 파괴
	원인식품	통조림, 소시지, 유제품, 과일
	증상	메스꺼움, 구토, 설사, 두통, 신경장애, 심할 경우 호흡곤란에 의해 사망(치사율이 가장 높음)
	예방	통조림 제조 시 충분한 가열살균

Baking Tip

- 경구 감염병과 세균성 식중독과의 차이점

구분	경구 감염병	세균성 식중독
감염관계	감염환(Infection cycle)이 성립한다.	종말감염(Terminal infection)으로 병원체와 사람간의 감염 cycle이 없다.
균량	미량의 균으로도 감염이 가능하다.	대량의 균에 의해 감염된다.
2차 감염	사람에서 사람으로 2차감염된다.(유행)	2차감염이 드물다.
잠복기간	잠복기가 비교적 길다.	잠복기가 짧다.
예방	전파력이 강해 예방이 어렵다.	균의 증식을 억제하면 예방할 수 있다.

2. 화학성 식중독

(1) 유해금속에 의한 식중독

수은(Hg)	특징	유기수은이 오염된 식품 섭취 시 발생
	증상	미나마타병으로 구토, 복통, 설사 등 위장 장애, 전신 경련 등
카드뮴(Cd)	특징	공장폐수 또는 법랑제품 및 도금용기에서 용출
	증상	이타이이타이병으로 신장장애, 골연화증 등
납(Pb)	특징	통조림 또는 법랑제품에서 용출
	증상	적혈구의 혈색소 감소, 체중 감소, 신장 장애, 칼슘대사 이상
비소(As)	특징	비소를 함유한 첨가물, 밀가루 및 분유 등으로 오인하여 섭취
	증상	손바닥 및 발바닥 각화증 등의 피부질환, 구토, 급성 경련

(2) 유해 첨가물에 의한 식중독

유해 감미료	둘신, 톨루이딘, 사이클라메이트, 페릴라틴, 에틸렌글리콜
유해 착색료	아우라민, 로다민
유해 보존료	붕산, 포름알데히드, 불소화합물, 승홍, β-나프톨(β-naphthol) 등
유해 표백제	롱가리트, 삼염화질소(NCl_3) 등

(3) PCB(Polychlorinated bipenyl)에 의한 식중독
① 미강유 중독사건의 원인물질이다.
② 지방조직에 축적된다.
③ 자연계에서 잘 분해되지 않는다.
④ 주 증상은 피부괴사이며 심한 간기능 장애를 유발한다.

3. 자연독 식중독

(1) 동물성 자연독에 의한 식중독
① 복어 중독
  ㄱ. 독소 : 테트로도톡신(Tetrodotoxin, 5~7월 산란기에 독력이 가장 강하다.)
  ㄴ. 주요 특징 : 치사율이 높고 잠복기가 짧으며 알칼리에 약하다.
② 조개류독
  ㄱ. 모시조개, 바지락, 굴 중독 : 독소는 베네루핀(Venerupin)
  ㄴ. 대합조개, 섭조개(홍합) : 독소는 삭시톡신(Saxitoxine)

(2) 식물성 자연독에 의한 식중독
① 독버섯 : 독성분은 무스카린(Muscarine)
② 감자 : 독성분은 솔라닌(Solanine)이다.
③ 청매(살구, 복숭아, 아몬드 등) : 독성분은 아미그달린(Amygdaline)이다.
④ 독미나리 : 독성분은 시큐톡신(Cicutoxin)이다.
⑤ 목화씨(면실유) : 독성분은 고시폴(Gossypol)이다.

03 감염병의 종류, 특징 및 예방법

감염병은 식품, 손, 기구, 음료수 등을 매개로 해서 병원성 미생물이 체내로 침입 후 증식하는 소화기계 질병을 말한다. 감염병의 종류로 콜레라, 장티푸스, 파라티푸스, 세균성 이질, 디프테리아, 성홍열, 급성 회백수염(소아마비, 폴리오), 유행성 간염, 감염성 설사증 등이 있다.

1. 세균성 감염병

세균성이질	감염원	환자, 보균자의 분변
	특징	파리가 중요한 매개체
	잠복기	2~3일
	증상	발열, 오한, 구토, 복통, 설사, 혈변 등
콜레라	감염원	환자, 보균자의 분변
	특징	탈수증으로 사망하며, 항생제로 완치 가능
	잠복기	10시간~5일
	증상	쌀뜨물 같은 수양성 설사, 청색증, 심한 구토, 탈수
병원성 대장균	감염원	환자, 보균자의 분변
	특징	우리나라에서 가장 많이 발생하는 급성 감염병, 감염 이후에 강한 면역력 생성, 사망률 10~20%
	잠복기	7~14일
	증상	두통, 40℃ 전후의 고열, 급성 전신성 열성증상

2. 바이러스성 감염병

유행성간염	감염원	환자, 보균자의 분변
	특징	집단 발생으로 나타내는 급성 바이러스성 간염
	잠복기	20~25일
	증상	발열, 두통, 복통, 식욕부진, 황달 등

급성회백수염	감염원	환자, 보균자의 분변
	특징	초기에는 감기증상으로 시작, 열이 내릴 때 마비 시작
	잠복기	7~12일
	증상	발열, 두통, 현기증, 근육통, 사지 마비
감염성 설사증	감염원	환자의 분변
	특징	면역성 없음, 전염 설사증 바이러스와 식품 및 음료수의 오염에 의해 감염
	잠복기	2~3일
	증상	메스꺼움, 복부 팽만감, 수양성 설사

3. 원충성 감염병

아메바성이질	감염원	환자, 보균자의 분변
	특징	파리가 중요한 매개체, 면역이 없어 예방접종이 필요없음
	잠복기	3~4일
	증상	복통, 설사, 피와 점액이 섞인 설사 등

4. 인수공통감염병

인수공통감염병은 인간과 동물이 같은 병원체에 의해 발생하는 질병이다.

(1) 인수공통감염병의 예방대책

① 동물의 예방접종을 철저히 하고 이환동물을 조기에 발견하여 격리치료 및 도살 후 살균한다.

② 우유의 살균처리를 확실히 한다.

③ 이환동물을 식품으로 취급하거나 판매되지 않도록 한다.

④ 수입되는 가축, 고기, 유제품 등의 검역을 철저히 한다.

(2) 인수공통감염병의 종류

① 세균성 : 결핵, 브루셀라증, 탄저병, 야토병, 리스테리아증, 살모넬라증 등

② 바이러스성 : 광견병, 일본뇌염, 뉴캐슬병, 황열 등

5. 채소류를 통한 기생충

(1) 회충(Ascaris lumbricoides)

(2) 요충(Enterobius vermicularis)

(3) 구충(십이지장충, 아메리카구충, Ancylostoma duodenale)

(4) 편충(Trichocephalus trichiurus)

6. 어패류를 통한 기생충

(1) 간디스토마(간흡충, Clonorchis sinensis)

(2) 폐디스토마(폐흡충, Paragonimus westermanii)

(3) 광절열두조충(긴촌충, Diphyllobothrium latum)

7. 육류를 통한 기생충

(1) 유구조충(갈고리촌충, Taenia solium)

① 중간숙주 : 돼지

② 예방 : 돼지고기를 충분히 익혀먹고 냉동저장하며 분변의 오염을 방지한다.

(2) 무구조충(민촌충, Taenia saginata)

① 중간숙주 : 소

② 예방 : 소고기를 충분히 익혀먹고 소의 사료에 분변이 오염되는 것을 방지한다.

04 법정감염병 분류 및 종류

	제1급감염병	제2급감염병	제3급감염병	제4급감염병
특성	생물테러감염병 또는 치명률이 높거나 집단 발생의 우려가 커서 발생 또는 유행 즉시 신고. 음압격리와 같은 높은 수준의 격리가 필요한 감염병 (17종)	전파가능성을 고려하여 발생 또는 유행 시 24시간 이내에 신고. 격리가 필요한 감염병 (21종)	발생을 계속 감시할 필요가 있어 발생 또는 유행 시 24시간 이내 신고하여야 하는 감염병 (26종)	유행 여부를 조사하기 위하여 표본감시 활동이 필요한 감염병 (23종)

Chapter 06 과자류 제품의 위생안전관리

	제1급감염병	제2급감염병	제3급감염병	제4급감염병

종류	가. 에볼라바이러스병
	나. 마버그열
	다. 라싸열
	라. 크리미안콩고출혈열
	마. 남아메리카출혈열
	바. 리프트밸리열
	사. 두창
	아. 페스트
	자. 탄저
	차. 보툴리눔독소증
	카. 야토병
	타. 신종감염병증후군
	파. 중증급성호흡기
	  증후군(SARS)
	하. 중동호흡기증후군
	  (MERS)
	거. 동물인플루엔자
	  인체감염증
	너. 신종인플루엔자
	더. 디프테리아
		가. 결핵
		나. 수두
		다. 홍역
		라. 콜레라
		마. 장티푸스
		바. 파라티푸스
		사. 세균성이질
		아. 장출혈성대장균감염증
		자. A형간염
		차. 백일해
		카. 유행성이하선염
		타. 풍진
		파. 폴리오
		하. 수막구균 감염증
		거. b형헤모필루스인플루엔자
		너. 폐렴구균 감염증
		더. 한센병
		러. 성홍열
		머. 반코마이신내성황색
		  포도알균(VRSA) 감염증
		버. 카바페넴내성장내세균속
		  균종(CRE) 감염증
		서. E형간염
			가. 파상풍
			나. B형간염
			다. 일본뇌염
			라. C형간염
			마. 말라리아
			바. 레지오넬라증
			사. 비브리오패혈증
			아. 발진티푸스
			자. 발진열
			차. 쯔쯔가무시증
			카. 렙토스피라증
			타. 브루셀라증
			파. 공수병
			하. 신증후군출혈열
			거. 후천성면역결핍증
			  (AIDS)
			너. 크로이츠펠트-
			  야콥(CJD) 및
			  변종 크로이츠펠트-
			  야콥병(vCJD)
			더. 황열
			러. 뎅기열
			머. 큐열
			버. 웨스트나일열
			서. 라임병
			어. 진드기매개뇌염
			저. 유비저
			처. 치쿤구니야열
			커. 중증열성혈소판
			  감소증후군(SFTS)
			터. 지카바이러스 감염증
				가. 인플루엔자
				나. 매독
				다. 회충증
				라. 편충증
				마. 요충증
				바. 간흡충증
				사. 폐흡충증
				아. 장흡충증
				자. 수족구병
				차. 임질
				카. 클라미디아 감염증
				타. 연성하감
				파. 성기단순포진
				하. 첨규콘딜롬
				거. 반코마이신내성장알균
				  (VRE) 감염증
				너. 메티실린내성황색
				  포도알균(MRSA) 감염증
				더. 다제내성녹농(MRPA)
				  감염증
				러. 다제내성아시네토박터
				  바우마니균(MRAB) 감염증
				머. 장관감염증 2)
				버. 급성호흡기감염증)
				서. 해외유입기생충감염증
				어. 엔테로바이러스감염증
				저. 사람유두종바이러스
				  감염증

감시 방법	전수감시	전수감시	전수감시	표본감시
신고	즉시	24시간 이내	24시간 이내	7일 이내
보고	즉시	24시간 이내	24시간 이내	7일 이내

출처 : 2020 법정감염병 진단·신고, 질병관리본부

03 환경위생관리

01 작업환경위생관리

1. 작업환경위생관리

(1) 작업장 위생관리

① 작업장 바닥은 파여 있거나 갈라진 틈이 없어야 하며, 필요한 경우를 제외하고 마른 상태를 유지하여야 한다. 또한 작업장 바닥에 타일 등과 같이 홈이 있는 재질을 사용한 때에는 홈에 먼지, 곰팡이, 이물 등이 끼지 않도록 청결하게 관리하여야 한다.
② 작업장 내에 오염된 공기를 배출하기 위해 환풍기 등과 같은 강제 환기 시설을 설치해야 한다.
③ 배수로에 퇴적물이 쌓이지 않아야 하고, 배수구와 배수관은 역류가 되지 않도록 청결하게 관리하여야 한다.
④ 작업장에는 개인위생관리를 위한 세척, 건조, 소독 설비를 구비하여야 한다.
⑤ 작업장은 식품 취급 외의 시설과 분리되어야 하고, 외부의 오염물질이나 해충의 유입을 차단할 수 있도록 밀폐 가능한 구조여야 한다.

(2) 작업장 주변관리

① 작업장 문과 창문은 밀폐관리 및 방충망 관리를 하여 오염물질과 해충유입을 방지해야 한다.
② 해충의 서식 방지를 위하여 작업장이나 창문 주변에 쓰레기가 방치되지 않도록 하고 주기적으로 소독 등 방역 작업을 해야 한다.
③ 작업장 주변의 폐기물과 폐수처리시설로 인한 냄새 등이 작업장 내 유입이 되지 않도록 관리해야 한다.

02 소독제

1. 소독과 살균

(1) 소독

병원 미생물만을 제거하여 감염될 위험성을 감소 및 제거하는 것으로, 비병원균과 세균포자는 생존하고 있는 경우가 많다.

소독의 종류	대상	방법
열탕 소독	식기, 행주	100℃, 5분 이상 가열
증기 소독	식기, 행주	100~120℃, 10분 이상 금속제 : 100℃, 5분 천류 : 70℃, 25분 또는 95℃, 10분
건열 소독	스테인리스 스틸 식기	160~180℃, 30~45분
자외선 소독	소도구, 용기류	2537Å, 30~60분 조사
화학 소독제	작업대, 기기, 도마, 과일, 채소	세제가 잔류하지 않도록 음용수로 깨끗이 씻는다.
염소 소독	생과일, 채소 발판 소독 용기 등의 식품 접촉면	100ppm, 5~10분 침지 100ppm 이상 100ppm, 1분간
알코올	손, 용기 등 표면	70% 에틸알코올을 분무하여 건조

(2) 살균

살균은 병원미생물, 비병원균을 사멸시키는 것으로 멸균만큼 완전하지는 않으며, 멸균은 살균과 달리 강한 살균력을 작용시켜 병원균, 포자 등의 미생물을 완전히 죽이는 처리방법이다.

2. 물리적 살균 소독 방법

물리적 살균방법으로는 냉장, 냉동법과 건조법, 가열살균법, 자외선및 방사선 살균법 등이 있다.

자외선살균법	일광 또는 자외선 살균등을 이용하여 살균하는 방법
방사선살균법	식품에 코발트 60℃ 등의 방사선을 쬐여 균을 없애는 방법
세균여과법	미생물이 통과할 수 없는 여과기에 액체를 통과시켜 균을 제거하는 방법
화염멸균법	물체를 직접 불꽃 속에 접촉시켜 표면에 부착된 미생물을 태워서 멸균하는 방법
저온장시간살균법 (pasteurization)	62~65℃에서 30분 정도 살균방법으로 변패미생물의 살균목적
고온순간살균법 (HTST)	72~75℃에서 15초간 살균방법으로 미생물 대부분 살균
초고온살균법 (UHT)	135℃에서 2~3초간 살균방법
건열멸균법	건열멸균기 150~160℃에서 30~60분간 가열하는 방법

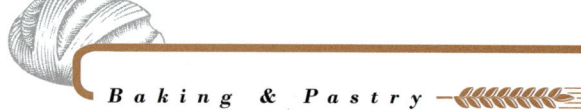

간헐멸균법	100℃의 증기로 1일 1회 30분씩 3일간 처리하는 방법
고압증기멸균법	고압증기 멸균솥을 이용하여 121℃에서 15~20분간 살균하는 방법으로 내열성 포자까지 멸균하는 방법

3. 화학적 살균소독법 및 소독제

화학적 살균소독법은 염장법, 당장법, 초절임법, 훈연법, 가스저장법, 보존료 첨가 등의 방법이 있다.

염장법	농도 10% 이상의 소금물에 식품을 절여 탈수 건조하는 방법
당장법	농도 50% 이상의 설탕액에 담가 부패세균의 생육을 억제하는 방법
가스저장법	식품을 탄산가스나 질소가스 속에 넣어 보관하는 방법으로 호흡작용을 억제하여 호기성 부패세균의 번식을 억제하는 방법. 과일, 채소에 이용
염소	수돗물 소독에 사용
표백분	우물과 수영장 등의 소독에 사용
석탄산	기구, 손, 의류, 오물 등의 소독에 사용
역성비누	손소독에 가장 많이 사용. 중성비누와 혼합하여 사용하면 효과가 없으므로 같이 사용하지 않음
과산화수소	상처, 구내염, 인두염 소독, 입안세척 등에 사용
알코올	금속, 유리기구, 손소독 등에 사용
승홍	0.1% 수용액을 손소독에 사용
크레졸비누액	오물소독 등에 사용
생석회	변소 등의 소독에 사용
포르말린	오물 소독 등에 사용

03 미생물의 종류와 특징 및 예방법

1. 미생물의 종류와 특징

(1) 세균류

증식온도에 따른 분류	고온균, 중온균, 저온균
산소와의 관계에 따른 분류	호기성균, 통성 호기성균, 편성 혐기성균
형태에 따른 분류	구균, 간균, 나선균

(2) 곰팡이

거미줄 곰팡이	빵에 잘 번식하며 과일, 빵 등의 변패에 관여하고 빵 곰팡이도 이에 속함
솜털 곰팡이	치즈숙성에 이용, 과실이나 간장을 변패시킴
푸른 곰팡이	페니실린 제조에 이용, 과일이나 치즈를 변패시킴
누룩 곰팡이	된장, 간장, 탁주 등의 제조에 이용

(3) 효모
진균류 중 자낭균류, 불완전균류, 담자균류에 속하는 미생물로 빵, 술 등 식품제조와 변질에 관여한다.

(4) 바이러스
초미생물군으로 인플루엔자, 천연두, 소아마비 등의 병원체이다.

2. 미생물에 의한 식품 변질
미생물에 의한 식품의 변질 요인으로 온도, 수분활성도, pH, 산소 등이 있다.

(1) 발효(Fermentation)
식품이 미생물의 작용으로 분해되어 인간에게 유익한 물질을 생성시키는 현상이다.

(2) 부패(Putrefaction)
단백질을 함유한 식품이 미생물의 작용으로 분해되어 악취나 유해물질을 생성하는 현상이다.

(3) 산패(Rancidity)
미생물과는 관계없이 유지의 불포화지방산이 산소와 결합하여 과산화물을 생성하여 이취가 나고 변색이 일어나는 현상이다.

(4) 변패(Deterioration)
탄수화물이나 지방이 미생물의 작용으로 분해되어 산미를 생성하거나 방향을 잃는 등 변질되는 현상이다.

3. 부패 미생물

(1) 저온세균군
적정 생육온도가 0~25℃의 세균균으로 슈도모나스(Pseudomonas)속, 비브리오속 등이 속한다.

(2) 중온세균군
적정 생육온도가 25~55℃의 세균균으로 바실러스속의 세균이 대표적이다.

(3) 고온세균군
적정 생육온도가 55~70℃의 세균균으로 고온에서도 증식이 가능하다.

4. 대장균
유당을 발효하여 가스와 산을 생성하는 호기성 또는 통성혐기성, 그램음성, 무아포간균을 말하며, 분변오염의 지표균이다.

04 방충·방서 관리

1. 출입문, 창문, 벽, 천장
① 출입문, 창문, 벽, 천장 등의 작업장은 해충이나 설치류가 침입하지 못하도록 밀폐하여 관리한다.
② 환기시설이 가동되지 않을 때 방충망의 파손여부를 점검하여 해충이나 설치류가 유입되지 않도록 관리한다.

2. 작업장
① 작업장 내부에 포충등, 바퀴 트랩, 페로몬 패치 트랩 등을 설치하고 유입된 해충의 개체 수를 확인한다.
② 작업장 외부와 창고에는 쥐덫을 설치하여 유입된 해충이나 설치류의 개체 수를 확인하고 점검한다.
③ 해충의 서식 방지를 위하여 폐기물을 밀폐 보관 및 작업장 주변에 음식 폐기물이 방치되지 않도록 관리하고, 작업 종료 후에 폐기물처리업체를 통해 폐기물을 처리한다.
④ 개체 수가 평소보다 많이 발생한 경우 작업장 배수로 청소 등을 실시하거나 작업장 및 작업장 주변에 대한 방역을 실시하여 해충이 번식되지 않도록 한다.

04 공정 점검 및 관리

1. 공정의 이해 및 관리

과자류 제품 공정은 일반적으로 냉각전 일반제조공정, 냉각 후 청결제조공정, 내포장 후 일반 제조공정으로 구분되어진다.

(1) 가열(굽기) 전 일반제조공정

① 가열공정에서 생물학적 위해요소가 제어되므로 일반적인 위생관리 수준으로 관리할 수 있다.
② 원료, 부재료(반제품)에는 병원성대장균, 살모넬라균, 황색포도상구균 등의 식중독균이 존재할 수 있고, 제조공정 중 위생처리를 하지 않은 종업원과 세척이 불충분하게 이루어진 설비에 의해 교차오염이 발생할 수 있다.
③ 해당공정 : 입고, 보관, 계량, 배합, 분할, 성형, 팬닝

(2) 가열(굽기) 후 청결제조공정

① 가열공정에서 생물학적 위해요소(식중독균 등)가 증식되지 않으므로, 이러한 상태를 유지하기 위해 가열공정 이후부터 충전 공정까지 보다 청결한 수준으로 관리하는 공정을 말하며 안전한 제품을 생산하기 위해 가장 중요한 공정이다.
② 원료, 부재료(반제품)에는 병원성대장균, 황색포도상구균 등의 식중독균이 존재할 수 있고, 제조과정에서 개인위생관리를 준수하지 않은 종사자와 세척·소독이 불충분하게 이루어진 제조 설비에 의해 교차오염이 발생할 수 있다.
③ 해당공정 : 가열, 냉각, 가열 후 충전물 주입 및 토핑물 토핑, 내포장

(3) 내포장 후 일반제조공정

① 포장된 상태로 제품을 취급하는 공정이기 때문에, 일반적인 위생관리 수준으로 관리하는 공정을 말한다.
② 해당공정 : 금속검출, 외포장, 보관 및 출고

2. 공정별 위해요소 파악 및 예방

(1) 입고 · 보관 및 계량

① 원재료는 바닥에서 15cm, 벽에서 15cm 정도 떨어진 상태로 보관하고, 재료 보관 창고 내 이물, 거미줄, 먼지, 곰팡이, 응결수 등을 제거하여 청결을 유지한다.

② 상온(15~25℃) 원료가 규격 기준을 이탈한 경우 부적합 표시 후 반품 또는 폐기하며, 냉장 · 냉동 원료가 온도 기준이 이탈된 상태로 운송되거나 상온에서 오랫동안 방치될 경우 제품 온도 상승으로 인해 세균이 증식될 수 있으므로 이에 대한 관리를 한다.

③ 계량공정은 수작업에 의한 공정으로, 식중독균의 교차오염, 사용도구에 의한 이물 혼입 및 원부재료에 의한 비닐, 종이조각, 실, 머리카락 등 연질성 이물 혼입우려가 있으므로 육안선별을 위한 조도관리(540Lux) 및 개인위생관리가 필요하다.

(2) 배합(혼합, 반죽)

① 반죽기는 작업 전 반죽기와 훅 등의 상태 및 파손여부를 확인하고 반죽기의 윤활유, 금속 파편 등의 제품 혼입을 방지한다.

② 작업자는 반드시 개인위생을 준수하여 작업자로 인한 이물이 혼입되지 않도록 한다.

(3) 분할, 성형, 팬닝

① 수작업 시 작업자로부터 발생할 수 있는 이물 제어를 위한 개인위생관리를 철저히 한다.

② 분할, 성형, 팬닝 등의 작업에 필요한 소도구 및 용기의 충분한 세척 · 소독과 주기적인 교체를 통해 식중독균의 발생 및 교차오염을 방지한다.

(4) 가열(굽기)

① 굽기 온도는 오븐 판넬 온도, 굽기 시간은 타이머로 확인한다.

② 굽기 온도 및 굽기 시간 미달이나 초과 제품은 검사 후 이상이 없을 시 출고한다.

(5) 냉각 및 내포장

① 굽기 이후의 과정으로 가장 청결한 상태로 관리되어야 하는 공정이므로 작업자는 반드시 개인위생을 준수하고 수시로 손세척 · 소독을 실시하여야 한다. 또한 팬, 실리콘페이퍼, 장갑 등의

사용기구 및 집기류는 세척·소독이 불충분하게 이루어질 경우 교차오염이 발생할 수 있다.
② 포장실은 제품, 제품과 접촉하는 표면, 그리고 포장재로 뿌려지거나 떨어지거나 식품 내로 흡수될지 모를 오염물로부터 보호되어야 한다. 따라서 이물, 거미줄, 먼지, 곰팡이, 응결수 등을 제거하고 벽과 포장 설비에 대한 청소·소독을 철저히 하여 오염을 방지한다.

Chapter

07

과자류
생산작업준비

01 작업환경 및 작업자 위생점검

1. 작업환경점검

(1) 작업장 바닥

① 작업장 바닥은 파여 있거나 갈라진 틈이 없어야 하며, 주기적으로 물기를 제거하여 마른 상태를 유지하여야 한다.

② 바닥재는 내수성, 내부식성 재질을 사용해야 하며 유클리트와 에폭시, 우레탄 등을 많이 사용한다.

③ 타일 등과 같이 홈이 있는 재질을 사용한 때에는 홈에 먼지, 곰팡이, 이물 등이 끼지 않도록 청결하게 관리하여야 한다.

④ 작업장의 배수로 및 배수관은 찌든 때, 찌꺼기 등이 쌓여 있지 않도록 청결하게 관리하여야 한다.

(2) 작업장 창문

① 작업장의 창문의 방충망을 설치하고 방충망의 파손여부를 점검하여야 한다.

② 창문틀의 먼지나 곰팡이 여부를 점검하고 창틀의 배수구 구멍에 의한 해충 유입여부를 점검하여야 한다.

③ 창의 유리는 파손 시 유리조각이 작업장내로 흩어지거나 원부자재 등으로 혼입되지 않도록 필름 코팅 등의 비산 방지대책을 마련해야 한다.

④ 해충의 서식 방지를 위하여 작업장이나 창문 주변에 쓰레기가 방치되지 않도록 하고 주기적으로 소독 등 방역 작업을 해야 한다.

2. 작업자 위생점검

(1) 탈의실

① 작업장 내에서 옷을 갈아입게 되면 제품에 이물이 혼입되거나, 식중독균이 교차 오염될 수 있기 때문에, 작업장 외부에 옷을 갈아입을 수 있는 탈의공간을 정한다.

② 일반 외출복장과 깨끗한 위생복장을 같은 공간에 보관할 경우 교차오염이 발생할 수 있기 때문에 구분하여 보관한다.

③ 위생복을 보관하는 장소에 개인 휴대용품과 음식물을 보관하지 않도록 하고 항상 깨끗이 관

리한다.

④ 신발장은 별도로 분리하여 외출화와 실내화를 구분하여 보관한다.

(2) 위생복장

① 종사자는 작업장 출입 전에 위생복, 위생모자, 위생장화, 마스크(필요시), 앞치마 등의 위생복장을 착용한다.

② 위생복에 의한 이물 혼입 및 교차오염 방지를 위해 위생복의 단추 및 주머니는 제거하고 가급적 긴팔 착용을 하도록 한다.

③ 위생복장을 착용한 상태에서는 제조 외의 식사, 화장실 출입, 운동, 외출 및 출퇴근 등 다른 활동을 금지하고 이를 철저히 관리하여야 한다.

(3) 작업자 위생점검

① 종사자는 작업장 입실 시 이물제거장치(끈끈이 롤러)를 이용하여 위생복장에 묻어 있는 머리카락, 실 등의 이물을 제거하여야 한다.

② 손으로부터의 교차오염을 방지하기 위해 손세척, 건조를 실시하고 작업장 입실 후 손소독을 실시 후 작업을 개시한다. 손세척은 비누를 사용하여 30초 이상 꼼꼼하게 씻고, 일회용 종이수건이나 건조기를 사용하여 건조시켜야 한다.

③ 손과 손톱에는 많은 식중독균이 존재할 수 있기 때문에 교차오염 방지를 위해 항상 청결히 관리한다. 작업 중 수시로 손, 팔 등을 소독액으로 소독한다.

④ 화장실은 대장균 등 많은 식중독균이 존재할 수 있는 곳이므로 작업장에 오염되지 않도록 관리하고, 이용 후 손에 묻어 있는 세균 등의 제거를 위해 반드시 손을 세척하고 소독을 실시해야 한다.

⑤ 이물로 혼입될 수 있는 휴대 전화, 열쇠 등의 소지품과 반지, 팔찌, 시계, 목걸이, 귀고리 등의 장신구 및 클립, 스테플러, 커터칼 등의 사무용품은 작업장 출입 전에 개인 사물함에 보관할 수 있도록 한다.

02 기기 안전관리

1. 설비 및 기기의 종류

(1) 과자류 제품 기기 및 도구의 종류

과자류 제조를 위한 설비 및 기기의 종류는 오븐, 반죽기, 작업대를 비롯하여 각종 팬, 스크레이퍼, 짤 주머니, 거품기, 주걱 및 밀대 등의 소도구가 있으며 구체적인 것은 과자류 제품 반죽익힘을 참조한다.

2. 설비 및 기기의 위생, 안전 관리

(1) 설비 및 기기의 일반 위생, 안전 관리

① 제조설비 및 작업도구는 반죽 및 제품과 직접 접촉하여 사용되므로 제품의 품질에 영향을 미칠 수 있다. 따라서 제품과 직접 접촉하는 설비 및 기기와 소도구에 대해 세제를 이용한 세척 및 건조와 소독제를 이용한 분무 소독을 주기적으로 한다.

② 제조설비 및 작업도구에 대해 파손여부를 작업 전·후에 점검하여 관리하고, 파손되었을 경우 제품에 이물이 혼입되지 않도록 즉시 보수하거나 교체한다.

③ 제조설비의 관리 미비 시 발생하는 탄화물, 기름때, 녹 등이 제품에 혼입될 수 있으므로, 작업 후 청소·소독을 실시하여 혼입을 방지한다.

(2) 각종 설비의 위생, 안전 관리

① 작업대는 내부식성의 재질인 스테인리스 재질로 설비하고 작업 시마다 중성세제를 사용하여 세척하고 마른 행주나 종이타월로 물기를 제거한 후 소독제를 분무하여 관리한다.

② 반죽기와 반죽기 주변은 반죽하기 전 청결 상태를 확인하여 이물질이 혼입되지 않도록 관리한다.

③ 오븐은 전용 세제를 사용하여 청소하는 것이 일반적이나 베이킹 소다, 식초, 소금 등을 사용하여 청소할 수 있다. 오븐을 청소할 때는 가열 후 내부에 열이 남아 있는 상태에서 하는 것이 더 효과적이며, 전기 오븐의 경우 반드시 전기 코드를 뽑은 후에 청소를 해야 한다.

④ 냉장 냉동고는 주기적으로 내부 냉각기의 성에 등을 제거하고 세척 및 소독한다. 냉장실은 10℃ 이하, 냉동실은 영하 18℃ 이하의 온도를 유지하도록 관리한다.

⑤ 파이롤러는 사용 후 윗부분의 이물질을 제거하고 덮개를 사용하여 청결하게 관리하여야 한다.

⑥ 쇼케이스는 미생물이 번식하지 않도록 사용전후 청결한 관리가 요구되며, 내부의 온도가 일정하도록 관리한다.
⑦ 에어컨의 통풍구와 필터는 주기적으로 세척하여 작업장 및 제품에 먼지가 혼입되지 않도록 관리한다.

(3) 각종 기기의 위생·안전관리

① 과자류 제조에 가장 많이 사용하는 스테인리스 스틸류 기기는 중성 세제로 세척한 후 마른행주로 물기를 제거하고 보관한다. 또한 겹쳐서 보관하는 경우, 남아 있는 물기로 인해 각종 곰팡이 등이 생길 수 있으므로 주의한다.
② 계량컵 등의 플라스틱과 주걱 등의 고무 재질류는 중성 세제로 세척한 후 말려서 보관한다. 또한 표면에 생기기 쉬운 흠집은 이물 및 미생물이 반죽과 제품으로 혼입될 수 있으므로 흠집이 있는지 꼼꼼히 확인하고 교체하여 사용한다.
③ 밀대 등의 나무 재질류는 가능한 젖은 행주로 닦은 후 마른 행주로 물기를 제거하고 보관한다. 나무는 수분이 남아 있는 경우에 곰팡이 등 유해물질이 생길 수 있으므로 주의한다.
④ 온도계, 체, 붓, 각종 깍지 등은 사용 전 이물질이나 물기가 있는지 확인하고, 필요시 수시로 세척 소독하여 사용한다.
⑤ 오븐 장갑은 물기가 있는 경우 건조시켜서 사용하고, 불결한 장갑은 세척하거나 교체하여 깨끗한 상태로 사용한다.
⑥ 각종 팬의 코팅상태를 확인하고 훼손된 코팅으로 인해 제품에 이물질이 혼입되지 않도록 관리한다. 특히, 팬과 냉각팬의 내부에 기름, 수분 및 이물질 등은 제품에 냄새와 이물로 직접 혼입될 수 있으므로 철저하게 확인하고 제거한다.
⑦ 제품에 직접 접촉하는 집게와 스크레이퍼 등은 수시로 세척 소독을 하여 철저하게 관리한다.
⑧ 칼, 도마, 행주 등은 용도별로 구분사용하고, 사용전·후 또는 주기적인 열탕소독 및 자외선 소독 등으로 철저한 세척, 소독을 하고 일정한 주기를 정하여 교체하여 사용하도록 관리한다.
⑨ 전자저울의 윗면과 밑면의 위생상태를 점검하고 이물이 혼입되지 않도록 주기적인 세척 소독 관리를 하고, 정기적으로 검·교정하여 기록·관리한다.

03 재료 계량하기

작업지시서에 따라 재료준비 및 배합표에 따른 재료계량 여부, 재료계량 시 손실 및 정확도 여부 등은 과자류 제품 재료혼합 부분을 참조한다.

Part 02

종합문제

Chapter 01
제과이론 종합문제

제과 이론

Baking & Pastry

01 열원으로 찜(수증기)을 이용했을 때의 열전달 방식은?

① 대류
② 전도
③ 초음파
④ 복사

02 다음 제품 중 찜류 제품이 아닌 것은?

① 만주
② 무스
③ 푸딩
④ 치즈 케이크

해설 무스는 차게 굳히는 냉과류이다.

03 퍼프 페이스트리의 팽창은 주로 무엇에 기인하는가?

① 공기 팽창
② 화학 팽창
③ 증기압 팽창
④ 이스트 팽창

해설 반죽 속 롤인용 유지의 증기압에 의하여 팽창한다.

04 다음 제품 중 팽창형태가 다른 것은?

① 스펀지 케이크
② 커피 케이크
③ 과자빵
④ 잉글리시 머핀

해설 커피 케이크는 유지와 설탕이 많이 배합된 빵이며, 커피와 같이 먹기 좋은 빵이라 하여 커피 케이크로 부른다.

05 반죽형 케이크를 제조할 때 유지와 설탕을 먼저 믹싱하는 방법은?

① 설탕/물법
② 블렌딩법
③ 크림법
④ 1단계법

해설 크림법은 버터와 설탕을 먼저 믹싱하여 달걀을 나누어 넣는 방법으로 부피감이 좋은 제품을 만들 수 있다.

06 파운드 케이크 반죽을 가로 5cm, 세로 12cm, 높이 5cm의 소형 파운드 팬에 100개 팬닝하려고 한다. 총 반죽의 무게로 알맞은 것은? (단, 파운드 케이크의 비용적은 2.40cm³/g이다.)

① 11kg
② 11.5kg
③ 12kg
④ 12.5kg

해설 반죽무게 = 틀부피÷비용적, 300÷24=12.5

07 다음 중 비교적 스크래핑을 가장 많이 해야 하는 제법은?

① 공립법
② 별립법
③ 설탕/물법
④ 크림법

해설 크림법은 설탕이 잘 용해되고 혼합이 잘되도록 스크래핑을 많이 해야 부드러운 조직과 균일한 껍질색을 얻을 수 있다.

정답 01 ① 02 ② 03 ③ 04 ① 05 ③ 06 ④ 07 ④

Chapter 01 제과이론 종합문제

08 반죽형 케이크의 특징으로 틀린 것은?

① 반죽의 비중이 낮다.
② 주로 화학 팽창제를 사용한다.
③ 유지의 사용량이 많다.
④ 식감이 부드럽다.

◆해설 반죽형 케이크는 거품형 케이크에 비해 반죽의 비중이 높다.

09 반죽형 케이크의 믹싱 방법 중 제품에 부드러움을 주기 위한 목적으로 사용하는 것은?

① 크림법   ② 블랜딩법
③ 설탕/물 법   ④ 1단계법

◆해설 블랜딩법은 먼저 밀가루에 유지를 코팅하여 글루텐 형성을 억제하는 방법으로 제품의 유연감을 주고자 할 때 사용한다.

10 반죽형 케이크의 결점과 원인의 연결이 잘못된 것은?

① 고율배합 케이크의 부피가 작음 – 설탕과 액체 재료의 사용량이 많았다.
② 굽는 동안 부풀어 올랐다가 가라앉음 – 설탕과 팽창제 사용량이 많았다.
③ 케이크 껍질에 반점이 생김 – 입자가 굵고 크기가 서로 다른 설탕을 사용했다.
④ 케이크가 단단하고 질김 – 고율배합 케이크에 맞지 않는 밀가루를 사용했다.

◆해설 고율배합에서 설탕과 액체재료의 사용량이 많거나, 고온에서 단시간 굽기를 했을 때 수축하여 부피가 작아진다.

11 반죽형 케이크를 구웠더니 너무 가볍고 부서지는 현상이 나타났다. 그 원인이 아닌 것은?

① 반죽에 밀가루 양이 많았다.
② 반죽의 크림화가 지나쳤다.
③ 팽창제 사용량이 많았다.
④ 쇼트닝 사용량이 많았다.

◆해설 밀가루는 구조를 단단하게 하는 재료로써 과다 사용 시 제품을 무겁고 단단하게 한다.

12 반죽형 케이크 제조 시 분리 현상이 일어나는 원인이 아닌 것은?

① 반죽온도가 낮다.
② 노른자 사용 비율이 높다.
③ 반죽 중 수분량이 많다.
④ 일시에 투입하는 달걀의 양이 많다.

◆해설 노른자는 수분함량이 적고, 노른자의 레시틴은 유화제 역할을 하므로 반죽의 분리현상을 억제한다.

13 케이크 반죽을 혼합할 때 반죽의 온도가 최적 범위 이상이나 이하로 설정될 경우에 나타나는 현상이 아닌 것은?

① 쇼트닝의 크리밍성이 감소한다.
② 공기의 혼합능력이 떨어진다.
③ 팽창속도가 변화한다.
④ 케이크의 체적이 증가한다.

◆해설 반죽형 케이크의 반죽온도가 너무 높으면 기공이 조밀하고 제품의 부피가 작아진다.

정답 08 ① 09 ② 10 ① 11 ① 12 ② 13 ④

14 다음 중 반죽온도가 가장 낮은 것은?

① 퍼프 페이스트리
② 과일 케이크
③ 초콜릿 케이크
④ 화이트 레이어 케이크

◆해설 퍼프 페이스트리의 반죽온도는 18~20℃이다.

※ 밀가루온도 25℃, 실내온도 25℃, 설탕온도 25℃, 유지온도 20℃, 달걀온도 20℃, 수돗물온도 20℃, 결과온도 26℃, 희망온도 23℃, 사용물의 양 1kg (문제 15~17)

15 위와 같은 조건일 때 마찰계수는?

① 21   ② 26
③ 31   ④ 45

◆해설 마찰계수 = 결과온도 × 6 − (실내온도 + 밀가루온도 + 설탕온도 + 유지온도 + 달걀온도 + 수돗물온도)
= 26 × 6(25 + 25 + 25 + 20 + 20 + 20) = 21

16 사용수 온도는?

① 3℃   ② 2℃
③ 4℃   ④ 12℃

◆해설 사용수온도 = 희망온도 × 6 − (실내온도 + 밀가루온도 + 설탕온도 + 유지온도 + 달걀온도 + 마찰계수)
= 26×6(25 + 25 + 25 + 20 + 20 + 21) = 2℃

17 얼음 사용량은 얼마인가?

① 170g   ② 178g
③ 180g   ④ 192g

◆해설 마찰계수 = 21, 사용수온도 = 2
얼음사용량 = [사용할 물량×(수돗물온도 − 사용할 물온도)] ÷ (80 + 수돗물온도) = 1000×(20 − 2) ÷ 80 + 20 + 180(g). 즉, 물 820g과 얼음 180g사용

18 반죽온도 조절에 대한 설명 중 틀린 것은?

① 파운드 케이크의 반죽온도는 23℃가 적당하다.
② 버터 스펀지 케이크 (공립법)의 반죽온도는 25℃가 적당하다.
③ 사과파이 반죽의 물 온도는 38℃가 적당하다.
④ 퍼프 페이스트리의 반죽 온도는 20℃가 적당하다.

◆해설 파이 반죽은 차갑게 유지해야 유지를 녹이지 않고 바삭한 껍질을 형성할 수 있다.

19 옐로우 레이어 케이크에서 쇼트닝과 달걀의 사용량 관계를 바르게 나타낸 것은?

① 쇼트닝 × 0.7 = 달걀
② 쇼트닝 × 0.9 = 달걀
③ 쇼트닝 × 1.1 = 달걀
④ 쇼트닝 × 1.3 = 달걀

◆해설 옐로우 레이어 케이크에서 달걀 = 쇼트닝×1.1 이다.

정답 14 ①   15 ①   16 ②   17 ③   18 ③   19 ③

Chapter 01 제과이론 종합문제

20 화이트 레이어 케이크의 반죽 비중으로 가장 적합한 것은?

① 0.90~1.0
② 0.45~0.55
③ 0.60~0.70
④ 0.75~0.85

▸해설 반죽형 케이크의 비중은 일반적으로 0.75~0.85이다.

21 초콜릿 케이크에서 우유 사용량을 구하는 공식은?

① 설탕 + 30 − (코코아 × 1.5) + 전란
② 설탕 − 30 − (코코아 × 1.5) − 전란
③ 설탕 + 30 + (코코아 × 1.5) − 전란
④ 설탕 − 30 + (코코아 × 1.5) + 전란

※ 데블스푸드 케이크의 배합이 밀가루 100%, 설탕 12%, 쇼트닝 50%, 베이킹파우더 5%, 코코아 20%로 되어있다. (문제 22~26)

22 전란 사용량은?

① 50%
② 55%
③ 60%
④ 65%

▸해설 전란 = 쇼트닝×1.1 = 50×1.1 = 55(%)

23 전체의 우유 사용량은?

① 115%
② 125%
③ 150%
④ 135%

▸해설 우유 = 설탕 + 30 + (1.5×코코아) − 전란
120 + 30 + (1.5×20) − 55 = 125(%)

24 우유 대신 분유 사용 시 분유 사용량은?

① 14%
② 12.1%
③ 12.5%
④ 17%

▸해설 고형량 10%, 수분 90%이므로 125×0.1 = 12.5(%)

25 사용된 코코아가 천연 코코아라면 탄산수소나트륨은 얼마를 사용해야 하는가?

① 2.1%
② 2.8%
③ 0.8%
④ 1.4%

▸해설 탄산수소나트륨 = 천연코코아×7%,
20×0.07 = 1.4(%)

26 천연 코코아 사용 시 원래의 베이킹파우더의 양은 어떻게 조절해야 하는가?

① 0.7%
② 0.4%
③ 0%
④ 0.8%

▸해설 탄산수소나트륨 1%는 베이킹파우더 3%와 같은 효과를 가진다. 중조 1.4%의 효과는 1.4×2 = 4.2(%)의 베이킹파우더와 같다. 원래 사용하던 베이킹파우더 5%에서 4.2%를 감소한 0.8%가 조정된 사용량이 된다.

정답 20 ④ 21 ③ 22 ② 23 ② 24 ③ 25 ④ 26 ④

※ 초콜릿 케이크의 배합률이 밀가루 100%, 설탕 120%, 유화쇼트닝 60%, 초콜릿 32%(문제 27~29)

27 초콜릿 32% 중 코코아는 몇 % 정도인가?

① 24% ② 32%
③ 35% ④ 20%

• 해설 초콜릿은 코코아 5/8, 카카오버터 3/8으로 구성되어 있다.

28 초콜릿 32% 중 카카오버터는 몇 % 정도인가?

① 12% ② 22%
③ 35% ④ 38%

• 해설 32 × 3/8 = 12(%)

29 원래 사용하던 유화 쇼트닝의 양은 얼마로 조정해야 하는가?

① 51% ② 53%
③ 54% ④ 56%

• 해설 초콜릿 중 코코아버터의 양은 32 × 3/8 = 12(%)이고, 코코아버터는 유화 쇼트닝의 1/2의 기능을 가지므로 12 × 1/2 = 6(%) 원래 사용하던 양은 60% 이므로 60 − 6 = 54(%)

30 반죽의 비중과 관계가 가장 적은 것은?

① 제품의 부피 ② 재품의 기공
③ 제품의 조직 ④ 제품의 점도

• 해설 반죽의 비중과 제품의 부피, 기공, 조직은 직결되는 관계이며, 비중이 낮으면 부피가 크고, 열린 기공과 거친 조직의 제품이 된다.

31 40g의 계량컵에 물을 가득 채웠더니 240g이었다. 같은 컵에 반죽을 넣고 달아보니 220g이 되었다면 이 반죽의 비중은 얼마인가?

① 0.85 ② 0.9
③ 0.92 ④ 0.95

• 해설 비중 = (반죽의 무게 − 컵의 무게) / (물의 무게 − 컵의 무게)

32 다음 제품 중 반죽의 비중이 가장 낮은 것은?

① 파운드 케이크
② 옐로 레이어 케이크
③ 초콜릿 케이크
④ 버터 스펀지 케이크

• 해설 버터 스펀지 케이크는 거품형 케이크로 비중이 낮다.

33 다음 중 비용적이 가장 큰 제품은?

① 파운드 케이크 ② 레이어 케이크
③ 스펀지 케이크 ④ 식빵

• 해설 스펀지 케이크의 비용적은 5.08㎤/g이다.

34 고율배합 케이크와 비교하여 저율배합 케이크의 특징은?

① 믹싱 중 공기 혼입량이 많다.
② 굽는 온도가 높다.
③ 반죽의 비중이 낮다.
④ 화학팽창제 사용량이 적다.

• 해설 저율배합은 굽는 온도가 높고, 반죽의 비중이 높고, 믹싱 중 공기 혼입량이 적다.

정답 27 ④ 28 ① 29 ③ 30 ④ 31 ② 32 ④ 33 ③ 34 ②

35 다음 중 고온에서 빨리 구워야 하는 제품은?

① 파운드 케이크
② 고율배합 제품
③ 저율배합 제품
④ 팬닝량이 많은 제품

◈해설 저율배합 제품은 고온에서 빨리 굽고, 고율배합 제품은 저온에서 오래 굽는다.

36 언더 베이킹(Under baking)에 대한 설명으로 틀린 것은?

① 높은 온도에서 짧은 시간 굽는 것이다.
② 중앙부분이 익지 않는 경우가 많다.
③ 제품이 건조되어 바삭바삭하다.
④ 수분이 빠지지 않아 껍질이 쭈글쭈글하다.

◈해설 언더 베이킹은 수분이 빠지지 않아 껍질이 쭈글거리거나 중앙부분이 익지 않는 현상이 발생한다.

37 스펀지 케이크 제조 시 더운 믹싱방법을 사용할 때 달걀과 설탕의 중탕 온도로 가장 적합한 것은?

① 23℃   ② 43℃
③ 63℃   ④ 83℃

◈해설 더운 믹싱법은 달걀과 설탕을 중탕하여 43℃까지 데운 후 거품을 내는 방법이다.

38 젤리 롤 케이크를 말 때 표면이 터지는 결점을 방지하는 방법으로 잘못된 것은?

① 덱스트린의 접착성을 이용한다.
② 고형질 설탕 일부를 물엿으로 대치한다.
③ 팽창제를 다소 감소시킨다.
④ 달걀 중 노른자 비율을 증가한다.

◈해설 달걀노른자를 증가하면 고형분이 증가되어 표면이 잘 터지게 되므로, 노른자를 감소하고 전란을 증가시킨다.

39 스펀지 케이크에서 달걀사용량을 감소시킬 때의 조치 사항으로 잘못된 것은?

① 베이킹 파우더를 사용한다.
② 물 사용량을 추가한다.
③ 쇼트닝을 첨가한다.
④ 양질의 유화제를 병용한다.

◈해설 스펀지 케이크에서 달걀 사용량을 감소한 경우 쇼트닝을 첨가하면 구조력이 더 약화된다.

40 파운드 케이크 제조 시 2중팬을 사용하는 목적이 아닌 것은?

① 제품 바닥의 두꺼운 껍질형성을 방지하기 위하여
② 제품 옆면의 두꺼운 껍질 형성을 방지하기 위하여
③ 제품의 조직과 맛을 좋게하기 위하여
④ 오븐에서의 열전도 효율을 높이기 위하여

◈해설 용적이 큰 제품을 장시간 구울 때 2중팬을 사용하면 열전도율이 낮아 두꺼운 껍질 형성을 막을 수 있다.

정답 35 ③   36 ③   37 ②   38 ④   39 ③   40 ④

41 다음 중 반죽의 pH가 가장 낮아야 좋은 제품은?

① 화이트 레이어 케이크
② 스펀지 케이크
③ 엔젤 푸드 케이크
④ 파운드 케이크

- 해설 엔젤 푸드 케이크는 pH 5.0~6.5이다.

42 스펀지 케이크 400g짜리 완제품을 만들 때 굽기 손실이 20%라면 분할 반죽의 무게는?

① 600g   ② 500g
③ 400g   ④ 300g

- 해설 분할 반죽의 무게 = 완제품÷{1-(굽기손실÷100)}

43 나가사끼 카스텔라 제조 시 휘젓기를 하는 이유로 알맞지 않은 것은?

① 반죽온도를 균일하게 한다.
② 껍질표면을 매끄럽게 한다.
③ 내상을 균일하게 한다.
④ 팽창을 원활하게 한다.

- 해설 나가사끼 카스텔라는 큰 용적의 팬을 사용하여 오래 굽기 때문에 내·외부의 반죽온도를 균일하게 하여 표면이 터지지 않도록 하고, 큰 기포를 미세한 기포로 만들어 식감을 좋게 하기 위해 휘젓기 공정이 필요하다.

44 다음 중 산 사전 처리법에 의한 엔젤 푸드 케이크 제조공정에 대한 설명으로 틀린 것은?

① 흰자에 산을 넣어 머랭을 만든다.
② 설탕 일부를 머랭에 투입하여 튼튼한 머랭을 만든다.
③ 밀가루와 분당을 넣어 믹싱을 완료한다.
④ 기름칠이 균일하게 된 팬에 넣어 굽는다.

- 해설 엔젤 푸드 케이크의 전용 팬에는 물을 뿌려서 머랭의 기포가 꺼지지 않도록 한다.

45 다음 제품 중 이형제로 팬에 물을 분무하여 사용하는 제품은?

① 슈
② 시퐁 케이크
③ 오렌지 케이크
④ 마블 파운드 케이크

46 과일 케이크를 만들 때 과일이 가라앉는 이유가 아닌 것은?

① 강도가 약한 밀가루를 사용한 경우
② 믹싱이 지나치고 큰 공기방울이 반죽에 남는 경우
③ 진한 속 색을 위한 탄산수소나트륨을 과다로 사용한 경우
④ 시럽에 담근 과일의 시럽을 배수시켜 사용한 경우

- 해설 시럽을 충분히 빼고 넣으면 과일이 바닥에 가라앉는 것을 예방할 수 있다.

정답 41 ③   42 ②   43 ④   44 ④   45 ②   46 ④

47 퍼프 페이스트리 제조 시 휴지의 목적이 아닌 것은?

① 밀가루가 수화를 완전히 하여 글루텐을 안정시킨다.
② 밀어펴기를 쉽게 한다.
③ 저온처리를 하여 향이 좋아진다.
④ 반죽과 유지의 되기를 같게 한다.

●해설● 저온처리와 향과는 무관하다.

48 파이 제조에 대한 설명으로 틀린 것은?

① 아래 껍질을 위 껍질 보다 얇게 한다.
② 껍질 가장자리에 물 칠을 한 뒤 위 껍질을 얹는다.
③ 위, 아래의 껍질을 잘 붙인 뒤 남은 반죽을 잘라낸다.
④ 덧가루 뿌린 면포 위에서 반죽을 밀어 편 뒤 크기에 맞게 자른다.

●해설● 파이 아래껍질을 위 껍질보다 더 두껍게 만든다.

49 퍼프 페이스트리 제조 시 팽창이 부족하여 부피가 빈약해지는 원인에 해당하지 않는 것은?

① 반죽의 유지가 길었다.
② 밀어펴기가 부적절하였다.
③ 부적합한 유지를 사용하였다.
④ 오븐의 온도가 너무 높았다.

●해설● 퍼프 페이스트리 제조 시 팽창이 부족하여 부피가 빈약해지는 원인 – 밀어펴기 부적절, 부적절한 유지사용, 오븐온도 높은 경우, 박력분 사용

50 퍼프 페이스트리를 정형할 때 수축하는 경우는?

① 반죽이 질었을 경우
② 휴지시간이 길었을 경우
③ 반죽 중 유지 사용량이 많았을 경우
④ 밀어펴기 중 무리한 힘을 가했을 경우

●해설● 밀어펴기 중 무리하게 힘을 가하면 수축한다.

51 파이의 일반적인 결점 중 바닥 크러스트가 축축한 원인이 아닌 것은?

① 오븐 온도가 높음
② 충전물 온도가 높음
③ 파이 바닥 반죽이 고율배합
④ 불충분한 바닥열

●해설● 파이 바닥이 축축한 이유 – 고율배합인 경우, 충전물 온도가 높은 경우, 아래 불 온도가 낮거나 위 불 온도가 높은 경우

52 퍼프 페이스트리의 휴지가 종료되었을 때 손으로 살짝 누르게 되면 다음 중 어떤 현상이 나타나는가?

① 누른 자국이 남아있다.
② 누른 자국이 원상태로 올라온다.
③ 누른 자국이 유동성 있게 움직인다.
④ 내부의 유지가 흘러나온다.

●해설● 휴지 종료시 손으로 누르면 손자국이 그대로 남는다.

정답 47 ③ 48 ① 49 ① 50 ④ 51 ① 52 ①

53 파이롤러(Pie roller)는 반죽을 롤러에 의해 평균적으로 늘리는 기계인데, 주로 유지가 많은 반죽에 사용한다. 다음 중 파이롤러를 사용하지 않는 제품은?

① 데니시 페이스트리
② 케이크 도넛
③ 쿠키
④ 롤 케이크

해설 파이롤러는 밀어펴는 반죽에 사용된다.

54 파이롤러의 위치에 가장 적합한 곳은?

① 냉장고, 냉동고 옆 ② 오븐 옆
③ 씽크대 옆 ④ 작업 테이블 옆

해설 파이는 작업도중에 냉장 휴지가 필요한 반죽이므로 냉장고 옆이 좋다.

55 사과파이 껍질의 결의 크기는 어떻게 조절하는가?

① 쇼트닝의 입자크기로 조절한다.
② 쇼트닝의 양으로 조절한다.
③ 접기 수로 조절한다.
④ 밀가루 양으로 조절한다.

해설 유지 입자의 크기가 크면 결이 길고, 크기가 작으면 결이 짧다.

56 반죽형 쿠키 중 수분을 가장 많이 함유하는 쿠키는?

① 쇼트 브레드 쿠키 ② 드롭 쿠키
③ 스냅 쿠키 ④ 스펀지 쿠키

해설 스펀지 쿠키는 반죽형이 아니라 거품형 쿠키이다.

57 다음 쿠키 반죽 중 가장 묽은 반죽은?

① 밀어 펴서 정형하는 쿠키
② 마카롱 쿠키
③ 판에 등사하는 쿠키
④ 짜는 형태의 쿠키

해설 판에 등사하는 쿠키는 묽은 반죽을 사용하여 얇게 밀어펴는 쿠키이다.

58 비스킷을 제조할 때 유지보다 설탕을 많이 사용하면 어떤 결과가 나타나는가?

① 제품의 촉감이 단단해진다.
② 제품이 부드러워진다.
③ 제품의 퍼짐이 작아진다.
④ 제품의 색깔이 엷어진다.

해설 비스킷 제조 시 설탕을 많이 넣으면 제품이 단단해지고, 색이 짙어진다.

정답 53 ④ 54 ① 55 ① 56 ② 57 ③ 58 ①

59 쿠키에 팽창제를 사용하는 주된 목적은?

① 제품의 부피를 감소시키기 위해
② 딱딱한 제품을 만들기 위해
③ 퍼짐과 크기의 조절을 위해
④ 설탕입자의 조절을 위해

> 해설 팽창제는 제품을 팽창시켜 모양을 갖추고 부드러운 조직을 부여하기 위해 사용한다.

60 한 철판에 넣어 구울 쿠키의 조건이 아닌 것은?

① 일정한 가격
② 일정한 크기
③ 일정한 모양
④ 일정한 간격

> 해설 한 철판에 일정한 크기, 모양, 간격으로 팬닝해야 균일한 제품을 얻을 수 있다.

61 코코넛 마카롱 쿠키는 다음 중 어느 종류의 쿠키에 속하는가?

① 드롭 쿠키
② 스냅 쿠키
③ 스펀지 쿠키
④ 머랭 쿠키

62 슈 제조 시 반죽표면을 분무 또는 침지 시키는 이유가 아닌 것은?

① 껍질을 얇게 한다.
② 팽창을 크게 한다.
③ 기형을 방지한다.
④ 제품의 구조를 강하게 한다.

> 해설 슈 제품의 구조와 분무와는 관련이 없다.

63 다음 중 튀김용 반죽으로 적합한 것은?

① 퍼프 페이스트리 반죽
② 스펀지 케이크 반죽
③ 슈 반죽
④ 쇼트브래드 쿠키 반죽

> 해설 슈 반죽을 모양내어 짠 후 튀겨낸 제품으로 추러스가 있다.

64 슈 바닥 껍질 가운데가 위로 올라가는 이유 중 틀리게 설명한 것은?

① 오븐 바닥온도가 너무 강하다.
② 굽기 초기에 수분을 많이 잃었다.
③ 팬에 기름칠을 너무 많이 했다.
④ 색깔이 날 때 아래 불을 낮추어서 구웠다.

65 케이크 도넛을 튀긴 후 과도한 흡유 현상이 일어나는 이유가 아닌 것은?

① 긴 반죽시간
② 과다한 팽창제 사용
③ 낮은 튀김 온도
④ 반죽의 수분이 과다

> 해설 혼합이 부족하거나, 과다한 팽창제를 사용하거나, 튀김온도가 낮거나, 튀김시간이 길면 도넛에 기름이 많아진다.

| 정답 | 59 ③ | 60 ① | 61 ④ | 62 ④ | 63 ③ | 64 ④ | 65 ① |

66 튀김기름의 품질을 저하시키는 요인으로만 나열된 것은?

① 수분, 탄소, 질소
② 수분, 공기, 반복 가열
③ 공기, 금속, 토코페롤
④ 공기, 탄소, 세시몰

해설 온도, 수분, 공기, 이물질은 튀김기름의 품질을 저하시킨다.

67 도넛에 묻힌 설탕이 녹는 현상(발한)을 감소시키기 위한 조치로 틀린 것은?

① 도넛에 묻히는 설탕의 양을 증가시킨다.
② 충분히 냉각시킨다.
③ 냉각 중 환기를 많이 시킨다.
④ 가급적 짧은 시간 동안 튀긴다.

해설 발한 현상은 수분에 의해 도넛에 묻은 설탕이 녹는 현상이다. 도넛의 튀기는 시간을 증가시키면 발한 현상이 감소한다.

68 도넛에 설탕 아이싱을 사용할 때의 온도로 적합한 것은?

① 20℃ 전후   ② 25℃ 전후
③ 40℃ 전후   ④ 60℃ 전후

해설 도넛에 설탕 아이싱을 사용할 때는 40℃ 정도의 온도여야 점착성이 좋아진다.

69 도넛을 글레이즈 할 때 글레이즈의 적정한 품온은?

① 24~27℃   ② 28~32℃
③ 33~36℃   ④ 43~49℃

해설 글레이즈의 적정온도는 45℃ 정도이다.

70 반죽 온도를 너무 낮게 하여 만든 케이크 도넛의 설명 중 잘못된 것은?

① 공 모양의 도넛이 된다.
② 점도가 약하게 된다.
③ 과량의 기름을 흡수한다.
④ 부피가 작게 된다.

해설 반죽온도가 너무 낮으면 팽창제의 반응속도가 느려져 마지막까지 반응하므로 제품의 부피가 크게 된다.

71 케이크 도넛에 대두분을 사용하는 목적이 아닌 것은?

① 흡유율 증가
② 껍질 구조 강화
③ 껍질색 개선
④ 식감의 개선

정답 66 ② 67 ④ 68 ③ 69 ④ 70 ④ 71 ①

72 가나슈 크림에 대한 설명으로 옳은 것은?

① 생크림은 절대 끓여서 사용하지 않는다.
② 초콜릿과 생크림의 배합비율은 10:1이 원칙이다.
③ 초콜릿 종류는 달라도 카카오 성분은 같다.
④ 끓인 생크림에 초콜릿을 더한 크림이다.

▶해설 가나슈는 끓인 생크림에 초콜릿을 혼합한 크림이며, 배합비율은 1:1이 원칙이다. 카카오성분에 따라 초콜릿의 종류가 달라진다.

73 버터크림 제조 시 당액의 온도로 가장 알맞은 것은?

① 80~90℃ ② 98~104℃
③ 114~118℃ ④ 150~155℃

74 버터크림 제조 시 크림 내에 더 많은 공기를 함유시켜 가벼운 아이싱을 만들기 위해 사용하는 재료가 아닌 것은?

① 마지팬 ② 유화제
③ 전란 ④ 흰자

▶해설 마지팬은 아몬드, 설탕을 갈아서 만드는 페이스트로 제과용, 또는 공예용으로 사용한다.

75 겨울철 굳어버린 버터크림의 농도를 조절하기 위한 첨가물은?

① 분당 ② 초콜릿
③ 식용유 ④ 캐러멜색소

76 무스(Mousse)의 원 뜻은?

① 생크림 ② 젤리
③ 거품 ④ 광택제

▶해설 무스는 생크림 등을 거품 올린 후 반죽에 섞고 차게 굳혀 만든 제품이다.

77 무스 케이크 제조 시 수분에 대한 젤라틴의 사용 비율로 알맞은 것은?

① 2% ② 5% ③ 8% ④ 12%

78 커스터드 크림의 재료에 속하지 않는 것은?

① 우유 ② 달걀
③ 설탕 ④ 생크림

▶해설 커스터드 크림은 우유, 달걀, 설탕을 전분이나 박력분과 섞어 끓인 크림이다.

79 아이스크림 제조에서 오버런(Over-run)이란?

① 교반에 의해 크림이 체적이 몇 % 증가하는가를 나타내는 수치
② 생크림 안에 들어 있는 유지방이 응집에서 오나전히 액체로부터 분리된 것
③ 살균등의 가열조작에 의해 불안정하게 된 유지의 결정을 적온으로 해서 안정화시킨 숙성 조작
④ 생유 안에 들어있는 큰 지방구를 미세하게 해서 안정화하는 공정

▶해설 오버런이란 크림을 휘핑하여 공기가 포집된 크림의 부푼 정도를 나타내는 것이며, 최초 부피에 대한 최종부피 증가분의 백분비로 나타낸다. 오버런이 100%라는 것은 체적이 2배로 증가한 것이다.

정답 72 ④ 73 ③ 74 ① 75 ③ 76 ③ 77 ① 78 ④ 79 ①

80 설탕에 물을 넣고 114~118℃까지 가열시켜 시럽을 만든 후 냉각 교반하여 새하얗게 만든 제품은?

① 머랭 ② 캔디
③ 퐁당 ④ 휘핑크림

▸해설 퐁당은 설탕과 물을 넣고 114~118℃까지 가열시켜 시럽을 만든 후 냉각 교반하여 하얗게 만든 것으로 설탕의 재결정을 이용한 제품이다.

81 굳어진 설탕 아이싱 크림을 여리게 하는 방법으로 부적합한 것은?

① 설탕 시럽을 더 넣는다.
② 중탕으로 가열한다.
③ 전분이나 밀가루를 넣는다.
④ 소량의 물을 넣고 중탕으로 가온한다.

▸해설 굳어진 설탕 아이싱크림은 시럽을 첨가하거나 중탕하여 사용하면 된다.

82 머랭의 최적 pH는?

① 5.5~6.0 ② 6.5~7.0
③ 7.5~8.0 ④ 8.5~9.0

▸해설 머랭의 최적 pH는 단백질의 등전점에 가까운 5.5~6.0이다.

83 이탈이안 머랭에 대한 설명 중 틀린 것은?

① 흰자를 거품으로 치대어 30% 정도의 거품을 만들고 설탕을 넣으면서 50% 정도의 머랭을 만든다.
② 흰자가 신선해야 거품이 튼튼하게 나온다.
③ 뜨거운 시럽에 머랭을 한꺼번에 넣고 거품을 올린다.
④ 강한 불에 구워 착색하는 제품을 만드는 데 알맞다.

▸해설 뜨거운 시럽을 한꺼번에 넣으면 흰자가 익을 수 있으므로 조금씩 부어가며 거품을 올린다.

84 거품을 올린 흰자에 뜨거운 시럽을 첨가하면서 고속으로 믹싱하여 만드는 아이싱은?

① 마시멜로 아이싱
② 콤비네이션 아이싱
③ 초콜릿 아이싱
④ 로얄 아이싱

▸해설 마시멜로 아이싱은 거품을 올린 흰자에 뜨거운 시럽을 첨가하면서 고속으로 믹싱하여 만든다.

85 데커레이션(Decoration) 케이크의 장식에 사용되는 분당의 성분은?

① 포도당 ② 설탕
③ 과당 ④ 전화당

▸해설 분당은 설탕을 곱게 분쇄한 것이다.

정답 80 ③ 81 ③ 82 ① 83 ③ 84 ① 85 ②

86 아이싱(Icing)이란 설탕 제품이 주요 재료인 피복물로 빵·과자 제품을 덮거나 피복하는 것을 말한다. 다음 중 크림 아이싱(Creamed icing)이 아닌 것은?

① 퍼지 아이싱(Fudge icing)
② 퐁당 아이싱(Fondant icing)
③ 단순 아이싱(Flat icing)
④ 마쉬멜로 아이싱(Marsffhmallow icing)

> **해설** 퍼지 아이싱은 초콜릿, 버터, 설탕, 우유가 주재료이며, 퐁당 아이싱은 설탕 시럽을 재결정화한 아이싱, 마쉬멜로 아이싱은 흰자와 설탕 시럽을 이용하여 거품을 함유한 아이싱, 단순 아이싱은 분당, 물, 물엿을 주재료로 향, 색, 지방을 넣어 페이스트 상태로 만든 아이싱이다.

87 흰자 100에 대하여 설탕 180의 비율로 만든 머랭으로 구웠을 때 표면에 광택이 나고 하루쯤 두었다가 사용해도 무방한 머랭은?

① 냉제 머랭   ② 온제 머랭
③ 이탈리안 머랭   ④ 스위스 머랭

> **해설** 스위스 머랭은 흰자의 일부와 설탕의 일부를 혼합하여 중탕 후 거품을 내며 레몬즙을 첨가한다.

88 ppm을 나타낸 것으로 옳은 것은?

① g당 중량 백분율
② g당 중량 만분율
③ g당 중량 십만분율
④ g당 중량 백만분율

> **해설** ppm은 part per million으로 g당 중량 백만분율이다.

89 반죽에 코코아를 1% 추가할 때 물은 얼마나 추가하는가?

① 1.5%   ② 3%
③ 4.5%   ④ 6%

90 포장된 제과제품의 품질 변화 현상이 아닌 것은?

① 전분의 호화   ② 향의 변화
③ 촉감의 변화   ④ 수분의 이동

> **해설** 전분의 호화는 굽는 동안 일어나는 반응이다.

91 제과제품을 평가하는데 있어 외부 특성에 해당되지 않는 것은?

① 기공   ② 껍질 색
③ 균형   ④ 부피

> **해설** 기공은 내부적 특성이다.

92 케이크 제품이 산성으로 치우칠 때의 설명이 아닌 것은?

① 기공이 거칠다.
② 껍질색이 여리다.
③ 향이 약하다.
④ 부피가 작다.

> **해설** 알칼리 쪽으로 치우칠 때 거칠고 부피가 커진다.

정답 86 ③ 87 ④ 88 ④ 89 ① 90 ① 91 ① 92 ①

93 일반적인 다음의 케이크 제품 중 알칼리성이 아닌 것은?

① 과일 케이크
② 초콜릿 케이크
③ 데블스 푸드 케이크
④ 코코아 케이크

▸해설 초콜릿이나 코코아는 알칼리성 재료이다.

94 어떤 제품을 다음과 같은 조건으로 구웠을 때 제품에 남는 수분이 가장 많은 것은?

① 165℃에서 45분간
② 190℃에서 35분간
③ 205℃에서 30분간
④ 220℃에서 25분간

▸해설 고온 단시간으로 굽기를 했을 때 제품에 수분이 많이 남아 제품이 수축될 수 있다.

95 과일파이에서 과일 충전물이 끓어 넘치는 이유가 아닌 것은?

① 충전물의 온도가 높다.
② 충전물의 설탕이 너무 적다.
③ 가장자리 봉합상태가 불량하다.
④ 밑 껍질이 두껍다.

▸해설 밑 껍질이 얇으면 충전물에 많은 열이 전달되어 끓어 넘칠 수 있다.

96 다음 제품 중 설탕을 사용하지 않아도 되는 제품은?

① 슈
② 시폰 케이크
③ 스펀지 케이크
④ 엔젤 푸드 케이크

97 다음 중 밀가루를 사용하지 않는 제품은?

① 마들렌
② 마카롱
③ 시폰 케이크
④ 슈

▸해설 마카롱은 아몬드 분말과 흰자, 슈가파우더를 주재료로 한다.

98 믹싱 시 재료의 품온이 가장 낮아야 하는 크림은?

① 커스터드 크림
② 생크림
③ 버터크림
④ 펀던트 크림

▸해설 생크림은 냉장온도(4~6℃)에서 휘핑한다.

99 밤과자를 성형한 후 물을 뿌려주는 이유가 아닌 것은?

① 덧가루의 제거
② 구운 후 철판에서 잘 떨어짐
③ 껍질의 균일화
④ 껍질의 터짐 방지

▸해설 물을 지나치게 뿌리면 팬에 들러붙을 수 있다.

정답 93 ① 94 ④ 95 ④ 96 ① 97 ② 98 ② 99 ②

100 전분 크림 파이와 커스터드 크림파이 충전물의 가장 큰 차이점은?

① 껍질의 성질
② 쇼트닝 사용량
③ 농후화제
④ 굽는 방법

> **해설** 전분 크림 파이의 농후화제는 전분이며, 커스터드 파이의 농후화제는 달걀이다.

101 포장에 대한 설명으로 맞지 않은 것은?

① 포장은 보관과 진열을 용이하게 하기 위해 필요한 작업이다.
② 포장은 유통하기에만 필요한 작업이다.
③ 제품을 보호하고 위생적으로 안전성을 보장하기 위한 작업이다.
④ 제품의 가치상승을 위해 포장을 한다.

> **해설** 포장은 보호성, 상품가치상승, 판매촉진

102 쿠키 포장지의 특성으로 적합하지 않은 것은?

① 내용물의 색, 향이 변하지 않아야 한다.
② 독성 물질이 생기지 않아야 한다.
③ 방습성이 있어야 한다.
④ 통기성이 있어야 한다.

> **해설** 포장지는 통기성이 없어야 한다.

103 제빵용 포장지의 구비조건이 아닌 것은?

① 작업성   ② 위생성
③ 보호성   ④ 탄력성

104 포장된 제과제품의 품질 변화 현상이 아닌 것은?

① 전분의 호화   ② 향의 변화
③ 촉감의 변화   ④ 수분의 이동

> **해설** 전분의 호화는 굽는 동안 일어나는 반응이다.

정답 100 ③   101 ②   102 ④   103 ④   104 ①

Chapter 02
재료 · 영양학 종합문제

재료 · 영양학

01 유황(S)을 함유한 아미노산에 속하지 않는 것은?

① 시스틴 ② 시스테인
③ 메치오닌 ④ 트립토판

02 식빵 제조용 밀가루의 원료로서 가장 좋은 것은?

① 분상질 ② 중간질
③ 초자질 ④ 분상 중간질

• 해설 초자질밀은 단백질이 많아 횡단면이 투명하며 반들거린다. 주로 경질밀이며 제빵용 밀가루이고, 분상질은 연질밀이며 제과용 밀가루이다.

03 밀가루의 탄수화물 중 그 함유량이 가장 많은 것은?

① 아밀로오스 ② 아밀로펙틴
③ 셀룰로오스 ④ 펙토산

• 해설 밀가루의 25%가 아밀로오스이며, 나머지가 아밀로펙틴이다.

04 생이스트를 보관할 때의 가장 적당한 온도는?

① 1~4℃ ② 12~5℃
③ 15~20℃ ④ 20~25℃

• 해설 냉장 온도가 낮으면 이스트의 신선도를 오래 유지할 수 있다.

05 이스트 푸드의 충전제로 사용되는 것은?

① 분유 ② 전분
③ 설탕 ④ 산화제

• 해설 전분은 이스트 푸드의 충전제로 사용된다.

06 각 회사마다 제분율이 다르다. 어느 회사가 밀가루 생산량이 가장 적은가? (제분율 A사 70%, B사 75%, C사 74%, D사 76%)

① A사는 밀 2850kg을 제분한다.
② B사는 밀 2800kg을 제분한다.
③ C사는 밀 2750kg을 제분한다.
④ D사는 밀 2700kg을 제분한다.

• 해설
• A사 : 2850kg × 0.7 = 1995kg
• B사 : 2800kg × 0.75 = 2100kg
• C사 : 2750kg × 0.74 = 2035kg
• D사 : 2700kg × 0.76 = 2052kg

07 초콜릿을 템퍼링한 효과에 대한 설명 중 틀린 것은?

① 입안에서의 용해성은 나쁘다.
② 광택이 좋고 내부 조직이 조밀하다.
③ 팻 브룸(Fat bloom)이 일어나지 않는다.
④ 안전한 결정이 많고 결정형이 일정하다.

• 해설 템퍼링은 녹인 초콜릿을 다시 적정온도로 조절하는 것을 말한다. 템퍼링을 하면 초콜릿이 보다 매끄럽고 광택이 난다.

정답 01 ④ 02 ③ 03 ② 04 ① 05 ② 06 ① 07 ①

Chapter 02 재료·영양학 종합문제

08 모노(디)-글리세리드[mono(di)-glyceride]는 어느 반응에서 생성되는가?

① 비타민의 산화 ② 전분의 노화
③ 지방의 가수분해 ④ 단백질의 변성

▸해설 모노(디)-글리세리드는 지방의 가수분해 과정에서 생성되고, 글리세롤과 지방산이 하나 또는 두 개가 결합한 대표적인 노화 지연제이며, 계면활성제로서 밀가루에 대하여 0.2~0.3%를 사용한다.

09 제빵에 사용되는 효모와 가장 거리가 먼 효소는?

① 프로테아제 ② 세룰라아제
③ 인벌타아제 ④ 말타아제

▸해설 이스트에 셀룰라아제 분해효소가 들어있지 않으며, 셀룰라아제는 셀룰로오스는 분해하나 전분을 분해하지는 못한다.

10 건조이스트는 같은 중량을 사용할 때 생이스트보다 활성이 약 몇 배 더 강한가?

① 2배 ② 5배
③ 7배 ④ 10배

▸해설 건조이스트를 사용할 때 생이스트의 40~50% 감소하여 사용한다.

11 반죽에 사용하는 물이 연수일 때 무엇을 더 첨가하여야 하는가?

① 설탕 ② 탈지분유
③ 이스트 푸드 ④ 쇼트닝

▸해설 물이 연수일 때는 물과 이스트 사용량은 줄이고, 이스트 푸드와 소금 사용량을 증가시켜 발효속도를 조절한다.

12 과즙, 향료를 사용하여 만드는 젤리의 응고를 위한 원료 중 맞지 않는 것은?

① 젤라틴 ② 펙틴
③ 레시틴 ④ 한천

▸해설 젤라틴, 펙틴, 한천은 안정제로 사용되며 젤리의 응고에 관여한다. 달걀의 노른자인 레시틴은 유화작용을 한다.
• 펙틴 : 0.2%만 들어가도 응고가 시작되어 0.6~1.0%면 젤화가 충분하다.
• 산 : 젤화에 적당한 pH 3.2 전후이며, 맛을 고려하려면 3.2~3.5% 정도
• 당분 : 젤화에 필요한 당의 농도는 62~65%

13 지방 분해효소는?

① 리파아제 ② 프로테아제
③ 치마아제 ④ 말타아제

▸해설 리파아제는 지방을 지방산과 글리세린으로 분해한다.

정답 08 ③ 09 ② 10 ① 11 ③ 12 ③ 13 ①

14 제과의 제조에 이용되는 캐러멜화 현상의 설명으로 잘못된 것은?

① 당류를 계속 가열할 때 점조한 갈색 물질이 생기는 것이다.
② 당을 함유한 식품을 가열할 때 일어난다.
③ 아미노산과 같은 질소화합물과 환원당 간의 반응이다.
④ 이 반응의 생성물들은 향기와 맛에 영향을 준다.

▶해설 아미노산과 환원당의 반응은 마이야르(메일라드) 반응이다.

15 파이용 크림 제조 시 농후화제(Thickening agent)로 쓰이지 않는 것은?

① 전분   ② 달걀
③ 밀가루 ④ 중조

▶해설 파이용 크림 제조 시 농후화제에는 달걀, 전분, 밀가루가 쓰인다.

16 제과에서 유지의 기능이 아닌 것은?

① 연화기능   ② 공기포집기능
③ 안정기능   ④ 노화촉진기능

▶해설 유지는 수분보유기능, 노화억제기능을 한다.

17 밀가루의 탄성과 관계 깊은 것은?

① 글리아딘(Gliadin)
② 엘라스틴(Elastin)
③ 글로불린(Globulin)
④ 글루테닌(Glutenin)

▶해설 글리아딘은 신장성, 점성을 나타내며 빵의 부피와 관계가 있으며, 글루테닌은 탄력성, 저항성을 보이면서 반죽의 혼합시간 및 반죽 형성 시간과 관계가 있다.

18 빵 발효 시 밀가루에 대하여 2% 정도의 설탕이 이스트(Yeast)에 의하여 소모될 경우 밀가루가 132kg이라면 발효에 의하여 소모되는 설탕의 양은?

① 1.32kg   ② 1.68kg
③ 2.04kg   ④ 2.64kg

▶해설 1.32kg × 0.02 = 2.64kg

19 제과·제빵에서 유화제의 역할 중 틀린 것은?

① 반죽의 수분과 유지의 혼합을 돕는다.
② 반죽의 신전성을 저하시킨다.
③ 부피를 좋게 한다.
④ 노화를 지연시킨다.

▶해설 유화제는 반죽의 점착성을 적게 하고 신전성을 좋게 하여 다루기 쉬운 상태의 반죽으로 만들 수 있어 기계내성을 향상시키고, 부드럽고 부피가 큰 빵을 만들고, 노화를 방지하여 신선한 상태를 장시간 유지시킨다.

정답 14 ③ 15 ④ 16 ④ 17 ④ 18 ④ 19 ②

20 우유의 특성에 대한 설명 중 틀린 것은?

① 유지방 함량은 보통 3~4% 정도이다.
② 당으로는 글루코오스(Glucose)가 가장 많이 존재한다.
③ 주요 단백질은 카제인(Casein)이다.
④ 우유의 비중은 평균 1.032이다.

> **해설** 우유의 당으로는 유당이 4.8%로 가장 많이 존재한다.

21 버터를 쇼트닝으로 대치할 때 고려해야 할 사항이 아닌 것은?

① 유지 고형질　② 수분
③ 소금　　　　④ 유당

> **해설** 버터에는 우유지방(80% 정도), 수분(15% 정도), 소금(1~3%) 외에 카제인과 단백질과 유당이 1% 정도 들어있다.

22 케이크 제조에 1kg의 달걀이 필요하다면 껍질을 포함한 평균 무게가 60g인 달걀은 약 몇 개가 필요한가?

① 15개　② 19개
③ 23개　④ 27개

> **해설** 달걀의 구성은 껍질, 노른자, 흰자가 10:30:60의 비율이다.
> 1,000 ÷ (60-6) = 약 19
> 즉, 달걀 1개 속의 전란의 무게는 54g이므로
> 1000 ÷ 54 = 18.5로 약 19개

23 전분의 노화에 대한 설명 중 틀린 것은?

① 일반적으로 냉장 온도에서 노화가 빨리 일어난다.
② 노화의 원인 중에는 습도의 변화도 포함된다.
③ 노화된 전분은 소화가 잘 된다.
④ 노화란 α-전분이 β-전분으로 되는 것이다.

> **해설** 노화는 제품의 맛과 향기가 변화하며 딱딱하게 굳어지는 현상으로 미생물에 의한 변질과 부패와는 구별된다. 호화된 전분은 맛이 있고, 향이 좋으며 소화가 잘 되지만 노화된 전분은 맛도 향도 없으며 딱딱해져서 소화가 잘 되지 않는다.

24 제빵 시 생이스트(효모) 첨가에 가장 적당한 물의 온도는?

① 10℃　② 20℃　③ 30℃　④ 50℃

> **해설** 생이스트는 27~30℃의 물에 사용하는 것이 가장 좋다.

25 밀알을 껍질 부위, 배아 부위, 배유 부위로 분류할 때 배유에 대한 설명으로 틀린 것은?

① 밀알의 대부분으로 무게비로 약 83%를 차지한다.
② 전체 단백질의 약 90%를 구성하며 무게비에 대한 단백질 함량이 높다.
③ 회분 함량은 0.3% 정도로 낮은 편이다.
④ 무질소물은 다른 부위에 비하여 많은 편이다.

> **해설** 배유는 밀의 83%를 차지하고, 탄수화물 함량이 73% 정도이다.

정답 20 ②　21 ④　22 ②　23 ③　24 ③　25 ②

26 다음 중 계량한 활성 건조이스트(Active dry yeast)를 용해시키기에 적합한 물의 온도는?

① 0℃ ② 15℃ ③ 27℃ ④ 40℃

▸해설 활성 건조이스트를 용해시키기 적당한 물의 온도는 40~45℃이다.

27 튀김기름의 발연 현상과 관계가 깊은 것은?

① 유리지방산가 ② 크림가
③ 유화가 ④ 검화가

▸해설 유지의 발연점에 영향을 주는 요인들 - 유리지방산가의 함량, 노출된 유지의 표면적, 외부에서 들어온 미세한 입자상의 물질들로 산가가 높아지고 발연점은 낮아진다.

28 우유의 응고에 관여하고 있는 금속이온은?

① 마그네슘 ② 망간
③ 칼슘 ④ 구리

▸해설 칼슘은 우유 응고에 관여한다.

29 다음 설명 중 코팅용 초콜릿으로 가장 중요한 것을 바르게 설명한 것은?

① 맛이 좋은 것
② 융점이 항상 높은 것
③ 초콜릿 냄새가 강한 것
④ 융점이 겨울에는 낮고, 여름에는 높은 것

▸해설 코팅용 초콜릿은 템퍼링 작업없이도 언제든지 손쉽게 사용할 수 있으며 유동성이 좋다는 점이 가장 큰 장점이다.

30 제빵에서 소금의 역할 중 틀린 것은?

① 글루텐을 강화시킨다.
② 방부효과가 있다.
③ 빵의 내상을 희게 한다.
④ 맛을 조절한다.

▸해설 소금은 빵의 풍미를 높여주고, 발효의 속도를 늦춰주며, 글루텐을 강화시킨다.

31 제과에 많이 쓰이는 '럼주'는 무엇을 원료로 하여 만드는 술인가?

① 옥수수 전분 ② 포도당
③ 당밀 ④ 타피오카

▸해설 당밀은 사탕수수로부터 설탕을 생산하고 남은 시럽 상태의 물질로 럼주는 당밀을 발효하여 만든 술이다.

32 휘핑용 생크림에 대한 설명 중 잘못된 것은?

① 유지방 45% 이상의 진한 생크림이 원료이다.
② 기포성을 이용하여 만든다.
③ 유지방이 기포형성의 주체이다.
④ 거품의 품질유지를 위해 높은 온도에서 보관한다.

▸해설 생크림을 안정된 상태로 포립하려면 유지방의 지방구가 적당한 경도를 갖고 단단히 응집할 수 있는 10℃ 이하의 온도가 좋으며, 15℃ 이상에서 저장한 크림은 다시 냉각하여 포립하여도 좋은 상태의 거품이 되지 않는다.

정답 26 ④ 27 ① 28 ③ 29 ④ 30 ③ 31 ③ 32 ④

33 빵 반죽이 발효되는 동안 이스트는 무엇을 생성하는가?

① 물, 초산   ② 산소, 아데히드
③ 수소, 젖산   ④ 탄산가스, 알코올

> 해설   이스트는 발효하며 이산화탄소와 알코올, 열, 유기산 등을 생성한다.

34 과자와 빵에서 우유가 미치는 영향 중 틀린 것은?

① 영양강화이다.
② 보습력이 없어서 쉽게 노화된다.
③ 겉껍질 색깔을 진하게 한다.
④ 이스트에 의해 생성된 향을 착향시킨다.

> 해설   우유는 수분보습제의 역할을 하며 노화를 방지하는 역할을 한다. 제빵에서 우유의 1차적인 목적은 영양강화와 단맛의 조정이고, 2차적인 목적은 껍질색 개선, 발효향의 강화, 식미기간의 연장 즉, 수분보습제로서 노화를 지연시키는 역할을 한다.

35 단백질 함량이 2% 증가된 밀가루를 사용 시 흡수율의 변화는?

① 2% 감소   ② 1.5% 증가
③ 3% 증가   ④ 4.5% 증가

> 해설   단백질 1% 증가 시 흡수율 1.5~2%의 증가를 보인다.

36 시유에 들어 있는 탄수화물 중 가장 많은 것은?

① 포도당   ② 과당
③ 맥아당   ④ 유당

> 해설   유당은 우유 중의 당으로 이당류이다.

37 연수는 물속에 용해된 광물질의 함량이 적은 것이다. 연수의 광물질 함량 범위는?

① 181~220ppm   ② 121~180ppm
③ 90~1202ppm   ④ 0~60ppm

> 해설   연수는 60ppm 이하의 광물질을 함유하고 있다.

38 알파화 된 전분을 실온에 방치하면 침전이 생기며 결정이 규칙성을 나타내게 된다. 이와 같은 현상은?

① 전분의 호화   ② 전분의 노화
③ 전분의 유화   ④ 전분의 교질화

> 해설   노화는 시간이 지난 빵에서 일어나는 물리적·화학적 변화로 제품의 맛, 향기가 감소되며 껍질은 질겨지고 조직은 딱딱해지는 현상이다.

39 라드는 돼지의 지방조직으로부터 분리해 정제한 지방으로 제과·제빵 재료로서의 가장 중요한 기능은?

① 유화성   ② 쇼트닝성
③ 크림성   ④ 무색, 무취

> 해설   라드는 가소성 범위가 비교적 넓고 부드러움과 바삭바삭한 식감을 주는 쇼트닝성과 독특한 풍미를 갖고 있기 때문에 빵, 과자 등에 이용되고 있다.

정답   33 ④   34 ②   35 ③   36 ④   37 ④   38 ②   39 ②

40 젖은 글루텐 중의 단백질 함량이 26.4% 라면 건조 글루텐에서 단백질 함량이 몇 %인가?

① 80% ② 53%
③ 26% ④ 9%

• 해설 (26.4 ÷ 33) × 100 = 80%

41 달걀 성분 중 마요네즈에 이용되는 것은?

① 글루텐 ② 레시틴
③ 카제인 ④ 모노글리세리드

• 해설 달걀 노른자의 레시틴이 유화작용을 한다.

42 다음 당류 중 물에 잘 녹지 않는 것은?

① 과당 ② 유당
③ 포도당 ④ 맥아당

• 해설 유당은 물에 잘 녹지 않는다.

43 젤리를 제조하는데 당분 60~65%, 펙틴 1.0~1.5% 일 때 젤리화 시킬 수 있는 가장 적당한 pH는 어느 것인가?

① pH 1.0 ② pH 3.5
③ pH 7.8 ④ pH 10.0

• 해설 펙틴은 젤 형성능력이 클수록 품질이 좋다. 최적 pH 3.2 전후에서 65%의 당농도일 때 젤 형성능력이 좋다.

44 아밀로펙틴만으로 구성된 것은?

① 옥수수 전분 ② 찹쌀 전분
③ 멥쌀 전분 ④ 감자 전분

• 해설 찹쌀과 찰옥수수는 100% 아밀로펙틴만으로 이루어졌다.

45 튀김기름으로 가장 좋은 것은?

① 낙화생유 ② 올리브유
③ 라드 ④ 면실유

• 해설 튀김기름으로 사용할 유지의 가장 중요한 기능은 발연점이 높아야 된다는 것으로, 낙화생유는 162, 올리브유는 175, 라드는 194, 면실유는 233으로 면실유가 가장 높다.

46 다음 혼성주 중 오렌지 껍질이나 향이 들어 있지 않은 것은?

① 그랑 마르니에(Grand Marnier)
② 마라스키노(Maraschino)
③ 쿠앵트로(Cointreau)
④ 큐라소(Curacao)

• 해설 마라스키노는 이탈리아와 유고의 국경지대에서 많이 생산되는 마라스키종의 체리를 사용한 것이다.

47 밀알의 구조를 설명한 것 중 가장 맞는 것은?

① 배아(2~3%), 내배유(70%), 껍질(27~28%)
② 배아(10%), 내배유(60%), 껍질(30%)
③ 배아(6%), 내배유(80%), 껍질(14%)
④ 배아(3%), 내배유(83%), 껍질(14%)

정답 40 ① 41 ② 42 ② 43 ② 44 ② 45 ④ 46 ② 47 ④

48 우유에 대한 설명 중 가장 옳은 것은?

① 시유의 비중은 물보다 낮다.
② 시유의 고형분은 30% 정도이다.
③ 시유의 특징적인 이당류는 유당이다.
④ 시유의 지방 함량은 50% 이상이다.

> 해설 시유의 비중은 물보다 무거운 1.028~1.034이며, 고형분은 12%, 지방은 3~5% 정도이다.

49 달걀이 오래되면 어떠한 현상이 나타나는가?

① 비중이 무거워진다.
② 점도가 감소한다.
③ pH가 떨어져 산패된다.
④ 껍질이 두꺼워진다.

> 해설 달걀이 오래되면 흰자가 수양화되어 점도가 감소한다.

50 다음의 아미노산 중에서 황과 황이 결합(S-S결합)된 형태로 된 것은?

① 로이신(Leucine)
② 라이신((Lysine)
③ 시스틴(Cystine)
④ 트립토판(Tryptophan)

> 해설 시스테인의 -SH기는 산화되어 시스틴의 S-S결합을 형성한다. 시스틴의 S-S결합은 반죽의 경도에 영향을 주며, 이 결합에 의하여 반죽의 흐름성이 감소된다.

51 식빵에 있어 적당한 CO_2를 생산하는데 필요한 설탕의 적정 사용량은?

① 약 4% ② 약 10%
③ 약 15% ④ 약 23%

> 해설 설탕이 4%일 때 이스트의 먹이로 쓰여 CO_2 생산을 가장 많이 할 수 있는 농도이다.

52 초콜릿의 맛을 크게 좌우하는 가장 중요한 요인은?

① 카카오버터 ② 카카오단백질
③ 코팅기술 ④ 코코아껍질

> 해설 카카오버터는 방향 성분을 함유하고 초콜릿 특유의 부드러운 촉감, 풍미 등의 품질에 영향을 미치는 성분으로 중요하다.

53 전분을 덱스트린(Dextrin)으로 변화시키는 효소는?

① β-아밀라아제 ② α-아밀라아제
③ 말타아제 ④ 치마아제

> 해설 전분을 α-아밀라아제가 분해시키면 덱스트린이 되고 β-아밀라아제가 분해시키면 맥아당이 된다.

정답 48 ③ 49 ② 50 ③ 51 ① 52 ① 53 ②

54 다음은 분말 달걀과 생란을 사용할 때의 장단점이다. 옳은 것은?

① 생란은 취급이 용이하고, 영양가 파괴가 적다.
② 생란이 영양은 우수하나, 분말 달걀보다 공기 포집력이 떨어진다.
③ 분말 달걀이 생란보다 저장면적이 커진다.
④ 분말 달걀은 취급이 용이한, 생란에 비해 공기포집력이 떨어진다.

◆해설 분말 달걀은 생란에 비해 영양가 파괴가 많고 공기 포집력이 떨어진다.

55 다음 마가린 중에서 가소성이 가장 적은 것은?

① 식탁용 마가린
② 케이크용 마가린
③ 롤인용 마가린
④ 퍼프 페이스트리용 마가린

◆해설 가소성은 자신의 모양을 유지하려는 성질이다.

56 캔디의 재결정을 막기 위해 사용되는 원료가 아닌 것은?

① 물엿　　② 과당
③ 설탕　　④ 전화당

◆해설 설탕은 재결정을 촉진하는 재료이다.

57 생달걀을 분말 달걀로 대체하고자 한다. 생달걀(수분 72%) 25kg을 분말 달걀(수분 4%)로 대체하려면 분말 달걀이 얼마나 필요한가?

① 6.7kg　　② 6.9kg
③ 7.1kg　　④ 7.3kg

◆해설 생달걀 25kg 중 수분이 72%, 고형분이 28%이다.
25 × 0.28 = 7kg

58 잎을 건조시켜 만든 향신료는?

① 계피　　② 넛메그
③ 메이스　　④ 오레가노

◆해설 계피는 나무껍질, 넛메그와 메이스는 육두구 열매로 만들어지는 향신료이다.

59 데니시 페이스트리에 사용하는 유지에서 가장 중요한 성질은?

① 유화성　　② 가소성
③ 안정성　　④ 크림성

60 찜류 제품에 사용되는 팽창제의 특성으로 알맞은 것은?

① 지속성　　② 속효성
③ 지효성　　④ 이중팽창

◆해설 속효성은 팽창의 효과가 온도반응에 빠르게 나타나는 성질이다.

정답 54 ④　55 ①　56 ③　57 ④　58 ④　59 ②　60 ②

Chapter 02 재료·영양학 종합문제

61 머랭을 만드는데 1kg의 흰자가 필요하다면 껍질을 포함한 평균무게가 60kg인 달걀은 약 몇 개가 필요한가?

① 20개　　② 24개
③ 28개　　④ 32개

▶ 해설　달걀 60g 중 노른자는 30%(18g), 흰자 60%(36g) 이므로 1000÷36=28

62 생이스트의 고형분 함량으로 가장 적당한 것은?

① 10~20%　　② 30~35%
③ 40~50%　　④ 60~80%

▶ 해설　이스트의 수분함량은 65~70%이고, 고형분은 35~30%이다.

63 분당을 제조할 때 전분을 첨가하는 이유는?

① 용해도를 증가시키기 위함
② 감미도를 높이기 위함
③ 고형화를 방지하기 위함
④ 수율을 증가시키기 위함

▶ 해설　전분은 부형제로서 흡습성을 억제하여 덩어리지는 것을 방지한다.

64 경화유를 올바르게 설명한 것은?

① 유지를 가수분해시킨 것이다.
② 유지에 유화제를 첨가한 것을 말한다.
③ 유지에 수소를 첨가한 것을 말한다.
④ 유지를 산화시킨 것이다.

▶ 해설　불포화지방산의 이중결합에 수소를 첨가하면 불포화도가 감소하여 유지의 경도와 작업성이 개선되는 것을 경화라고 한다.

65 퐁당 아이싱의 끈적거림을 배제하는 방법으로 잘못된 것은?

① 아이싱에 최소의 액체를 사용한다.
② 안정제(한천 등)를 사용한다.
③ 흡수제(전분 등)를 사용한다.
④ 케이크 온도가 높을 때 사용한다.

▶ 해설　케이크 온도가 높으면 아이싱이 더 끈적거린다.

66 식물의 열매로부터 채취되는 천연 향신료가 아닌 것은?

① 레몬　　② 코코아
③ 바닐라　　④ 시나몬

▶ 해설　시나몬은 계피로 육계나무의 껍질로 만든다.

정답　61 ③　62 ②　63 ③　64 ③　65 ④　66 ④

67 반죽에서 이스트를 2.5% 사용하였다면 냉동반죽에서의 이스트 사용량은?

① 1.5% ② 2.5%
③ 5%   ④ 10%

◆해설 냉동반죽에서는 활력이 감소하는 것을 감안하여 이스트의 사용량을 보통 2배로 한다.

68 달걀의 난황계수를 측정한 결과가 다음과 같을 때 가장 신선하지 않은 것은?

① 0.1 ② 0.2
③ 0.3 ④ 0.4

◆해설 난황계수가 낮을수록 신선하지 않은 것이다.

69 산화제를 사용하면 −SH기가 S−S결합으로 바뀌게 되는데 다음 중 이 반응과 관계가 깊은 것은?

① 밀가루의 단백질 ② 밀가루의 전분
③ 고구마의 수분   ④ 감자의 지방

◆해설 S−S결합은 밀가루 단백질의 구성단위인 아미노산의 배열형태이며, 글루텐의 구조를 강하게 하는 결합이다.

70 휘핑크림과 아이스크림믹스의 유화 안정을 위한 안정제와 거리가 먼 것은?

① 가티검   ② 구아검
③ 로카스트빈 검 ④ 잔탄검

◆해설 가티검은 설탕의 재결정성을 방지하기 위해 쓰인다.

71 지용성 비타민의 특징이 아닌 것은?

① 담즙의 도움을 받아 소장에서 흡수된다.
② 단기간에 급속히 중증의 결핍증이 나타난다.
③ 섭취과잉으로 인한 독성을 유발시킬 수 있다.
④ 지질과 함께 소화, 흡수되어 이용된다.

◆해설 지용성 비타민의 결핍증은 서서히 일어난다.

72 우유의 칼슘 흡수를 방해하는 인자는?

① 비타민 C ② 인
③ 유당   ④ 포도당

◆해설 옥실산과 인은 칼슘 흡수를 방해한다.

73 포화지방산과 불포화지방산에 대한 설명 중 옳은 것은?

① 포화지방산은 이중결합을 함유하고 있다.
② 포화지방산은 수소첨가에 따라 불포화될 수 있다.
③ 코코넛 기름에는 불포화지방산이 더 높은 비율로 들어 있다.
④ 식물성 유지에는 불포화지방산이 더 높은 비율로 들어 있다.

정답 67 ③ 68 ① 69 ① 70 ① 71 ② 72 ② 73 ④

74 동물의 가죽이나 뼈 등에서 추출하며 안정제나 제과 원료로 사용되는 것은?

① 젤라틴 ② 한천
③ 펙틴   ④ 카라기난

해설 젤라틴은 동물의 껍질이나 연골조직의 콜라겐을 정제한 것이다.

75 무기질에 대한 설명으로 틀린 것은?

① 황(S)은 당질 대사에 중요하며 혈액을 알칼리성으로 유지시킨다.
② 칼슘(Ca)은 주로 골격과 치아를 구성하고 혈액응고작용을 돕는다.
③ 나트륨(Na)은 주로 세포 외 액에 들어있고 삼투압 유지에 관여한다.
④ 요오드(I)는 갑상선호르몬의 주성분으로 결핍되면 갑상선종을 일으킨다.

해설 아연은 당질대사에 중요하며 알칼리성으로 유지시킨다.

76 다음 무기질 중 결핍되면 갑상선 이상을 나타내는 것은?

① 불소(F)   ② 철(Fe)
③ 구리(Cu) ④ 요오드(I)

해설 요오드는 갑상선 호르몬의 구성성분이 되고 유즙 분비, 지능발달, 성장을 돕는다.

77 다음 중 수용성 비타민은?

① 비타민 B_1 ② 비타민 A
③ 비타민 D   ④ 비타민 E

해설 수용성 비타민은 물에 잘 용해되는 비타민으로 비타민 B_1, 비타민 B_2, 비타민 B_6, 비타민 B_{12}, 비타민 C가 있다.

78 콜레스테롤이 함유되어 있는 식품은?

① 옥수수유 ② 대두유
③ 들기름   ④ 라드

해설 라드는 돼지의 지방조직을 분리해서 정제한 지방으로 보존성이 떨어지고 불일정하다.

79 단백질의 가장 중요한 기능을 설명한 것은?

① 효소의 보조 효소
② 골격과 치아조직의 형성
③ 신경의 자극전달
④ 체조직 합성

해설 단백질의 가장 중요한 기능은 체조직 합성이다.

80 카제인은 다음 중 어디에 속하는가?

① 단순 단백질 ② 당 단백질
③ 인 단백질   ④ 색소 단백질

해설 카제인은 인 단백질이다.

| 정답 | 74 ① | 75 ① | 76 ④ | 77 ① | 78 ④ | 79 ④ | 80 ③ |

81 지방의 구성은?

① 아미노산으로 되어 있다.
② 포도당과 지방산으로 되어 있다.
③ 지방산과 글리세롤로 되어 있다.
④ 탄소와 질소로 되어 있다.

• 해설   지방은 지방산과 글리세롤로 구성되어 있다.

82 열량 섭취량을 2500Kcal 내외로 했을 때 이상적인 1일 지방 섭취량은?

① 약 10~20g   ② 약 40~50g
③ 약 70~80g   ④ 약 90~100g

• 해설   지방의 1일 섭취량은 40~50g이다.

83 다음 중 필수지방산이 아닌 것은?

① 스테아린산   ② 리놀렌산
③ 리놀레산   ④ 아라키돈산

• 해설   스테아린산은 포화지방산이다.

84 다음 중 필수아미노산으로 짝지어진 것이 아닌 것은?

① 이소류신, 히스티딘
② 메티오닌, 페닐알라닌
③ 트립토판, 발린
④ 트레오닌, 글루타민

• 해설   필수아미노산 – 트립토판, 류신, 이소류신, 라이신, 트레오닌, 발린, 페닐알라닌, 메티오닌, 히스티딘

85 체내에서 단백질의 역할이 아닌 것은?

① 항체형성   ② 체조직의 구성
③ 지용성 비타민 운반   ④ 호르몬 형성

• 해설   지용성 비타민의 운반은 지방이 한다.

86 성장 촉진 작용을 하며 피부나 점막을 보호하고 부족하면 구각염이나 설염을 유발시키는 비타민은?

① 비타민 A   ② 비타민 B_1
③ 비타민 B_2 ④ 비타민 B_{12}

• 해설   비타민 A가 부족하면 야맹증, 비타민 B_1이 부족하면 각기병, 비타민 B_{12}가 부족하면 악성빈혈이 발행한다.

87 인체 내에서 물의 기능이 아닌 것은?

① 영양소와 노폐물을 운반한다.
② 에너지를 공급한다.
③ 대사과정을 촉매한다.
④ 체온을 조절한다.

• 해설   탄수화물, 단백질, 지방은 인체에 에너지를 제공한다.

88 혈당을 조절하는 호르몬이 아닌 것은?

① 인슐린   ② 아드레날린
③ 안드로겐   ④ 글루카곤

• 해설   안드로겐은 남성호르몬이다.

정답 81 ③   82 ②   83 ①   84 ④   85 ③   86 ③   87 ②   88 ③

89 비타민 K와 관계있는 것은?

① 근육 긴장　② 혈액 응고
③ 자극 전달　④ 노화 방지

●해설● 칼슘과 비타민 K는 혈액응고에 관여한다.

90 나이아신의 결핍증으로 대표적인 질병은?

① 야맹증　② 신장병
③ 펠라그라　④ 괴혈병

●해설● 펠라그라는 비타민 B_3(나이아신)의 결핍으로 생기며 피부가 암갈색으로 변하여 벗겨지고 정신착란, 불안, 설사 등을 유발한다.

91 아미노산의 성질에 대한 설명 중 맞는 것은?

① 모든 아미노산은 선광성을 갖는다.
② 아미노산은 융점이 낮아서 액상이 많다.
③ 아미노산은 종류에 따라 등전점이 다르다.
④ 천연 단백질을 구성하는 아미노산은 주로 D형이다.

●해설● 단백질을 용해시키는 용매의 (+), (−) 전하량이 동일해져 단백질이 중성이 되는 pH의 시기를 등전점이라 한다.

92 뇌신경계와 적혈구의 주 에너지원인 것은?

① 유당　② 포도당
③ 맥아당　④ 과당

●해설● 포도당은 뇌신경계와 적혈구의 주 에너지원이다.

93 혈액응고와 관계되는 무기질과 비타민으로 맞게 짝지어진 것은?

① 칼슘 − 비타민 C
② 칼슘 − 비타민 K
③ 칼륨 − 비타민 A
④ 칼슘 − 비타민 B_6

●해설● 칼슘과 비타민 K는 혈액을 응고시킨다.

94 뼈를 구성하는 무기질 중 그 비율이 가장 중요한 것은?

① P : Cu　② Fe : Mg
③ Ca : P　④ K : Mg

●해설● 칼슘과 인은 뼈와 치아의 형성에 중요한 역할을 한다.

95 쇠고기 뼈와 고기로 국물을 끓였을 때 국물에 들어 있지 않는 영양소는?

① 칼슘　② 비타민 C
③ 무기질　④ 단백질

●해설● 비타민 C는 채소나 과일 등에 많이 들어 있는 영양소이다.

96 담즙산의 설명으로 틀린 것은?

① 콜레스테롤의 최종 대사산물
② 간장에서 합성
③ 지방의 유화작용
④ 수용성 비타민의 흡수에 관계

●해설● 담즙산은 지용성 비타민 흡수와 관계있다.

정답　89 ②　90 ③　91 ③　92 ②　93 ②　94 ③　95 ②　96 ④

97 유당불내증의 원인은?

① 대사과정 중 비타민 B군의 부족
② 변질된 유당의 섭취
③ 우유 섭취량의 절대적인 부족
④ 소화액 중 락타아제의 결여

• 해설 유당불내증 : 우유 중의 유당을 소화하지 못해 발생하는 증상

98 소화기관에 대한 설명으로 틀린 것은?

① 위는 강알칼리의 위액을 분비한다.
② 이자(췌장)는 당대사호르몬의 내분비선이다.
③ 소장은 영양분을 소화·흡수한다.
④ 대장은 수분을 흡수하는 역할을 한다.

• 해설 위는 염산이 분비된다.

99 신선한 우유의 평균 pH는?

① 12.8   ② 10.8
③ 6.8   ④ 3.8

• 해설 pH 6.5~6.8이 신선한 우유이다.

100 세계보건기구(WHO)는 성인의 경우 하루 섭취열량 중 트랜스지방의 섭취를 몇% 이하로 권고하고 있는가?

① 0.5%   ② 1%
③ 2%   ④ 3%

• 해설 세계보건기구(WHO)는 성인의 경우 하루 섭취열량 중 트랜스지방의 섭취를 1% 이하로 권고하고 있다.

정답   97 ④   98 ①   99 ③   100 ②

Chapter 03
식품위생관리 종합문제

식품위생관리

01 식품의 부패에 관여하는 인자가 아닌 것은?

① 대기압 ② 온도
③ 습도   ④ 산소

• 해설 식품의 부패에 관여하는 인자는 온도, 습도, 산소이다.

02 식기나 기구의 오용으로 구토, 경련, 설사, 골연화증의 증상을 일으키며 이타이이타이병의 원인이 되는 유해성 금속물질은?

① 비소(As)   ② 아연(Zn)
③ 카드뮴(Cd)   ④ 수은(Hg)

• 해설 이타이이타이병은 각종 식기, 기구에 도금되어 있는 카드뮴이 용출되어 중독된다. 중독되면 신장장애, 골연화증 등의 증상이 발생한다.

03 식품중의 미생물 수를 줄이기 위한 방법으로 가장 부적당한 것은?

① 방사선 조사 ② 냉장
③ 열탕   ④ 자외선 처리

• 해설 냉장은 세균의 수를 줄이는 방법이 아니라 증식을 억제하는 방법이다.

04 경구 감염병의 예방법으로 가장 부적당한 것은?

① 모든 식품은 일광소독한다.
② 감염원이나 오염물을 소독한다.
③ 보균자의 식품취급을 금한다.
④ 주위환경을 청결히 한다.

• 해설 경구 감염병을 예방하기 위해서는 조리자의 손을 청결히 하는 것이 중요하다.

05 식중독균 등 미생물의 성장을 조절하기 위해 사용하는 저장방법과 그 예의 연결이 틀린 것은?

① 산소제거 – 진공포장 햄
② pH조절 – 오이피클
③ 온도 조절 – 냉동 생선
④ 수분활성도 저하 – 상온 보관 우유

• 해설 수분활성도가 낮으면 미생물의 번식력이 낮고, 상온 보관 우유는 쉽게 변질된다.

06 보존료의 이상적인 조건과 거리가 먼 것은?

① 독성이 없거나 매우 적을 것
② 저렴한 가격일 것
③ 사용방법이 간편할 것
④ 다량으로 효력이 있을 것

• 해설 미량으로 효력이 있어야 한다.

정답 01 ① 02 ③ 03 ② 04 ① 05 ④ 06 ④

Chapter 03 식품위생관리 종합문제

07 질병 발생의 3대 요소가 아닌 것은?

① 병인   ② 환경
③ 숙주   ④ 항생제

• 해설 병인, 환경, 숙주가 질병 발생의 3대 요소이다.

08 식품 중에 자연적으로 생산되는 천연 유독성분에 대한 설명이 잘못된 것은?

① 아몬드, 살구씨, 복숭아씨 등에는 아미그달린이라는 천연의 유독성분이 존재한다.
② 천연 유독성분 중에는 사람에게 발암성, 돌연변이, 기형유발성, 알레르기성, 영양장애 및 급성중독을 일으키는 것들이 있다.
③ 유독성분의 생성량은 동·식물체가 생육하는 계절과 환경 등에 따라 영향을 받는다.
④ 천연의 유독성분들은 모두 열에 불안정하여 100℃로 가열하면 독성이 분해되므로 인체에 무해하다.

• 해설 독소형은 100℃로 가열해도 사라지지 않는다.

09 유지의 산패 원인이 아닌 것은?

① 고온으로 가열한다.
② 햇빛이 잘 드는 곳에 보관한다.
③ 토코페롤을 첨가한다.
④ 수분이 많은 식품을 넣고 튀긴다.

• 해설 산패는 지방이 산화되어 변색, 악취가 일어나는 현상이다.

10 식품위생의 대상과 가장 거리가 먼 것은?

① 영양 결핍증 환자
② 세균성 식중독
③ 농약에 의한 식품오염
④ 방사능에 의한 식품오염

• 해설 식품의 위생은 식품으로 인해 위생상 위해 사고를 방지하기 위해 실시한다.

11 식품에 세균이 오염되어 증식 시 이들이 생성한 유독 물질에 의해 발생되는 생리적 이상 현상은?

① 감염형 세균성 식중독
② 독소형 세균성 식중독
③ 화학적 식중독
④ 동물성 식중독

• 해설 독소형 세균성 식중독 – 보툴리누스균 식중독, 포도상구균 식중독

12 독소형 식중독은 체외 독소에 의하여 일어나게 됩니다. 보툴리누스 식중독균이 생성하는 독소는?

① 엔테로톡신   ② 엔도톡신
③ 뉴로톡신   ④ 테트로도톡신

• 해설 보툴리누스 식중독균이 생성하는 독소인 뉴로톡신은 열에 약하다.

정답 07 ④   08 ④   09 ③   10 ①   11 ②   12 ③

13 식품 첨가물 중 표백제가 아닌 것은?

① 소르빈산칼륨
② 과산화수소
③ 산성아황산나트륨
④ 치아황산나트륨

•해설 소르빈산칼륨은 보존료이다.

14 알레르기성 식중독의 주된 원인 식품은?

① 오징어　② 꽁치
③ 갈치　④ 광어

•해설 알레르기성 식중독은 세균의 효소작용에 의해 유독 물질로 발생되는 식중독이다.

15 다음 중 독소형 식중독균은?

① 아리조나균
② 살모넬라균
③ 장염비브리오균
④ 보툴리누스균

•해설 포도상구균, 보툴리누스균, 웰치균 등은 독소형 식중독이다.

16 미생물이 성장하는데 필수적으로 필요한 요인이 아닌 것은?

① 적당한 온도　② 적당한 햇빛
③ 적당한 수분　④ 적당한 영양소

•해설 온도, 수분, 영양소는 미생물이 성장하는데 필수적 요소이다.

17 원인균은 바실러스 안트라시스이며, 수육을 조리하지 않고 섭취하였거나 피부상처 부위로 감염되기 쉬운 인축공통감염병은?

① 야토병　② 탄저병
③ 브루셀라병　④ 돈단독

18 다음 전염병 중 쥐를 매개체로 전염되는 질병이 아닌 것은?

① 돈단독증
② 쯔쯔가무시증
③ 신증후군출혈열(유행성출혈열)
④ 렙토스피라증

•해설 돈단독증은 돼지를 비롯한 소, 양 등 포유류를 매개로 하여 전염되는 경우가 많다.

19 요소수지 용기에서 이행될 수 있는 대표적인 유독 물질은?

① 에탄올　② 포름알데히드
③ 알루미늄　④ 주석

•해설 포름알데히드(포르말린)는 방부력이 강하고, 강한 독성이 있다.

20 다음 중 병원체가 바이러스인 질병은?

① 폴리오　② 결핵
③ 디프레이아　④ 성홍열

•해설 폴리오는 폴리오 바이러스에 의한 감염성 질환이다.

정답 13 ①　14 ②　15 ④　16 ②　17 ②　18 ①　19 ②　20 ①

21 대장균에 대하여 가장 바르게 설명한 것은?

① 분변 세균의 오염지표가 된다.
② 전염병을 일으킨다.
③ 독소형 식중독을 일으킨다.
④ 발효식품 제조에 유용한 세균이다.

• 해설 대장균은 사람과 동물의 대장 내에 분포되어 있는 균으로 분변의 오염지표가 된다.

22 쥐나 곤충류에 의해서 발생될 수 있는 식중독은?

① 살모넬라 식중독
② 클로스트리디움 보툴리늄 식중독
③ 포도상구균 식중독
④ 웰치균 식중독

• 해설 살모넬라 식중독은 쥐, 곤충에 의해 발생한다.

23 인축공통감염병 중 직접 우유에 의해 사람에게 감염되는 것은?

① 탄저   ② 결핵
③ 야토병   ④ 구제역

• 해설 결핵은 인축공통감염병으로 소에 의해 감염된다.

24 식품첨가물 중에서 보존제의 사용목적이 아닌 것은?

① 식품의 변질 방지
② 식품의 영양가 보존
③ 수분감소 방지
④ 신선도 유지

25 야채를 통해 감염되는 대표적인 기생충은?

① 광절열두조충   ② 선모충
③ 회충   ④ 폐흡충

• 해설 회충은 파리, 바퀴벌레 등에 의해 야채에 오염되어 경구침입한다.

26 해수세균의 일종으로 식염농도 3%에서 잘 생육하며 어패류를 생식할 경우 중독 발생이 쉬운 균은?

① 보툴리누스균
② 장염비브리오균
③ 웰치균
④ 살모넬라균

27 유해금속을 사용한 통조림용 관에서 주로 용출되는 유해성 금속 물질은?

① 요소, 왁스   ② 납, 주석
③ 카드뮴, 크롬   ④ 수은, 유황

• 해설 금속제 용기에서는 납과 주석 검출에 유의해야 한다.

정답 21 ① 22 ① 23 ② 24 ③ 25 ③ 26 ② 27 ②

28 경구 감염병과 비교할 때, 세균성 식중독의 특징인 것은?

① 2차 감염이 자주 발생한다.
② 미량이 균량이라도 감염을 일으킨다.
③ 잠복기가 짧다.
④ 면역성이 있다.

해설 경구 감염병은 세균성 식중독에 비해 잠복기가 길다.

29 산양, 양, 돼지, 소에게 감염되면 유산을 일으키고, 주 증상은 발열로 고열이 2~3주 주기적으로 일어나는 인축공통감염병은?

① 광우병
② 광수병
③ 파상열
④ 신증후군출혈열(유행성출혈열)

해설 인축공통감염병으로는 야토병, 탄저병, 결핵, 돈단독, 파상열 등이 있다.

30 아플라톡신을 생산하는 미생물은?

① 곰팡이   ② 바이러스
③ 효모   ④ 세균

해설 아플라톡신은 땅콩에 번식하는 곰팡이다.

31 유해성 감미료는?

① 물엿   ② 설탕
③ 사이클라메이트   ④ 아스파탐

해설 사이클라메이트, 술신, 톨루이딘, 페릴라틴은 유해성 감미료이다.

32 목화씨 속에 함유될 수 있는 독성분은?

① 아트로핀   ② 리시닌
③ 고시폴   ④ 아코니틴

해설 고시풀은 면실유가 잘못 정제되었을 때 남는 독소이다.

33 바이러스에 의해 일어나는 질병은?

① 유행성간염   ② 브루셀라병
③ 발진티푸스   ④ 탄저병

해설 유행성간염은 바이러스로 인해 발생하는 질병이다.

34 파리의 전파와 관계가 먼 질병은?

① 장티푸스   ② 콜레라
③ 이질   ④ 진균독증

해설 파리에 의한 질병 – 장티푸스, 이질, 콜레라, 파라티푸스

35 식중독 발생 시 조치 사항중 잘못된 것은?

① 환자의 상태를 메모한다.
② 보건소에 신고한다.
③ 식중독 의심이 있는 환자는 의사의 진단을 받게 한다.
④ 환자가 먹던 음식물은 발견 즉시 전부 버린다.

해설 역학조사를 위해 환자가 먹던 음식물은 보관하여야 한다.

정답 28 ③ 29 ③ 30 ① 31 ③ 32 ③ 33 ① 34 ④ 35 ④

36 1970년 일본 가네미에서 발생한 미강유사건(쌀겨 기름사건)의 원인물질은 무엇인가?

① 피시비(PCB) ② 카드뮴(Cd)
③ 납(Pb) ④ 유기수은제

37 폐디스토마의 제1중간 숙주는?

① 돼지고기 ② 쇠고기
③ 참붕어 ④ 다슬기

> 해설 폐디스토마의 감염경로는 유충 – 제1중간숙주 – 제2중간숙주 – 사람의 생식이다. 이중 제1중간숙주는 다슬기이다.

38 발효가 부패와 다른 점은?

① 생산물을 식용으로 할 수 있다.
② 가스가 발생한다.
③ 미생물이 작용한다.
④ 성분의 변화가 일어난다.

> 해설 발효는 우리 몸에 유익한 발효산물을 생성하므로 식용이 가능하다.

39 법정 제1급 감염병에 해당하는 것은?

① 장출혈성대장균감염증
② 신종인플루엔자
③ 한센병
④ 결핵

> 해설 신종인플루엔자는 법정 제1급 감염병(17종)이며, 장출혈성대장균감염증, 한센병, 결핵은 법정 제2급 감염병(21종)이다.

40 오염된 우유를 먹었을 때 발생할 수 있는 인수공통감염병이 아닌 것은?

① 파상열 ② 결핵
③ Q-열 ④ 야토병

> 해설 야토병은 사람과 산토끼에 공통으로 발생하는 감염병이다.

41 식품첨가물의 규격과 사용기준을 정하는 자는?

① 식품의약품안전청장
② 국립보건원장
③ 시·도 보건연구소장
④ 시·군 보건소장

> 해설 식품첨가물의 규격과 사용기준은 식품의약품안전청장이 정한다.

42 살균이 불충분한 육류 통조림으로 인해 식중독이 발생했을 경우 가장 관련이 깊은 식중독균은?

① 살모넬라균
② 시겔라균
③ 황색포도상구균
④ 보툴리누스균

> 해설 보툴리누스균은 육류통조림, 소시지, 햄 등과 관련있다.

정답 36 ① 37 ④ 38 ① 39 ② 40 ④ 41 ① 42 ④

43 미생물의 일반적 성질에 대한 설명으로 옳은 것은?

① 세균은 주로 출아법으로 그 수를 늘리며 술 제조에 많이 사용된다.
② 효모는 주로 분열법으로 그 수를 늘리며 식품 부패에 가장 많이 관여하는 미생물이다.
③ 곰팡이는 주로 포자에 의하여 그 수를 늘리며 빵, 밥 등의 부패에 관여하는 미생물이다.
④ 바이러스는 주로 출아법으로 그 수를 늘리며 스스로 필요한 영양분을 합성한다.

●해설 세균은 분열법, 효모는 출아법, 바이러스는 복제로 수를 늘린다.

44 화농성 지병이 있는 사람이 만든 제품을 먹고 식중독을 일으켰다면 가장 관계가 깊은 원인 균은?

① 장염비브리오균   ② 살모넬라균
③ 보툴리누스균   ④ 황색포도상구균

●해설 황색포도상구균은 식품에서 엔테로톡신이라는 독소를 만드는데 이 독소로 식중독이 발생한다.

45 대장균 O-157이 내는 독성물질은?

① 베로톡신   ② 테트로도톡신
③ 삭시톡신   ④ 베네루핀

●해설 O-157균이 내는 독성물질은 베로톡신이다.

46 HACCP에 대한 설명 중 틀린 것은?

① 식품위생의 수준을 향상시킬 수 있다.
② 원료부터 유통의 전 과정에 대한 관리이다.
③ 종합적인 위생관리체계이다.
④ 사후처리의 완벽을 추구한다.

●해설 HACCP은 사전예방적인 위생관리시스템이다.

47 외부가치 7100만원, 생산가치 3000만원, 인건비 1400만원인 경우 노동분배율은 약 얼마인가?

① 20%   ② 42%
③ 47%   ④ 23%

●해설 노동분배율 = 인건비 ÷ 생산가치 × 100

48 제품을 생산하는데 생산 원가요소는?

① 재료비, 노무비, 경비
② 재료비, 용역비, 감가상각비
③ 판매비, 노동비, 월급
④ 광열비, 월급, 생산비

49 생산관리의 3요소가 아닌 것은?

① 사람(Man)   ② 재료(Material)
③ 자금(Money)   ④ 기능(Function)

정답 43 ③ 44 ④ 45 ① 46 ④ 47 ③ 48 ① 49 ④

50 제빵 공장에서 3명의 작업자가 10시간에 식빵 400개, 케이크 50개, 모카빵 200개를 만들고 있다. 1시간에 직원 1인에게 지급되는 비용이 1000원이라 할 때, 평균적으로 제품의 개당 노무비는 약 얼마인가?

① 약 46원 ② 약 54원
③ 약 60원 ④ 약 73원

● 해설
- (3명×10시간×1000원) ÷ (400개+50개+200개)
- 3명의 10시간 노무비 = 1000×3 ×10 = 30,000원
- 제품 수 = 400+50+200 = 650개
- 개당 평균 노무비 = 30,000÷650 = 46.15

51 제품회전율을 계산하는 공식은?

① 순매출액 / (기초제품+기말제품) ÷ 2
② 총이익 / 매출액 × 100
③ 순매출액 / (기초원재료+기말원재료) ÷ 2
④ 고정비 / (단위당 판매가격÷변동비)

● 해설
- 제품회전율 = 순매출액 / 평균재고액
- 평균재고액 = (기초제품 + 기말제품) ÷ 2

52 1인당 생산가치는 생산가치를 무엇으로 나누어 계산하는가?

① 인원수 ② 시간
③ 임금 ④ 원재료비

● 해설 1인당 생산 가치 = 생산가치 / 인원

53 10명의 인원이 50초당 70개의 과자를 만들 때 7시간에는 몇 개를 생산하는가?

① 3,528개 ② 35,280개
③ 24,500개 ④ 245,000개

● 해설
7시간 = 3600초(1시간) × 7시간 = 25,200초
50초 : 70개 = 25,200초 : x
(70 × 25,200) ÷ (50 × x) = 35,280개

54 생산액이 2,000,000원, 외부가치가 1,000,000원, 생산가치가 500,000원, 인건비가 800,000원일 때 생산가치율은?

① 20% ② 25%
③ 35% ④ 40%

● 해설
생산가치율 = 생산가치 ÷ 생산금액 × 100
500,000 ÷ 2,000,000 × 100 = 25%

55 HACCP(위해요소중점관리기준) 적용업소의 기준에 따라 관리되는 사항에 대한 기록은 최소 몇 년 이상 보관하여야 하는가?

① 1년 ② 2년
③ 3년 ④ 4년

● 해설 특별히 지정 관리되는 사항이 아닌 경우를 제외하고는 문서보관은 최소 2년 이상은 보관한다.

정답 50 ① 51 ① 52 ① 53 ② 54 ② 55 ②

56 다음 중 HACCP 적용의 7가지 원칙에 해당하지 않는 것은?

① 위해요소분석
② HACCP 팀 구성
③ 한계기준설정
④ 기록유지 및 문서관리

> **해설**
> 1. 위해요소(HA)를 분석한다.
> 2. 중요 관리점(CCP)을 결정한다.
> 3. 중요관리점에 대한 한계기준(CL)을 결정한다.
> 4. 중요관리점에 대한 모니터링 방법을 결정한다.
> 5. 모니터링 결과 한계지군 이탈 시 개선조치(CA) 절차를 확립한다.
> 6. HACCP시스템의 효과적 시행여부 검증 절차를 확립한다.
> 7. 설정된 원칙과 적용에 대한 기록유지 및 문서화 절차를 확립한다.

57 위해요소중점관리기준(HACCP)을 식품별로 정하여 고시하는 자는?

① 보건복지부장관
② 식품의약품안전청장
③ 시장, 군수, 또는 구청장
④ 환경부장관

> **해설** 식품위생법 제48조 식품을 제조, 가공, 소분, 유통하는 영업자는 식품의약품안전청장이 식품별로 고시한 위해요소중점관리기준을 지켜야 한다.

58 식품위생법에서 식품 등의 공전은 누가 작성·보급 하는가?

① 보건복지부장관
② 식품의약품안전청장
③ 국립보건원장
④ 시, 도지사

> **해설** 식품위생법 제5장 제14조에 의하면 식품의약품안전청장은 식품 등의 공전을 작성·보급하도록 되어있다.

59 식품 또는 식품첨가물을 채취, 제조, 가공, 조리, 저장, 운반 또는 판매하는 직접 종사자들이 정기건강진단을 받아야 하는 주기는?

① 1회 / 월
② 1회 / 3개월
③ 1회 / 6개월
④ 1회 / 년

60 우리나라의 식품위생법에서 정하고 있는 내용이 아닌 것은?

① 건강기능식품의 검사
② 건강진단 및 위생교육
③ 조리사 및 영양사의 면허
④ 식중독에 관한

61 조리사는 식품위생 수준 및 자질의 향상을 위하여 몇 년마다 교육을 받아야 하는가?

① 1년
② 2년
③ 3년
④ 4년

> **해설** 식품위생법 제56조 1항–식품의약품안전처장은 식품위생 수준 및 자질의 향상을 위하여 필요한 경우 조리사와 영양사에게 교육을 받을 것을 명할 수 있다. 다만, 집단급식소에 종사하는 조리사와 영양사는 2년마다 교육을 받아야 한다.

정답 56 ② 57 ② 58 ② 59 ④ 60 ① 61 ②

62 개인위생에 대한 설명으로 적절하지 않은 것은?

① 손톱은 짧고 깨끗하게 하며 매니큐어는 손톱보호를 위해 발라도 된다.
② 제과·제빵을 제조할 때는 깨끗한 위생복과 위생모자, 앞치마를 착용한다.
③ 긴 머리카락이 흘러내리지 않도록 머리망을 이용해 머리를 단정하게 한다.
④ 작업 중에는 손목시계 팔찌 등의 장신구는 착용하지 않는다.

63 공장설비구성의 설명으로 적합하지 않은 것은?

① 공장시설 설비는 인간을 대상으로 하는 공학이다.
② 공장시설은 식품조리과정의 다양한 작업을 여러 조건에 따라 합리적으로 수행하기 위한 시설이다.
③ 설계디자인은 공간의 할당, 물리적 시설, 구조의 생김새, 설비가 갖춰진 작업장을 나타내 준다.
④ 각 시설은 그 시설이 제공하는 서비스의 형태에 기본적인 어떤 기능을 지니고 있지 않다.

64 작업장 설계에 있어 주의할 점이 아닌 것은?

① 가스를 사용하는 장소에는 환기시설을 갖춘다.
② 작업장 내의 여유 공간을 확보한다.
③ 종업원의 출입구와 손님용 출입구는 별도로 하여 재료의 반입은 종업원 출입구로 한다.
④ 작업장의 환기는 소형의 것을 여러 개 설치하는 것보다 대형의 환기장치 1개를 설치하는 것이 좋다.

65 식자재의 교차오염을 예방하기 위한 보관방법으로 잘못된 것은?

① 원재료와 완성품을 구분하여 보관
② 바닥과 벽으로부터 일정거리를 띄워 보관
③ 뚜껑이 있는 청결한 용기에 덮개를 덮어서 보관
④ 식자재와 비식자재를 함께 식품 창고에 보관

정답 62 ① 63 ④ 64 ④ 65 ④

66 미생물에 의한 오염을 최소화하기 위한 작업장 위생관리 방법으로 바람직하지 않은 것은?

① 소독액으로 벽, 바닥, 천장을 세척한다.
② 빵상자, 수송차량, 매장 진열대는 항상 온도를 높게 관리한다.
③ 깨끗하고 뚜껑이 있는 재료통을 사용한다.
④ 적절한 환기와 조명시설이 된 저장실에 재료를 보관한다.

67 생산공장시설의 효율적 배치에 대한 설명 중 적합하지 않은 것은?

① 작업용 바닥면적은 그 장소를 이용하는 사람들의 수에 따라 달라진다.
② 판매장소와 공장의 면적배분(판매 3 : 공장 1)의 비율로 구성되는 것이 바람직하다.
③ 공장의 소요면적은 주방설비의 설치면적과 기술자의 작업을 위한 공간면적으로 이루어진다.
④ 공장의 모든 업무가 효과적으로 진행되기 위한 기본은 주방의 위치와 규모에 대한 설계이다.

> **해설** 작업용 바닥 면적은 사람들의 수에 따라, 공장의 소요 면적은 주방 설비의 설치 면적과 기술자의 작업을 위한 공간 면적으로 이루어지며, 주방의 위치와 규모가 적당해야 업무에 효과가 있다.

정답 66 ② 67 ②

Part 03

실전모의고사

제과 CBT 기출예상문제 — 1회

01 도넛 글레이즈의 사용온도로 가장 적합한 것은?

① 49℃ ② 39℃
③ 29℃ ④ 19℃

● 해설 도넛의 글레이즈는 45~50℃가 좋다.

02 파운드 케이크를 구울 때 윗면이 자연적으로 터지는 경우가 아닌 것은?

① 굽기 시작 전에 증기를 분무할 때
② 반죽 내 수분이 불충분할 때
③ 설탕 입자가 용해되지 않고 남아 있을 때
④ 오븐 온도가 높아 껍질 형성이 너무 빠를 때

● 해설 〈구울 때 윗면이 터지는 원인〉
설탕이 다 녹지 않았거나, 높은 온도에서 구워 껍질이 빨리 생김. 반죽의 수분 부족. 팬닝 후 바로 굽지 않아 반죽의 표면이 마름.

03 제빵 공장에서 5인이 8시간 동안 파운드 케이크 500개, 롤 케이크 550개를 만들었다. 개당 제품의 노무비는 얼마인가? (단, 시간당 노무비는 4000원이다.)

① 132원 ② 142원
③ 152원 ④ 162원

● 해설
총 노무비는 5인 × 8시간 ×4,000원 = 160,000
총생산수량 = 500개 × 550개 = 1,050
160,000 ÷ 1,050 = 152.38

04 엔젤 푸드 케이크 제조 시 팬에 사용하는 이형제로 가장 적절한 것은?

① 라드 ② 밀가루
③ 쇼트닝 ④ 물

● 해설 이형제로 물을 사용하는 제품 : 엔젤 푸드 케이크, 시폰 케이크

05 케이크의 부피가 작아지는 원인에 해당하는 것은?

① 강력분을 사용한 경우
② 달걀 양이 많은 반죽의 경우
③ 크림성이 좋은 유지를 사용한 경우
④ 액체 재료가 적은 경우

● 해설 케이크는 단백질 함량이 작은 박력분을 사용한다.

06 찜을 이용한 제품에 사용되는 팽창제의 특성은?

① 이중팽창 ② 속효성
③ 지효성 ④ 지속성

정답   01 ①   02 ①   03 ③   04 ④   05 ①   06 ②

07 반죽형 케이크를 구웠더니 너무 가볍고 부서지는 현상이 나타났다. 그 원인이 아닌 것은?

① 반죽에 밀가루 양이 많았다.
② 반죽의 크림화가 지나쳤다.
③ 쇼트닝 사용량이 많았다.
④ 팽창제 사용량이 많았다.

◀해설▶ 반죽형 케이크의 특징은 밀가루가 달걀보다 많이 들어간다. 가볍고 부서지는 현상은 크림화, 유지의 기능이다.

08 커스터드 크림의 재료에 속하지 않은 것은?

① 설탕　　② 달걀
③ 우유　　④ 생크림

◀해설▶ 커스터드 크림은 달걀, 설탕, 전분, 박력분 등으로 섞어 80℃로 끓인 우유를 넣고 풀 같은 상태(호화)로 만든 크림이다.

09 쇼트브레드 쿠키의 성형 시 주의할 점이 아닌 것은?

① 반죽을 일정한 두께로 밀어 펴서 원형 또는 주름커터로 찍어낸다.
② 반죽의 휴지를 위해 성형 전에 냉동고에 동결시킨다.
③ 글루텐 형성방지를 위해 가볍게 뭉쳐서 밀어 편다.
④ 달걀 노른자를 바르고 조금 지난 뒤 포크로 무늬를 그려낸다.

◀해설▶ 쇼트브레드 쿠키는 다량의 버터, 설탕, 밀가루로 반죽을 하여 냉장휴지를 한 후 반죽을 일정한 두께로 밀어 펴서 틀로 찍는 형태의 쿠키로 식감은 부드럽고 바삭하다.

10 생크림에 대한 설명으로 옳지 않는 것은?

① 생크림은 냉장온도에서 보관하여야 한다.
② 유사 생크림은 팜, 코코넛유 등, 식물성 기름을 사용하여 만든다.
③ 생크림은 우유로 제조한다.
④ 생크림의 유지 함량은 82% 정도이다.

◀해설▶ 우리나라와 일본에서는 유지방 함량이 18% 이상인 것을 생크림이라 한다.

11 비중컵의 물을 담은 무게가 300g이고 반죽을 담은 무게가 260g일때 비중은? (단, 비중컵의 무게는 50g이다.)

① 0.64　　② 0.74
③ 0.84　　④ 1.04

◀해설▶
비중 = (반죽무게 − 컵무게) ÷ (물무게 − 컵무게)
= (260−50)÷(300−50)
= 201÷250 = 0.84

12 다음 쿠키 중에서 상대적으로 수분이 적어서 밀어 펴는 형태로 만드는 제품은?

① 스펀지 쿠키　　② 스냅 쿠키
③ 드롭 쿠키　　④ 머랭 쿠키

◀해설▶ 스냅(슈거)쿠키는 설탕이 많이 들어가 찐득함. 달걀 사용량이 적고 오래 굽는다. 밀어 펴서 찍어 굽는다.

정답　07 ①　08 ④　09 ②　10 ④　11 ③　12 ②

13 다음 중 반죽의 얼음사용량 계산공식으로 옳은 것은?

① 얼음 = $\dfrac{\text{물 사용량} \times (\text{수돗물 온도} - \text{사용수 온도})}{80 + \text{수돗물의 온도}}$

② 얼음 = $\dfrac{\text{물 사용량} + (\text{수돗물 온도} - \text{사용수 온도})}{80 + \text{수돗물의 온도}}$

③ 얼음 = $\dfrac{\text{물 사용량} \times (\text{수돗물 온도} + \text{사용수 온도})}{80 + \text{수돗물의 온도}}$

④ 얼음 = $\dfrac{\text{물 사용량} + (\text{수돗물 온도} + \text{사용수 온도})}{80 + \text{수돗물의 온도}}$

14 도넛 튀김기에 붓는 기름의 평균 깊이로 가장 적당한 것은?

① 5~8cm ② 9~12cm
③ 12~15cm ④ 16~19cm

15 블렌딩법에 대한 설명으로 옳은 것은?

① 부피를 우선으로 하는 제품에 이용하는 방법이다.
② 건조 재료와 달걀, 물을 가볍게 믹싱하다가 유지를 넣어 반죽하는 방법이다.
③ 설탕입자가 고와 스크래핑이 필요 없고 대규모 생산 회사에서 이용하는 방법이다.
④ 유지와 밀가루를 먼저 믹싱하는 방법이며, 제품의 유연성이 좋다.

16 일반적으로 작은 규모의 제과점에서 사용하는 믹서는?

① 수직형 믹서 ② 초고속 믹서
③ 수평형 믹서 ④ 커터 믹서

17 파운드 케이크를 구운 직후 달걀 노른자에 설탕을 넣어 칠할 때 설탕의 역할이 아닌 것은?

① 보존기간 효과
② 광택제 개선
③ 탈색 효과
④ 맛의 개선

◆ 해설 구운 직후 노른자에 설탕을 넣고 칠하는 목적 : 광택효과, 착색효과, 보존기간개선, 맛개선

18 일반적으로 반죽 1g당 팬용적을 기준으로 할 때 팽창이 가장 큰 케이크는?

① 레이어 케이크
② 스펀지 케이크
③ 파운드 케이크
④ 엔젤 푸드 케이크

◆ 해설 파운드 케이크 : 2.04cm³/g, 레이어 케이크 : 2.96cm³/g, 엔젤 푸드 케이크 4.71cm³/g, 스펀지 케이크 : 5.08cm³/g

정답 13 ① 14 ③ 15 ④ 16 ① 17 ③ 18 ②

19 롤 케이크를 말 때 표면이 터지는 결점에 대한 조치사항으로 틀린 것은?

① 팽창제나 믹싱을 줄여 과도한 팽창을 방지한다.
② 배합에 덱스트린을 사용하여 점착성을 증가시킨다.
③ 설탕의 일부를 물엿으로 대치하여 사용한다.
④ 낮은 온도의 오븐에서 서서히 굽는다.

◆해설
- 설탕의 일부를 물엿으로 대치하여 사용한다.
- 배합에 덱스트린을 사용하여 점착성을 증가시킨다.
- 팽창제나 믹싱을 줄여 과도한 팽창을 방지한다.
- 노른자의 비율이 높은 경우에도 부서지기 쉬우므로 노른자 사용량을 줄이고 전란을 증가시킨다.
- 굽기 중 너무 오래 구우면 말 때 부서지기 쉬우므로 오버베이킹 하지 않는다.
- 아래 불이 강하지 않게 굽는다.
- 반죽의 비중이 높지않게 한다.
- 반죽의 온도가 낮으면 굽는시간이 길어지므로 온도가 너무 낮지 않게 믹싱한다.
- 배합에 글리세린을 첨가해 제품의 유연성을 부여한다.

20 원가의 구성에서 직접원가에 해당되지 않는 것은?

① 직접경비 ② 직접노무비
③ 직접재료비 ④ 직접판매비

21 화이트 레이어 케이크를 만들 때 밀가루를 기준으로 가장 적합한 설탕의 양은?

① 60 ~ 80% ② 80 ~ 100%
③ 110 ~ 160% ④ 180 ~ 230%

22 오븐의 생산능력은 무엇으로 계산하는가?

① 오븐의 높이
② 소모되는 전력량
③ 오븐의 단열 정도
④ 오븐 내 매입 철판 수

23 퍼프 페이스트리를 정형하는 방법으로 바람직하지 않은 것은?

① 정형 후 제품의 표면을 건조시킨다.
② 전체적으로 균일한 두께로 밀어 편다.
③ 유지를 배합한 반죽을 30분 이상 냉장고에서 휴지시킨다.
④ 굽기 전에 30~60분 동안 휴지시킨다.

◆해설 유지를 배합한 반죽을 30분 이상 냉장고(0~4℃)에서 휴지시킨다. 전체적으로 똑같은 두께로 밀어 편다. 잘 드는 칼을 이용해 원하는 모양으로 자른다. 굽기 전에 30~60분간 휴지시킨다.

24 생크림 기포 시 품온으로 가장 알맞은 것은?

① -10~-1℃ ② 1~10℃
③ 15~25℃ ④ 27~37℃

25 고율배합의 제품을 굽는 방법으로 알맞은 것은?

① 저온 단시간 ② 고온 단시간
③ 저온 장시간 ④ 고온 장시간

정답 19 ④ 20 ④ 21 ③ 22 ④ 23 ① 24 ② 25 ③

26 과일 파운드 케이크에 대한 설명 중 잘못된 것은?

① 과일을 반죽에 투입하기 전에 밀가루에 묻혀 밑바닥으로 가라앉는 것을 방지한다.
② 시럽에 담긴 과일은 사용 시 시럽도 충분히 넣는다.
③ 첨가하는 과일양은 일반적으로 전체 반죽의 25~50% 정도이다.
④ 견과류와 과실류는 믹싱 최종단계에 투입하여 가볍게 섞어 준다.

• 해설 파운드 케이크 반죽에 첨가하는 과일량은 전체 반죽의 20~50%이다. 과일은 건조과일을 쓰거나 시럽에 담근 과일을 사용한다. 시럽에 담근 과일은 사용 전에 물을 충분히 뺀 뒤 사용한다. 반죽과 과일을 섞기 전에 과일을 밀가루에 묻혀 사용하면 과일이 밑바닥에 가라앉는 것을 방지할 수 있다. 과일류와 견과류는 믹싱 최종단계에 넣는다.

27 다음 중 주로 유화제로 사용되는 식품첨가물은?

① 글리세린지방산에스테르
② 프로피온산칼슘
③ 탄산암모늄
④ 탄산나트륨

28 도넛의 튀김 기름이 갖추어야 할 조건은?

① 산패취가 없다.
② 산화와 가수분해가 쉽게 일어난다.
③ 발연점이 낮다.
④ 저장 중 안전성이 낮다.

• 해설 〈튀김기름이 갖춰야할 조건〉
• 산패취가 없어야 한다.
• 저장중에 안정성이 높아야 한다.
• 발연점이 높아야 한다.
• 가수분해가 잘 일어나지 않아야 한다.

29 반죽에 레몬즙이나 식초를 첨가하여 굽기를 하였을 때 나타나는 현상은?

① 조직이 치밀하다.
② 부피가 증가한다.
③ 향이 짙어진다.
④ 껍질색이 진하다.

30 다음 중 아미노산을 구성하는 주된 원소가 아닌 것은?

① 질소(N)   ② 수소(H)
③ 탄소(C)   ④ 규소(Si)

• 해설 단백질 구성 요소 : 탄소, 수소, 산소, 질소

정답 26 ② 27 ① 28 ① 29 ① 30 ④

31 시유의 일반적인 수분과 고형질 함량은?

① 수분 75%, 고형질 25%
② 수분 68%, 고형질 38%
③ 수분 88%, 고형질 12%
④ 수분 95%, 고형질 5%

32 튀김기름에 스테아린(Stearin)을 첨가하는 이유에 대한 설명으로 틀린 것은?

① 유지의 융점을 높인다.
② 기름의 침출을 막아 도넛 설탕이 젖는 것을 방지한다.
③ 도넛에 설탕이 붙는 점착성을 높인다.
④ 경화제(Hardener)로 튀김기름의 3~6%를 사용한다.

• 해설 설탕이 도넛에 녹으면 다시 묻혀주고 충분히 냉각이 된 후에 묻혀주며 점착력 있는 튀김기름을 사용한다.

33 다음 중 유지의 경화 공정과 관계가 없는 물질은?

① 불포화지방산 ② 수소
③ 콜레스테롤   ④ 촉매제

34 젤라틴(Gelatin)에 대한 설명 중 틀린 것은?

① 물과 섞으면 용해된다.
② 응고제로 주로 이용된다.
③ 동물성 단백질이다.
④ 콜로이드 용액의 젤 형성과정은 비가역적인 과정이다.

• 해설
〈젤라틴〉
• 동물의 껍질이나 연골 속의 콜라겐을 정제한 것이다.
• 판상, 입자상, 분말상의 제품이 사용되고 있다.
• 순수한 젤라틴은 무미, 무취, 연한 색을 띠고 있으며, 끓는 물에만 용해되며, 식으면 단단하게 굳는다.
• 용액에 대하여 1% 농도로 사용해야 한다.
• 과다하게 사용하면 질긴 고무 같은 제품이 된다.

35 메이스(Mace)와 같은 나무에서 생산되는 것으로 단맛의 향기가 있는 향신료는?

① 넛메그   ② 오레가노
③ 클로브   ④ 시나몬

• 해설 메이스는 넛메그의 종자를 싸고 있는 빨간 껍질을 말린 것이다.

36 다음 중 달걀 흰자의 조성에서 함유량이 가장 적은 것은?

① 라이소자임   ② 콘알부민
③ 오브알부민   ④ 카로틴

정답 31 ③ 32 ③ 33 ③ 34 ④ 35 ① 36 ④

37 패리노그래프에 관한 설명 중 틀린 것은?

① 믹싱시간 측정
② 흡수율 측정
③ 믹싱내구성 측정
④ 전분의 점도 측정

• 해설 패리노그래프는 글루텐의 흡수율, 글루텐의 질, 반죽의 내구성, 믹싱시간을 측정하는 기계이다.

38 유지를 고온으로 계속 가열하였을 때 다음 중 점차 낮아지는 것은?

① 점도　　　② 산가
③ 과산화물가　④ 발연점

39 달걀에 대한 설명 중 옳은 것은?

① 흰자보다 노른자 중량이 더 크다.
② 흰자는 대부분이 물이고 그 다음 많은 성분은 지방이다.
③ 껍질은 대부분 탄산칼슘으로 이루어져 있다.
④ 노른자에 가장 많은 것은 단백질이다.

40 효소에 대한 설명으로 맞는 것은?

① 단백질로 구성되어 있다.
② 일반적으로 10℃에서 활성이 가장 높다.
③ 화학반응속도와는 관련이 없다.
④ 화학적 촉매이다.

41 화학적 팽창에 대한 설명으로 잘못된 것은?

① 효모보다 가스 생산이 느리다.
② 중량제로 전분이나 밀가루를 사용한다.
③ 가스를 생산하는 것은 탄산수소나트륨이다.
④ 산의 종류에 따라 작용 속도가 달라진다.

• 해설 화학적 팽창제는 베이킹 파우더 등 20여종이 있으며 가스 생산이 빠르다.

42 지방의 산화를 가속시키는 요소가 아닌 것은?

① 높은 온도로 여러 번 사용한다.
② 토코페롤을 첨가한다.
③ 공기와의 접촉이 많다.
④ 자외선에 노출시킨다.

• 해설 토코페롤은 항산화 작용이 강한 지용성 비타민인 비타민 E를 말한다.

43 자당(Sucrcse) 10%를 이성화해서 10.52%의 전화당(Invert sugar)을 얻었다. 포도당(Glucose)과 과당(Fructose)의 비율은?

① 포도당 2.63%, 과당 7.89%
② 포도당 5.26%, 과당 5.26%
③ 포도당 3.52%, 과당 7.0%
④ 포도당 7.0%, 과당 3.52%

• 해설 전화당은 과당과 포도당이 동량으로 들어 있는 화합물이다.

정답 37 ④　38 ④　39 ③　40 ①　41 ①　42 ②　43 ②

44 아밀로그래프(Amylograph)에서 50℃에서의 점도(Minimum viscosity)와 최종점도(Final viscosity) 차이를 표시하는 것으로 노화도를 나타내는 것은?

① 최소점도(Minimum viscosity)
② 세트 백(Setback)
③ 브레이크 다운(Break down)
④ 최대점도(Maximum viscosity)

45 아이싱 크림에 많이 쓰이는 퐁당(Fondand)을 만들 때 끓이는 온도로 다음 중 가장 적합한 것은?

① 78~80℃　　② 98~100℃
③ 114~116℃　　④ 130~132℃

46 식품의 열량(kcal) 계산공식으로 맞는 것은? (단, 각 영양소 양의 기준은 g 단위로 한다.)

① (탄수화물의 양+단백질의 양)×4+(지방의 양)×9
② (지방의 양+단백질의 양)×4+(탄수화물의 양)×9
③ (탄수화물의 양+지방의 양)×4+(단백질의 양)×9
④ (탄수화물의 양+지방의 양)×9+(단백질의 양)×4

• 해설　탄수화물, 단백질은 1g당 4kcal, 지방은 1g당 9kcal의 열량을 발생시킨다.

47 포화지방산과 불포화지방산에 대한 설명 중 옳은 것은?

① 코코넛 기름에는 불포화지방산이 더 높은 비율로 들어 있다.
② 포화지방산은 할로겐이나 수소첨가에 따라 불포화될 수 있다.
③ 포화지방산은 이중결합을 함유하고 있다.
④ 식물성 유지에는 불포화지방산이 더 높은 비율로 들어 있다.

• 해설　코코넛유는 저급지방산과 포화지방산이 많이 들어 있어 상온에서 반 고형상태이나 입속의 온도에서 녹으며 마가린, 제과용 등의 원료로 사용된다.

48 유용한 장내 세균의 발육을 왕성하게 하여 장에 좋은 영양을 미치는 이당류는?

① 맥아당(Maltose)
② 유당(Lactose)
③ 설탕(Sucrose)
④ 포도당(Glucose)

• 해설　유당은 우유의 주요 탄수화물로 포도당과 갈락토오스로 구성되어 있는 이당류로 약 4.8~5.0%를 차지하고 있다.

49 괴혈병을 예방하기 위해 어떤 영양소가 많은 식품을 섭위해야 하는가?

① 비타민 D　　② 비타민 C
③ 비타민 A　　④ 비타민 B_1

• 해설　비타민 C는 세포의 산화 환원 작용조절, 세포의 저항력 증강에 영향을 끼치며 결핍증으로는 괴혈병, 저항력 감소

정답　44 ④　45 ③　46 ①　47 ④　48 ②　49 ②

50 필수아미노산이 아닌 것은?

① 발린　　② 이소류신
③ 트레오닌　　④ 알라닌

• 해설　필수아미노산은 체내합성이 불가능하며 반드시 음식물에서 섭취해야 하는 것으로 성인에게는 이소류신, 류신, 라이신, 메티오닌, 페닐알라닌, 트립토판, 발린, 트레오닌 8종류가 필요하다.

51 다음 중 병원체가 바이러스(Virus)인 질병은?

① 유행성 간염　　② 결핵
③ 말라리아　　④ 발진티푸스

• 해설　바이러스는 미생물 중에서 가장 작은 것으로 살아 있는 세포에서만 생존한다. 천연두, 인플루엔자, 일본뇌염, 광견병, 소아마비 등

52 다음 중 부패로 볼 수 없는 것은?

① 달걀의 변질
② 육류의 변질
③ 어패류의 변질
④ 열에 의한 식용유의 변질

• 해설　부패는 주로 단백질 식품이 미생물의 분해 작용을 받아 질소화합물의 분해에 의해 암모니아 등을 발생시키고, 악취와 유해물질을 생성하는 것이다.

53 살모넬라(Salmonella)균의 특징이 아닌 것은?

① 그람(Gram)음성 간균이다.
② 60℃에서 20분 정도의 가열로 사멸한다.
③ 발육 최적 pH는 7~8, 온도는 37℃이다.
④ 독소에 의한 식중독을 일으킨다.

• 해설　살모넬라균은 그람음성, 비아포성, 통성혐기성 간균인 생육 최적온도는 37℃이며 60℃에서 20분에 사멸한다.

54 인수공통감염병으로만 짝지어진 것은?

① 결핵, 유행성 간염
② 탄저, 리스테리아증
③ 폴리오, 장티푸스
④ 홍역, 브루셀라증

• 해설　인수공통감염병은 탄저병, 파상열(브루셀라증), 결핵, 야토병, 돈단독, Q열, 리스테리아증

55 식품에 식염을 첨가함으로써 미생물 증식을 억제하는 효과와 관계가 없는 것은?

① 삼투압 증가
② 산소의 용해도 감소
③ 탈수작용에 의한 식품 내 수분감소
④ 펩티드 결합의 분해

정답　50 ④　51 ①　52 ④　53 ④　54 ②　55 ④

56 균체의 독소 중 뉴로톡신(Neuroxin)을 생산하는 식중독균은?

① 장염비브리오균
② 클로스트리디움 보툴리늄균
③ 포도상구균
④ 병원성대장균

◆해설 뉴로톡신은 보툴리누스균이 혐기성 상태에서 증식할 때 생산된 신경독소이다.

57 보존료의 구비 조건으로 바람직하지 않은 것은?

① 무미, 무취일 것
② 독성이 없거나 극히 낮을 것
③ 공기, 광선에 잘 분해될 것
④ 미량으로 효과가 클 것

58 화학적 식중독을 유발하는 원인이 아닌 것은?

① 복어독
② 유해한 식품첨가물
③ 불량한 포장용기
④ 농약에 오염된 식품

◆해설 복어독은 테트로도톡신으로 복어의 장기와 특히 산란기 직전의 난소, 고환에 있는 동물성 자연독이다.

59 우리나라에서 지정된 식품첨가물 중 버터류에 사용할 수 없는 것은?

① 부틸히드록시아니솔(BHA)
② 식용색소 황색4호
③ 터셔리부틸히드로퀴논(TBHQ)
④ 디부틸히드록시톨루엔(BHT)

60 다음 중 음식물을 매개로 전파되지 않는 것은?

① 콜레라   ② 장티푸스
③ 이질   ④ 광견병

정답 56 ② 57 ③ 58 ① 59 ② 60 ④

제과 CBT 기출예상문제 - 2회

Baking & Pastry

01 다음 중 반죽형 케이크의 반죽 제조법에 해당하는 것은?

① 공립법 ② 별립법
③ 머랭법 ④ 블렌딩법

• 해설
- 반죽형 반죽법 : 크림법, 블렌딩법
- 거품형 반죽법 : 공립법, 별립법, 시퐁법

02 성형한 파이 반죽에 포크 등을 이용하여 구멍을 내주는 가장 주된 이유는?

① 제품을 부드럽게 하기 위해
② 제품의 수축을 막기 위해
③ 제품의 원활한 팽창을 위해
④ 제품에 기포나 수포가 생기는 것을 막기 위해

03 다음의 조건에서 물 온도를 계산하면?

> 반죽희망 온도 23℃, 밀가루 온도 25℃,
> 실내 온도 25℃, 설탕 온도 25℃, 쇼트닝 온도 20℃,
> 달걀 온도 20℃, 수돗물 온도 23℃, 마찰계수 20

① 0℃ ② 3℃
③ 8℃ ④ 12℃

• 해설
사용할 물 온도 = (희망 반죽 온도×6) − (실내온도 + 밀가루온도 + 설탕온도 + 쇼트닝온도 + 달걀온도 + 마찰계수)
= (23×6) − (25 + 25 + 25 + 20 + 20 + 20) = 3

04 스펀지 케이크를 만들 때 설탕이 적게 들어감으로 해서 생길 수 있는 현상은?

① 오븐에서 제품이 주저앉는다.
② 제품의 껍질이 두껍다.
③ 제품의 껍질이 갈라진다.
④ 제품의 부피가 증가한다.

05 제분에 대한 설명 중 틀린 것은?

① 넓은 의미의 개념으로 제분이란 곡류를 가루로 만드는 것이지만 일반적으로 밀을 사용하여 밀가루를 제조하는 것을 제분이라고 한다.
② 밀은 배유부가 치밀하거나 단단하지 못하여 도정할 경우 싸라기가 많이 나오기 때문에 처음부터 분말화하여 활용하는 것을 제분이라고 한다.
③ 제분 시 밀기울이 많이 들어가면 밀가루의 회분함량이 낮아진다.
④ 제분율이란 밀을 제분하여 밀가루를 만들 때 밀에 대한 밀가루의 백분율을 말한다.

06 튀김 기름의 조건으로 틀린 것은?

① 발연점(Smoking point)이 높아야 한다.
② 산패에 대한 안정성이 있어야 한다.
③ 여름철에 융점이 낮은 기름을 사용한다.
④ 산가(Acid value)가 낮아야 한다.

• 해설 튀김기름이 갖춰야 할 조건 : 산패취가 없어야 한다. 저장 중에 안정성이 높아야 한다. 발연점이 높아야 한다. 가수분해가 잘 일어나지 않아야 한다.

정답 01 ④ 02 ④ 03 ② 04 ③ 05 ③ 06 ③

07 다음 중 비용적이 가장 큰 케이크는?

① 스펀지 케이크
② 파운드 케이크
③ 화이트 레이어 케이크
④ 초콜릿 케이크

> **해설**
> • 파운드 케이크 : 2.04㎤/g
> • 레이어 케이크 : 2.96㎤/g
> • 엔젤 푸드 케이크 : 4.71㎤/g
> • 스펀지 케이크 : 5.08㎤/g

08 소규모 주방설비 중 작업의 효율성을 높이기 위한 작업 테이블의 위치로 가장 적당한 것은?

① 오븐 옆에 설치한다.
② 냉장고 옆에 설치한다.
③ 발효실 옆에 설치한다.
④ 주방의 중앙부에 설치한다.

09 케이크 반죽의 pH가 적정 범위를 벗어나 알칼리일 경우 제품에서 나타나는 현상은?

① 부피가 작다.
② 향이 약하다.
③ 껍질색이 여리다.
④ 기공이 거칠다.

> **해설**
> • 알칼리성에 치우쳤을 때 제품에 미치는 영향 : 거친 기공, 어두운 껍질색과 속색, 강한 향, 소다 맛, 큰 부피
> • 산성에 치우쳤을 때 제품에 미치는 영향 : 고운 기공, 여린 껍질색, 연한 향, 톡 쏘는 신맛, 빈약한 제품의 부피

10 찜을 이용한 제품에 사용되는 팽창제의 특성으로 알맞은 것은?

① 지속성   ② 속효성
③ 지효성   ④ 이중팽창

11 어떤 과자반죽의 비중을 측정하기 위하여 다음과 같이 무게를 달았다면 이반죽의 비중은? (단, 비중컵=50g, 비중컵+물=250g, 비중컵+반죽=170g)

① 0.40   ② 0.60
③ 0.68   ④ 1.47

> **해설** 비중 = (반죽무게+컵무게)-컵무게 / (물무게+컵무게)-컵무게 = (170-50) ÷ (250-50) = 0.6

12 슈(Choux)에 대한 설명이 틀린 것은?

① 팬닝 후 반죽표면에 물을 분사하여 오븐에서 껍질이 형성되는 것을 지연시킨다.
② 껍질반죽은 액체재료를 많이 사용하기 때문에 굽기 중 증기 발생으로 팽창한다.
③ 오븐의 열 분배가 고르지 않으면 껍질이 약하여 주저앉는다.
④ 기름칠이 적으면 껍질 밑부분이 접시모양으로 올라오거나 위와 아래가 바뀐 모양이 된다.

> **해설** 슈 바닥 껍질 중앙이 올라온다 : 아래 불 온도가 너무 강할 때, 팬에 기름칠을 할 경우, 굽기 중 수분을 많이 잃게 된 경우

정답 07 ① 08 ④ 09 ④ 10 ② 11 ② 12 ④

13 흰자를 거품내면서 뜨겁게 끓인 시럽을 부어 만든 머랭은?

① 냉제 머랭　　② 온제 머랭
③ 스위스 머랭　④ 이탈리안 머랭

• 해설　이탈리안 머랭 : 설탕과 물을 넣고 114~118℃로 끓인 후 조금씩 흘려 넣으면서 중속으로 휘핑한다.

14 같은 크기의 팬에 각 제품의 비용적에 맞는 반죽을 팬닝하였을 경우 반죽량이 가장 무거운 반죽은?

① 파운드 케이크
② 레이어 케이크
③ 스펀지 케이크
④ 소프트 롤 케이크

• 해설
〈비중〉
- 반죽형 케이크 : 0.75~0.85(파운드 케이크, 레이어 케이크, 초콜릿 케이크, 데블스 푸드 케이크)
- 거품형 케이크 : 0.50~0.60(버터 스펀지 케이크), 0.40~0.50(시퐁 케이크, 롤 케이크)

15 도넛과 케이크의 글레이즈(Glaze) 사용 온도로 가장 적합한 것은?

① 23℃　　② 34℃
③ 49℃　　④ 68℃

16 다음 중 1mg과 같은 것은?

① 0.0001g　② 0.001g
③ 0.1g　　　④ 1000g

• 해설　1ppm=1mg/L=1μg/mℓ, 1μg×1000=1mg, 1mg×1000=1g

17 옥수수가루를 이용하여 스펀지 케이크를 만들 때 가장 좋은 제품의 부피를 얻을 수 있는 것은?

① 메옥수수가루
② 찰옥수수가루
③ 익힌 메옥수수가루
④ 익힌 찰옥수수가루

18 찜류 또는 찜만쥬 등에 사용하는 팽창제인 이스트 파우더[염화암모늄(NH_4Cl)]의 특성이 아닌 것은?

① 팽창력이 강하다.
② 제품의 색을 희게 한다.
③ 암모니아 냄새가 날 수 있다.
④ 중조와 산제를 이용한 팽창제이다.

19 무스(Mousse)의 원뜻으로 알맞은 것은?

① 생크림　② 젤리
③ 거품　　④ 광택제

정답　13 ④　14 ①　15 ③　16 ②　17 ①　18 ④　19 ③

20 도넛을 글레이즈할 때 글레이즈의 적정한 품온은?

① 24~27℃ ② 28~32℃
③ 33~36℃ ④ 43~49℃

21 다음 케이크 중 달걀 노른자를 사용하지 않는 것은?

① 파운드 케이크
② 화이트 레이어 케이크
③ 데블스 푸드 케이크
④ 소프트 롤 케이크

> **해설** 화이트 레이어 케이크 : 흰자를 사용해 반죽한 케이크로 설탕 사용범위가 110~160%까지로 넓다.

22 아이싱이나 토핑에 사용하는 재료의 설명으로 틀린 것은?

① 중성 쇼트닝은 첨가하는 재료에 따라 향과 맛을 살릴 수 있다.
② 분당은 아이싱 제조 시 끓이지 않고 사용할 수 있는 장점이 있다.
③ 생우유는 우유의 향을 살릴 수 있어 바람직하다.
④ 안정제는 수분을 흡수하여 끈적거림을 방지한다.

23 반죽이 팬 또는 용기에 가득 차는 성질과 관련된 것은?

① 흐름성 ② 가소성
③ 탄성   ④ 점탄성

24 퍼프 페이스트리에서 불규칙한 팽창이 발생하는 원인이 아닌 것은?

① 덧가루를 과량으로 사용하였다.
② 밀어펴기 사이에 휴지시간이 불충분하였다.
③ 예리하지 못한 칼을 사용하였다.
④ 쇼트닝이 너무 부드러웠다.

25 파이 정형 시 유의점 설명으로 틀린 것은?

① 반죽은 품온이 낮아야 좋다.
② 반죽 후 냉장고에 넣어 휴지시킨 후 사용한다.
③ 충전물 충전 시 적온은 38℃이며 충전물 온도가 낮으면 굽기 중 끓어 넘친다.
④ 성형시 윗 껍질에 구멍을 뚫어 주는 것은 수증기가 빠져 나오게 하기 위함이다.

정답 20 ④   21 ②   22 ③   23 ①   24 ④   25 ③

26 지방은 무엇이 축합되어 만들어지는가?

① 지방산과 글리세롤
② 지방산과 올레인산
③ 지방산과 리놀레인산
④ 지방산과 팔미틴산

27 전분의 호화 현상에 대한 설명으로 틀린 것은?

① 전분의 종류에 따라 호화 특성이 달라진다.
② 전분현탁액에 적당량의 수산화나트륨(NaOH)을 가하면 가열하지 않아도 호화될 수 있다.
③ 수분이 적을수록 호화가 촉진된다.
④ 알칼리성일 때 호화가 촉진된다.

◆ 해설 전분의 호화현상 : 수분이 많을수록, pH가 높을수록, 호화가 시작되는 온도는 식품의 종류에 따라 다르다. 말가루 전분은 56~60℃에서 호화가 시작된다.

28 기업경영의 3요소(3M)가 아닌 것은?

① 사람(Man)
② 자본(Money)
③ 재료(Material)
④ 방법(Method)

29 다음 제품 중 냉과류에 속하는 제품은?

① 무스 케이크
② 젤리 롤 케이크
③ 양갱
④ 시퐁 케이크

30 중성 용매에 녹지 않고 묽은 산, 묽은 염기에 녹는 단백질로 밀에 존재하는 단순 단백질은?

① 글리아딘   ② 글루테닌
③ 오브알부민   ④ 락토글로블린

◆ 해설 글리아딘 : 물과 중성용매에는 녹지 않으나 묽은 산과 알칼리에는 녹는다.

31 다음 중 효소와 온도에 대한 설명으로 틀린 것은?

① 효소는 일종의 단백질이기 때문에 열에 의해 변성된다.
② 최적온도 수준이 지나도 반응 속도는 증가한다.
③ 적정온도 범위에서 온도가 낮아질수록 반응속도는 낮아진다.
④ 적정 온도 범위 내에서 온도 10℃ 상승에 따라 효소 활성은 약 2배로 증가한다.

정답 26 ① 27 ③ 28 ④ 29 ① 30 ① 31 ②

32 우유를 살균할 때 고온단시간살균법(HTST)으로서 가장 적합한 조건은?

① 72℃에서 15초 처리
② 75℃ 이상에서 15분 처리
③ 130℃에서 2~3초 이내 처리
④ 62~65℃에서 30분 처리

<blockquote>해설 우유 살균법 : 저온장시간(60~65℃, 30분간 가열), 고온단시간(71℃, 15초간 가열), 초고온순간(130~150℃, 3초간 가열)</blockquote>

33 밀가루 중에 가장 많이 함유된 물질은?

① 단백질　② 지방
③ 전분　④ 회분

<blockquote>해설 밀가루는 70% 이상이 탄수화물로 이루어져 있으며, 대부분 전분(녹말)이다.</blockquote>

34 다음의 초콜릿 성분이 설명하는 것은?

- 글리세린 1개에 지방산 3개가 결합한 구조이다.
- 실온에서는 단단한 상태이지만, 입안에 넣는 순간 녹게 만든다.
- 고체로부터 액체로 변하는 온도 범위(가소성)가 겨우 2~3℃로 매우 좁다.

① 카카오 매스　② 카카오 기름
③ 카카오 버터　④ 코코아 파우더

35 다음에서 탄산수소나트륨(중조)이 반응에 의해 발생하는 물질이 아닌 것은?

① CO_2　② H_2O
③ C_2H_5OH　④ Na_2CO_3

36 패리노그래프 커브의 윗부분이 200B.U.에 닿는 시간을 무엇이라고 하는가?

① 반죽시간(Peak time)
② 도달시간(Arrival time)
③ 반죽형성시간(Dough development time)
④ 이탈시간(Departure time)

37 제과용 밀가루 제조에 사용되는 밀로 가장 좋은 것은?

① 경질동맥　② 경질춘맥
③ 연질동맥　④ 연질춘맥

<blockquote>해설 강력분은 경질동맥으로 제분, 박력분은 연질동맥으로 제분.</blockquote>

정답 32 ①　33 ③　34 ③　35 ③　36 ②　37 ③

38 아밀로그래프에 관한 설명 중 틀린 것은?

① 반죽의 신장성 측정
② 맥아의 액화효과 측정
③ 알파 아밀라아제의 활성 측정
④ 보통 제빵용 밀가루는 약 400~600 B.U.

해설 아밀로그래프 : 밀가루의 호화 정도 등 밀가루 전분의 질을 측정, 맥아의 액화효소인 알파아밀라아제의 활성을 측정, 제빵용 밀가루의 곡선높이는 400~600B.U 가 적당.

39 유지의 경화란?

① 포화지방산의 수증기 증류를 말한다.
② 불포화지방산에 수소를 첨가하는 것이다.
③ 규조토를 경화제로 하는 것이다.
④ 알칼리 정제를 말한다.

해설 유지의 경화란 액체지방을 고체지방으로 만드는 것이다.

40 쇼트닝에 대한 설명으로 틀린 것은?

① 라드(돼지기름) 대용품으로 개발되었다.
② 정제한 동·식물성 유지로 만든다.
③ 온도 범위가 넓어 취급이 용이하다.
④ 수분을 16% 함유하고 있다.

해설 쇼트닝 : 라드 대용품으로 식빵 등에 가장 일반적으로 사용되는 유지. 고체쇼트닝의 경우는 정제된 동·식물 유지나 경화유. 수분이 0.5% 이하로 거의 지방.

41 다음 중 당 알코올(Sugar alcohol)이 아닌 것은?

① 자일리톨 ② 솔비톨
③ 갈락티톨 ④ 글리세롤

42 육두구과의 상록활엽교목에 맺히는 종자를 말리면 넛메그가 된다. 이 넛메그의 종자를 싸고 있는 빨간 껍질을 말린 향신료는?

① 생강 ② 클로브
③ 메이스 ④ 시나몬

43 맥아당은 이스트의 발효과정 중 효소에 의해 어떻게 분해되는가?

① 포도당 + 포도당
② 포도당 + 과당
③ 포도당 + 유당
④ 과당 + 과당

해설
〈이당류〉
• 자당(설탕) : 포도당+과당
• 맥아당(엿당) : 포도당+포도당
• 유당(젖당) : 포도당+갈락토오스

44 케이크 제품에서 달걀의 기능이 아닌 것은?

① 영양가 증대 ② 결합제 역할
③ 유화작용 저해 ④ 수분 증발 감소

해설 달걀의 기능 : 수분공급제 역할, 결합제 역할, 팽창제 역할, 유화제 역할

정답 38 ① 39 ② 40 ④ 41 ④ 42 ③ 43 ① 44 ③

45 밀 제분 공정 중 정선기에 온 밀가루를 다시 마쇄하여 작은 입자로 만드는 공정은?

① 조쇄공정(Break roll)
② 분쇄공정(Reduct roll)
③ 정선공정(Milling separator)
④ 조질공정(Tempering)

46 새우, 게 등의 겉껍질을 구성하는 Chitin의 주된 단위성분은?

① 갈락토사민(Galactosamine)
② 글루코사민(Glucosamine)
③ 글루쿠로닉산(Glucuronic acid)
④ 갈락투로닉산(Galacturonic acid)

47 수크라아제(Sucrase)는 무엇을 가수분해 시키는가?

① 맥아당　　　　② 설탕
③ 전분　　　　　④ 과당

48 건강한 성인이 식사 시 섭취한 철분이 200mg 인 경우 체내 흡수된 철분의 양은?

① 1~5mg　　　　② 10~30mg
③ 100~15mg　　　④ 200mg

• 해설　철(Fe) : 흡수율은 10%이다.

49 단백질에 대한 설명으로 틀린 것은?

① 조직의 삼투압과 수분평형을 조절한다.
② 약 20여 종의 아미노산으로 되어있다.
③ 부족하면 2차적 빈혈을 유발하기 쉽다.
④ 동물성 식품에만 포함되어 있다.

• 해설　단백질 : 체조직과 혈액 단백질, 효소, 호르몬 등을 구성. 에너지 공급원(1g당 4kcal). 체내 삼투압 조절로 체내 수분 함량을 조절하고 체액의 pH를 일정하게 유지. r-글로불린은 병에 저항하는 면역체 역할.

50 리놀렌산(Linolenic acid)의 급원식품으로 가장 적합한 것은?

① 라드　　　　② 들기름
③ 면실유　　　④ 해바라기씨유

51 다음 중 살모넬라균의 주요 감염원은?

① 채소류　　　② 육류
③ 곡류　　　　④ 과일류

• 해설　살모넬라 식중독의 원인식품 : 육류, 어패류, 우유, 유제품, 알류 및 그 가공품, 도시락, 튀김류, 어육 연제품 등

52 다음 중 작업공간의 살균에 가장 적당한 것은?

① 자외선 살균　　② 적외선 살균
③ 가시광선 살균　④ 자비살균

정답　45 ②　46 ②　47 ②　48 ②　49 ④　50 ②　51 ②　52 ①

53 경구 감염병의 예방대책 중 전염원에 대한 대책으로 바람직하지 않은 것은?

① 환자를 조기 발견하여 격리 치료한다.
② 환자가 발생하면 접촉자의 대변을 검사하고 보균자를 관리한다.
③ 일반 및 유흥음식점에서 일하는 사람들은 정기적인 건강진단이 필요하다.
④ 오염이 의심되는 물건은 어둡고 손이 닿지 않는 곳에 모아둔다.

54 착색료에 대한 설명으로 틀린 것은?

① 천연색소는 인공색소에 비해 값이 비싸다.
② 타르색소는 카스텔라에 사용이 허용되어 있다.
③ 인공색소는 색깔이 다양하고 선명하다.
④ 레토르트 식품에서 타르색소가 검출되면 안 된다.

▶ 해설
식욕을 촉진하고 상품가치를 높이기 위해 사용한다. 캐러멜, β-카로틴, 타르색소 등이 있다.

55 다음 중 허가된 천연유화제는?

① 구연산　　　　② 고시폴
③ 레시틴　　　　④ 세사몰

56 산양, 양, 돼지, 소에게 감염되면 유산을 일으키고, 인체 감염 시 고열이 주기적으로 일어나는 인수공통감염병은?

① 광우병　　　　② 공수병
③ 파상열　　　　④ 신증후군출혈열

▶ 해설
- 인수공통감염병 : 사람과 동물 사이에서 상호 전파되는 병원체에 의해 전염성 질병으로, 특히 동물이 사람에 옮기는 감염병을 말한다.
- 종류 : 장출혈성대장균감염증(O-157), 일본뇌염, 브루셀라증, 탄저병, 공수병(광견병), 조류인플루엔자 인체감염증, 중증급성호흡기증후군(SARS), 변종 크로이츠펠트-야콥병(vCJD), 큐열, 결핵 등

57 주로 냉동된 육류 등 저온에서도 생존력이 강하고 수막염이나 임신부의 자궁 내 패혈증 등을 일으키는 식중독균은?

① 대장균　　　　② 살모넬라균
③ 리스테리아균　④ 포도상구균

58 다음 중 식중독 관련 세균의 생육에 최적인 식품의 수분활성도는?

① 0.30~0.39　　② 0.50~0.59
③ 0.70~0.79　　④ 0.9~0.99

▶ 해설
- 수분활성도 : 어떤 임의의 온도에서 그 식품이 나타내는 수증기 압(P)와 그 온도에서의 순수한 물의 수증기압(PO)의 비로 정의한다. (ERH=평행상대습도, 수분활성도는 0~1까지 범위를 나타낸다.)
- Aw(수분활성도)= P/Po = ERH/100
- 과일·채소(Aw 0.98~0.99), 곡물(Aw 0.60~0.64)

정답 53 ④　54 ②　55 ③　56 ③　57 ③　58 ④

59 "제1급감염병"이라 함은 감염속도가 빠르고 국민건강에 미치는 위해정도가 너무 커서 발생 즉시 방역대책을 수립해야 하는데 다음 중 여기에 속하지 않는 감염병은?

① 두창 ② 탄저
③ 말라리아 ④ 야토병

• 해설
제1급감염병 : 생물테러감염병 또는 치명률이 높거나 집단 발생의 우려가 커서 발생 또는 유행 즉시 신고, 음압격리와 같은 높은 수준의 격리가 필요한 감염병으로 총 17종이 있다. 말라리아는 3급감염병이다.

60 다음 중 감염형 식중독을 일으키는 것은?

① 보툴리누스균 ② 살모넬라균
③ 포도상구균 ④ 고초균

• 해설 감염형 식중독 : 살모넬라 식중독, 장염비브리오 식중독, 병원성대장균 식중독

정답 59 ③ 60 ②

제과 CBT 기출예상문제 — 3회

01 스펀지 케이크 제조 시 더운 믹싱방법을 사용할 때 달걀과 설탕의 중탕 온도로 가장 적합한 것은?

① 23℃ ② 43℃
③ 63℃ ④ 83℃

• 해설 더운 믹싱방법의 달걀과 설탕의 중탕온도 37~43℃이다.

02 반죽의 비중에 대한 설명으로 맞는 것은?

① 같은 무게의 반죽을 구울 때 비중이 높을수록 부피가 증가한다.
② 비중이 너무 낮으면 조직이 거칠고 큰 기포를 형성한다.
③ 비중의 측정은 비중컵의 중량을 반죽의 중량으로 나눈 값으로 한다.
④ 비중이 높으면 기공이 열리고 가벼운 반죽이 얻어진다.

• 해설
• 비중이 높을수록 기공이 조밀하며 부피가 적다.
• 비중이 낮을수록 열린기공을 가지며, 거칠고, 부피가 크다.

03 아이스크림 제조에서 오버런(Over-run)이란?

① 교반에 의해 크림이 체적이 몇 % 증가하는가를 나타내는 수치
② 생크림 안에 들어 있는 유지방이 응집에서 완전히 액체로부터 분리된 것
③ 살균 등의 가열조작에 의해 불안정하게 된 유지의 결정을 적온으로 해서 안정화시킨 숙성 조작
④ 생유 안에 들어있는 큰 지방구를 미세하게 해서 안정화하는 공정

• 해설
• 오버런(Over-run) : 냉동 중에 혼합물이 공기의 혼입에 의하여 믹스의 용적이 증가하게 되는데, 이때 용적이 증가되어 부피가 증가되는 현상.
• 아이스크림의 용적과 그 믹스의 용적의 차(증량분의 용적)를 그 믹스의 용적에 대한 백분율로서 나타내며, 보통 80~100%가 적당하다.

04 도넛 설탕 아이싱을 사용할 때의 온도로 적합한 것은?

① 20℃ 전후 ② 25℃ 전후
③ 40℃ 전후 ④ 60℃ 전후

• 해설 도넛설탕이나 계피설탕은 도넛이 40℃ 전후일 때 뿌려야 접착력이 좋다. 도넛 글레이즈의 사용 온도는 45~50℃가 적당하다.

정답 01 ② 02 ② 03 ① 04 ③

05 퍼프페이스트리의 휴지가 종료되었을 때 손으로 살짝 누르게 되면 다음 중 어떤 현상이 나타나는가?

① 누른 자국이 남아있다.
② 누른 자국이 원상태로 올라온다.
③ 누른 자국이 유동성 있게 움직인다.
④ 내부의 유지가 흘러나온다.

06 비스킷을 제조할 때 유지보다 설탕을 많이 사용하면 어떤 결과가 나타나는가?

① 제품의 촉감이 단단해진다.
② 제품이 부드러워진다.
③ 제품의 퍼짐에 작아진다.
④ 제품의 색깔이 엷어진다.

> 해설 쿠키 제조 시 유지보다 설탕을 많이 사용하면 단단해져서 부러지고 부스러지기 쉽다.

07 일반적인 제과작업장의 시설 설명으로 잘못된 것은?

① 조명은 50lux 이하가 좋다.
② 방충ㆍ방서용 금속망은 30메쉬(mesh)가 적당하다.
③ 벽면은 매끄럽고 청소하기 편리하여야 한다.
④ 창의 면적은 바닥면적을 기준하여 30% 정도가 좋다.

> 해설 〈제과ㆍ제빵 공정상의 조도 기준〉
> • 장식(수작업)ㆍ마무리작업 : 500lux
> • 계량ㆍ반죽ㆍ조리ㆍ정형 : 200lux
> • 굽기ㆍ포장ㆍ장식(기계) : 100lux
> • 발효 : 50lux

08 스펀지 케이크에 사용되는 필수재료가 아닌 것은?

① 달걀   ② 박력분
③ 설탕   ④ 베이킹 파우더

> 해설 스펀지 케이크 필수재료 : 밀가루, 달걀, 설탕, 소금

09 포장된 제과제품의 품질 변화 현상이 아닌 것은?

① 전분의 호화   ② 향의 변화
③ 촉감의 변화   ④ 수분의 이동

> 해설 전분의 호화 현상 : 전분의 종류에 따라 호화 특성이 달라진다. 수분이 많을수록 호화가 촉진된다. 알카리성일 때 호화가 촉진된다.

10 반죽무게를 이용하여 반죽의 비중 측정시 필요한 것은?

① 밀가루 무게   ② 물 무게
③ 용기 무게   ④ 설탕 무게

> 해설 비중 = (반죽무게 − 컵무게) ÷ (물무게 − 컵무게)

정답 05 ① 06 ① 07 ① 08 ④ 09 ① 10 ②

11 파운드 케이크 반죽을 가로 5㎝, 세로 12㎝, 높이 5㎝의 소형 파운드 팬에 100개 팬닝하려고 한다. 총 반죽의 무게로 알맞은 것은? (단, 파운드 케이크의 비용적은 2.40 ㎤/g이다)

① 11kg　　② 11.5kg
③ 12kg　　④ 12.5kg

● 해설
반죽무게 = 틀부피 ÷ 비용적
= (가로 × 세로 × 높이 × 100) ÷ 2.40
= 12,500g ÷ 1000g = 12.5kg

12 다음 제품 중 거품형 케이크는?

① 스펀지 케이크
② 파운드 케이크
③ 데블스 푸드 케이크
④ 화이트 레이어 케이크

● 해설
- 반죽형 케이크 : 0.75~0.85(파운드 케이크, 레이어 케이크, 초콜릿 케이크, 데블스 푸드 케이크)
- 거품형 케이크 : 0.50~0.60(버터 스펀지 케이크), 0.40~0.50(시퐁 케이크, 롤 케이크)

13 파운드 케이크의 표피를 터지지 않게 하려고 할 때 오븐의 조작 중 가장 좋은 방법은?

① 뚜껑은 처음부터 덮어 굽는다.
② 10분간 굽기를 한 후 뚜껑을 덮는다.
③ 20분간 굽기를 한 후 뚜껑을 덮는다.
④ 뚜껑을 덮지 않고 굽는다.

● 해설　터지는 원인 : 반죽의 수분 부족, 설탕이 다 녹지 않음, 틀에 채운 반죽을 바로 굽지 않아 반죽 거죽이 마름, 높은 온도에서 구워 껍질이 빨리 생김.

14 슈(Choux)의 제조 공정상 구울 때 주의할 사항 중 잘못된 것은?

① 220℃ 정도의 오븐에서 바삭한 상태로 굽는다.
② 너무 빠른 껍질 형성을 막기 위해 처음에 위 불을 약하게 한다.
③ 굽는 중간에 오븐 문을 자주 여닫아 수증기를 제거한다.
④ 너무 빨리 오븐에서 꺼내면 찌그러지거나 주저앉기 쉽다.

● 해설　초기에는 아래 불을 높여 굽다가 표피가 거북이 등처럼 되고 밝은 갈색이 나면 아래 불을 줄이고 위 불을 높여 굽는다. 찬 공기가 들어가면 슈가 주저앉게 되므로 팽창 과정 중에 오븐 문을 자주 여닫지 않도록 한다.

15 이탈리안 머랭에 대한 설명 중 틀린 것은?

① 흰자를 거품으로 치대어 30% 정도의 거품을 만들고 설탕을 넣으면서 50% 정도의 머랭을 만든다.
② 흰자가 신선해야 거품이 튼튼하게 나온다.
③ 뜨거운 시럽에 머랭을 한꺼번에 넣고 거품을 올린다.
④ 강한 불에 구워 착색하는 제품을 만드는 데 알맞다.

정답　11 ④　12 ①　13 ①　14 ③　15 ③

해설
- 볼에 흰자와 설탕을 넣고 50% 정도 휘핑한다.
- 설탕과 물을 넣고 114~118℃로 끓인 후 조금씩 흘려 넣으면서 중속으로 휘핑한다.
- 뜨거운 시럽과 섞기 때문에 기포는 단단하지만 열전도율이 나빠 굽는 제품에는 사용하지 않는다.
- 무스나 냉과 같이 굽지 않는 제품에 적합하며, 기포의 안전성이 좋으므로 짜내어 케이크 장식에 쓰면 좋다.
- 부피가 크고 결이 거칠어 선이 고운 제품을 만들기에 알맞지 않다.

16 도넛의 튀김 온도로 가장 적당한 것은?

① 140 ~ 156℃   ② 160 ~ 176℃
③ 180 ~ 196℃   ④ 220 ~ 236℃

해설
- 도넛의 튀김 온도 : 180~196℃.
- 기름의 평균 깊이 : 12~15cm 정도

17 퍼프 페이스트리 제품모양이 균일하지 않을 때의 원인이 아닌 것은?

① 밀가루가 너무 많이 사용되었다.
② 화학팽창제가 너무 많이 사용되었다.
③ 충전용 유지가 너무 적게 사용되었다.
④ 첨가된 물의 양이 너무 적었다.

해설
재료 : 강력분(100%), 유지(100%), 찬물(50%), 소금(1~2%)

18 머랭의 최적 pH는?

① 5.5 ~ 6.0   ② 6.5 ~ 7.0
③ 7.5 ~ 8.0   ④ 8.5 ~ 9.0

해설
- 제품의 적정 pH : 화이트 레이어 케이크(7.4~7.8), 엘로우 레이어 케이크(7.2~7.6), 스펀지 케이크(7.3~7.6), 파운드 케이크(6.6~7.1), 데블스 푸드 케이크(8.5~9.2), 초콜릿 케이크(7.8~8.8), 엔젤 푸드 케이크(5.2~6.0)

19 반죽형 케이크의 특징으로 틀린 것은?

① 반죽의 비중이 낮다.
② 주로 화학 팽창제를 사용한다.
③ 유지의 사용량이 많다.
④ 식감이 부드럽다.

해설
- 많은 양의 유지를 사용하고 화학 팽창제를 이용해 부풀린 반죽이다.
- 밀가루, 유지, 설탕, 달걀을 기본으로 해서 만든다.
- 밀가루양이 달걀 보다 많다.
- 유지의 사용량이 많아 완제품의 질감이 부드럽다.
- 달걀 사용량이 적어 반죽의 비중이 높고 완제품으로 식감이 무겁다.

20 파운드 케이크를 구운 직후 달걀 노른자에 설탕을 넣어 칠할 때 설탕의 역할이 아닌 것은?

① 광택제 효과   ② 보존기간 개선
③ 탈색 효과   ④ 맛의 개선

해설
구운 직후 노른자에 설탕을 넣고 칠하는 목적 : 광택제효과, 착색효과, 보존기간개선, 맛개선

정답 16 ③   17 ②   18 ①   19 ①   20 ③

21 케이크 도넛을 튀긴 후 과도한 흡유 현상이 일어나는 이유가 아닌 것은?

① 긴 반죽시간
② 과다한 팽창제 사용
③ 낮은 튀김 온도
④ 반죽의 수분이 과다

> 해설 도넛의 과도한 흡유 : 과도한 설탕량, 낮은 튀김 온도, 믹싱부족, 과량의 베이킹 파우더 사용

22 퐁당에 대한 설명으로 가장 적합한 것은?

① 시럽을 214℃까지 끓인다.
② 20℃ 전후로 식혀서 휘젓는다.
③ 물엿, 전화당 시럽을 첨가하면 수분 보유력을 높일 수 있다.
④ 유화제를 사용하면 부드럽게 할 수 있다.

> 해설 설탕을 물에 녹여 끓인(114~118℃) 뒤 다시 희뿌연 상태로 재결정화시킨 것. 퐁당이 부드럽고 수분 보유력이 높아지도록 물엿, 전화당, 시럽을 첨가하기도 한다.

23 팬기름의 사용에 대한 설명으로 거리가 먼 것은?

① 발연점이 높아야 한다.
② 산패에 강해야 한다.
③ 반죽무게의 3~4%를 사용한다.
④ 기름이 과다하면 바닥 껍질이 두껍고 색이 어둡다.

> 해설
> 〈팬기름이 갖추어야 할 조건〉
> • 이미·이취를 갖고 있지 않는 것이 좋다.
> • 무색·무취를 띠는 것이 좋다.
> • 산패를 잘 견디는 안정성이 높은 것이 좋다.
> • 발연점이 210℃ 이상 높은 것이 좋다.
> • 반죽무게의 0.1~0.2% 정도 사용한다.

24 굽기 공정에서 일어나는 변화가 아닌 것은?

① 전분의 호화
② 오븐팽창(Oven spring)
③ 전분의 노화
④ 캐러멜 반응

> 해설 전분의 노화 : 제품이 딱딱해지거나 거칠어지는 것. 호화된 α-전분의 수분이 빠지면서 β-전분으로 되돌아가는 현상. 노화는 오븐에서 나오자마자 시작된다.

25 엔젤 푸드 케이크의 반죽온도가 높았을 때 일어나는 현상은?

① 증기압을 형성하는데 걸리는 시간이 길다.
② 기공이 열리고 거칠다.
③ 케이크의 부피가 작다.
④ 케이크의 표면이 터진다.

> 해설 반죽 온도가 18℃ 이하이면 제품의 기공과 조직이 조밀해 부피가 작아지고, 반대로 27℃ 이상이면 기공이 열리고 조직이 거칠어진다.

정답 21 ① 22 ③ 23 ③ 24 ③ 25 ②

26 대량 생산 공장에서 많이 사용하는 오븐으로 정형된 반죽이 들어가는 입구와 제품이 나오는 출구가 서로 다른 오븐은?

① 데크 오븐(Deck oven)
② 터널 오븐(Tunnel oven)
③ 컨벡션 오븐(Convection oven)
④ 로터리 랙 오븐(Rotary rack oven)

• 해설 데크오븐은 가장 보편적인 형태의 오븐으로 화덕이 선반 형태로 고정되어 있고, 각 선반의 온도를 조절할 수 있도록 되어 있다.

27 새로운 팬의 사용방법으로 옳은 것은?

① 코팅되지 않은 팬은 218℃ 이하의 오븐에서 1시간 정도 굽는다.
② 실리콘으로 코팅된 팬은 고온으로 장시간 굽는다.
③ 팬을 중성세제를 사용하여 씻고 물속에 보관한다.
④ 사용 후에는 수세미로 깨끗이 씻어 이물질을 제거한다.

28 튀김 기름의 조건으로 틀린 것은?

① 발연점(Smoking point)이 높아야 한다.
② 산패에 대한 안정성이 있어야 한다.
③ 여름철에 융점이 낮은 기름을 사용한다.
④ 산가(Acid value)가 낮아야 한다.

• 해설
〈튀김기름이 갖춰야 할 조건〉
• 산패취가 없어야 한다.
• 저장 중에 안정성이 높아야 한다.
• 발연점이 높아야 한다.
• 가수분해가 잘 일어나지 않아야 한다.

29 정규시간이 50분이고 여유시간이 10분일 때 여유율은?

① 10%   ② 12%
③ 15%   ④ 20%

• 해설
• 여유율(%) = (여유시간÷정규시간)×100
            = (10÷50)×100 =20
• 여유시간 : 작업여유, 직장여유, 용무여유, 피로여유 등이 있다.

30 굽기 중의 변화와 온도가 잘못 짝 지어진 것은?

① 전분의 호화시작 온도, 45℃
② 이스트의 사멸온도, 60℃
③ 글루텐의 열 응고 온도, 74℃
④ 알코올의 기화 온도, 79℃

• 해설 전분의 1차 호화시작 온도는 60℃부근

31 식용유지로 튀김요리를 반복할 때 발생하는 현상이 아닌 것은?

① 발연점 상승
② 유리지방산 생성
③ 카르보닐화합물 생성
④ 점도 증가

정답 26 ② 27 ① 28 ③ 29 ④ 30 ① 31 ①

32 모노글리세리드(Monoglyceride)와 디글리세리드(Diglyceride)는 제과에 있어 주로 어떤 역할을 하는가?

① 유화제 ② 항산화제
③ 감미제 ④ 필수영양제

해설 가장 많이 사용하는 계면활성제의 하나이다. 쇼트닝 제품에는 유지의 6~8%, 빵에는 밀가루 대비 0.375~05%를 사용하면 노화가 눈에 띄게 감소된다.

33 제과, 제빵에서 달걀의 역할로만 묶인 것은?

① 영양가치 증가, 유화역할, pH강화
② 영양가치 증가, 유화역할, 조직강화
③ 영양가치 증가, 조직강화, 방부효과
④ 유화역할, 조직강화, 발효시간 단축

해설 결합제역할, 팽창역할, 유화역할, 완전식품으로 영양가가 높다.

34 다음 중 이당류가 아닌 것은?

① 포도당 ② 맥아당
③ 설탕 ④ 유당

해설
- 단당류 : 포도당, 과당, 갈락토오스
- 이당류 : 자당(설탕), 맥아당, 유당(젖당)
- 다당류 : 덱스트린, 전분

35 캐러멜화를 일으키는 것은?

① 비타민 ② 지방
③ 단백질 ④ 당류

해설 캐러멜화 : 당분을 고온에서 가열하면 분해, 중합하여 착색물질(캐러멜)을 만드는데, 이것을 캐러멜화라고 한다.

36 다음 중 유지의 경화 공정과 관계가 없는 물질은?

① 불포화지방산 ② 수소
③ 콜레스테롤 ④ 촉매제

해설 유지의 수소 첨가를 경화라고 하고, 이렇게 해서 만들어진 유지를 경화유라고 한다. 이 과정에서 트랜스지방이 생성된다.

37 퐁당 크림을 부드럽게 하고 수분 보유력을 높이기 위해 일반적으로 첨가하는 것은?

① 한천, 젤라틴 ② 물, 레몬
③ 소금, 크림 ④ 물엿, 전화당

해설 퐁당이 부드럽고 수분 보유력이 높아지도록 물엿, 전화당, 시럽을 첨가하기도 한다.

정답 32 ① 33 ① 34 ② 35 ④ 36 ③ 37 ④

38 전란의 수분 함량은 몇% 정도인가?

① 30~35% ② 50~53%
③ 72~75% ④ 92~95%

• 해설
- 전란 : 수분(75%), 고형분(25%)
- 노른자 : 수분(50%), 고형분(50%)
- 흰자 : 수분(88%), 고형분(12%)

39 젤라틴(Gelatin)에 대한 설명 중 틀린 것은?

① 동물성 단백질이다.
② 응고제로 주로 이용된다.
③ 물과 섞으면 용해된다.
④ 콜로이드 용액의 젤 형성과정은 비가역적인 과정이다.

• 해설 젤라틴은 동물의 껍질이나 연골을 사용하며, 끓는 물에서 용해되고, 산에 약하고, 무스, 바바루아, 젤리 등에 쓰인다.

40 베이킹 파우더 사용량이 과다할 때의 현상이 아닌 것은?

① 기공과 조직이 조밀하다.
② 주저앉는다.
③ 같은 조건일 때 건조가 빠르다.
④ 속결이 거칠다.

• 해설 베이킹 파우더의 기능 : 연화작용, 완제품의 부피와 내부 기공의 크기를 조절, 탄산가스 발생, 색과 맛에 영향

41 바닐라 에센스가 우유에 미치는 영향은?

① 생취를 감취시킨다.
② 마일드한 감을 감소시킨다.
③ 단백질의 영양가를 증가시키는 강화제 역할을 한다.
④ 색감을 좋게 하는 착색료 역할을 한다.

42 $[H_3O^+]$의 농도가 다음과 같을 때 가장 강산인 것은?

① 10^{-2} mol/l ② 10^{-3} mol/l
③ 10^{-4} mol/l ④ 10^{-5} mol/l

43 다음 중 파이 껍질의 결점이 원인이 아닌 것은?

① 강한 밀가루를 사용하거나 과도한 밀어 펴기를 하는 경우
② 많은 파지를 사용하거나 불충분한 휴지를 하는 경우
③ 적절한 밀가루와 유지를 혼합하여 파지를 사용하지 않은 경우
④ 껍질에 구멍을 뚫지 않거나 달걀물칠을 너무 많이 한 경우

• 해설 반죽시간과 휴지시간이 부족하거나 파지를 많이 사용하게 되면 껍질이 단단해진다.

| 정답 | 38 ③ | 39 ④ | 40 ① | 41 ① | 42 ① | 43 ③ |

44 제과용 밀가루의 단백질과 회분의 함량으로 가장 적합한 것은?

① 단백질(%) 4~5.5, 회분(%) 0.2
② 단백질(%) 6~6.5, 회분(%) 0.3
③ 단백질(%) 7~9, 회분(%) 0.4
④ 단백질(%) 10~11, 회분(%) 0.5

◆ 해설
- 강력분 : 단백질(11~13%), 회분(0.4~0.5%)
- 중력분 : 단백질(9~11%), 회분(0~0.4%)
- 박력분 : 단백질(7~9%), 회분(0.4% 이하)

45 체내에서 물의 역할을 설명한 것으로 틀린 것은?

① 물은 영양소와 대사산물을 운반한다.
② 땀이나 소변으로 배설되며 체온 조절을 한다.
③ 영양소 흡수로 세포막에 농도차가 생기면 물이 바로 이동한다.
④ 변으로 배설될 때는 물의 영향을 받지 않는다.

◆ 해설 영양소의 용매로서 체내 화학반응의 촉매 역할을 한다. 삼투압을 조절하여 체액을 정상으로 유지시킨다. 영양소와 노폐물을 운반하고 체온을 조절한다. 체내 분비액의 주요 성분이다. 외부의 자극으로부터 내장 기관을 보호한다.

46 다음 법정감염병 중 제2급감염병이 아닌 것은?

① 결핵   ② 수두
③ 콜레라   ④ 파상풍

◆ 해설 제2급감염병은 전파가능성을 고려하여 발생 또는 유행시 24시간 이내에 신고, 격리가 필요한 감염병으로 21종이 있다. 파상풍은 제3급감염병이다.

47 다음 중 세균성 식중독 예방을 위한 일반적인 원칙이 아닌 것은?

① 먹기 전에 가열처리 할 것
② 가급적 조리 직후에 먹을 것
③ 설사환자나 화농성질환이 있는 사람은 식품을 취급하지 않도록 할 것
④ 실온에서 잘 보관하여 둘 것

◆ 해설 생과일·생채소는 살균되거나 청결히 씻은 제품 먹기, 철저한 가열, 냉동고기는 해동직후 바로 조리, 조리한 음식은 최대한 빨리 먹기, 60℃이상 가열 또는 10℃ 이하에서 저장, 냉장음식 70℃ 이상에서 3분 이상 가열, 조리한 음식과 날음식 같이 두지 말기 등

48 다음의 단팥빵 영양가 표를 참고하여 단팥빵 200g의 열량을 구하면 얼마인가?

	탄수화물	단백질	지방	칼슘	비타민B₁
영양소 100g중 함유량	20g	5g	10g	2mg	0.12mg

① 190kcal   ② 300kcal
③ 380kcal   ④ 460kcal

• 해설
[(탄수화물의 무게+단백질의 무게)×4+(지방의 무게×9)]
×2
= [(20+5)×4+(10×9)]×2
= (100+90)×2 = 380 (kcal)
※ 200g ÷ 100g = 2 이므로 190kcal×2 = 380kcal이다.

49 무기질의 기능이 아닌 것은?

① 우리 몸의 경조직 구성성분이다.
② 열량을 내는 급원열량이다.
③ 효소의 기능을 촉진시킨다.
④ 세포의 삼투압 평형유지 작용을 한다.

• 해설 무기질은 체내에서 직접적인 열량원이 되지 못한다. 경조직과 연조직을 구성하고 생체기능을 조절하는 역할을 한다. 체내에서 합성되지 못하므로 반드시 음식으로부터 공급받아야 한다.

50 혈당의 저하와 가장 관계가 깊은 것은?

① 인슐린   ② 리파아제
③ 프로테아제   ④ 펩신

• 해설 인슐린은 생체 내에서 혈당을 강하시키는 기능을 하며, 많은 조직과 기관에서 직·간접적으로 대사 조절에 관여한다.

51 카제인이 많이 들어있는 식품은?

① 빵   ② 우유
③ 밀가루   ④ 콩

• 해설 케세인은 우유의 주된 단백질로서, 우유 단백질의 약 80% 정도를 차지하고 있다.

52 다음 중 식품접객업에 해당되지 않은 것은?

① 식품 냉동·냉장업
② 유흥주점영업
③ 위탁급식영업
④ 일반음식점영업

• 해설 식품접객업에는 일반음식점, 휴게음식점, 단란주점, 유흥주점 등이 포함된다.

53 과자와 빵에 우유가 미치는 영향이 아닌 것은?

① 영양을 강화시킨다.
② 보수력이 없어서 노화를 촉진시킨다.
③ 겉껍질 색깔을 강하게 한다.
④ 이스트에 의해 생성된 향을 착향시킨다.

• 해설
• 영양가를 향상시킨다.
• 향과 풍미를 개선한다.
• 빵속의 광택을 좋게 하고, 크림색을 띠게 한다.
• 껍질색을 좋게한다.
• 빵속을 부드럽게 한다.
• 믹싱 시 내구력을 높이고, 오버 믹싱의 위험을 감소시킨다.

정답 49 ② 50 ① 51 ② 52 ① 53 ②

54 밀가루의 표백과 숙성에 사용되는 첨가물의 종류?

① 개량제　　② 발색제
③ 피막제　　④ 소포제

55 다음 중 허가된 천연유화제는?

① 구연산　　② 고시폴
③ 레시틴　　④ 세사몰

• 해설　노른자에는 강한 유화작용을 일으키는 레시틴이 함유되어 있기 때문에 천연 유화제로 많이 이용된다.

56 식중독의 예방 원칙으로 올바른 것은?

① 장기간 냉장보관
② 주방의 바닥 및 벽면의 충분한 수분유지
③ 잔여 음식의 폐기
④ 날음식, 특히 어패류는 생식할 것

57 다음 중 아플라톡신을 생산하는 미생물은?

① 효모　　② 세균
③ 바이러스　　④ 곰팡이

• 해설　곰팡이 : 균류 중 진균에 속하는 조균류, 자낭균류, 불완전균류 가운데 균사를 생성하는 미생물을 곰팡이라고 한다.

58 소독력이 강한 양이온 계면활성제로서 종업원의 손을 소독할 때나 용기 및 기구의 소독제로 알맞은 것은?

① 석탄산　　② 과산화수소
③ 역성비누　　④ 크레졸

• 해설　역성비누 : 원액을 200~400배로 희석하여 손, 식품, 기구 등에 사용한다.

59 알레르기성 식중독의 원인이 될 수 있는 가능성이 가장 높은 식품은?

① 오징어　　② 꽁치
③ 갈치　　④ 광어

• 해설　알레르기성 식중독은 꽁치, 전갱이, 청어 등의 건어물을 먹은 후 두드러기 같은 발진이 나타나는 병을 말한다.

60 어패류의 생식과 가장 관계가 깊은 식중독 세균은?

① 프로테우스균　　② 장염비브리오균
③ 살모넬라균　　④ 바실러스균

• 해설　장염비브리오균으로 오염된 해수가 감염원이 되어서 어패류가 직접 오염, 생선회, 초밥의 생식으로 감염

정답　54 ①　55 ③　56 ③　57 ④　58 ③　59 ②　60 ②

제과 CBT 기출예상문제 — 4회

01 비중이 높은 제품의 특징이 아닌 것은?

① 기공이 조밀하다.
② 부피가 작다.
③ 껍질색이 진하다.
④ 제품이 단단하다.

• 해설 반죽 비중이 높다 : 기공이 조밀하다. 부피가 작다. 제품이 무겁다.

02 다음 설명 중 맛과 향이 떨어지는 원인이 아닌 것은?

① 설탕을 넣지 않는 제품은 맛과 향이 제대로 나지 않는다.
② 저장 중 산패된 유지, 오래된 달걀로 인한 냄새를 흡수한 재료는 품질이 떨어진다.
③ 탈향의 원인이 되는 불결한 팬의 사용과 탄화된 물질이 제품에 붙으면 맛과 외양을 악화시킨다.
④ 굽기 상태가 부적절하면 생재료 맛이나 탄 맛이 남는다.

03 핑거 쿠키 성형시 가장 적정한 길이(cm)는?

① 3   ② 5
③ 9   ④ 12

04 반죽형으로 제조되는 케이크 제품은?

① 파운드 케이크
② 시퐁 케이크
③ 레몬 시크론 케이크
④ 스파이스 케이크

• 해설
• 반죽형 케이크 : 0.75~0.85(파운드 케이크, 레이어 케이크, 초콜릿 케이크, 데블스 푸드 케이크).
• 거품형 케이크 : 0.50~0.60(버터 스펀지 케이크), 0.40~0.50(시퐁 케이크, 롤 케이크)

05 다음 유지 중 성질이 다른 것은?

① 버터   ② 마가린
③ 샐러드유   ④ 쇼트닝

• 해설 샐러드유는 식물성 기름이다.

06 퐁당 아이싱이 끈적거리거나 포장지에 붙는 경향을 감소시키는 방법으로 옳지 않은 것은?

① 아이싱을 다소 덥게(40℃)하여 사용한다.
② 아이싱에 최대의 액체를 사용한다.
③ 굳은 것은 설탕시럽을 첨가하거나 데워서 사용한다.
④ 젤라틴, 한천 등과 같은 안정제를 적절하게 사용한다.

• 해설 퐁당은 마르지 않도록 비닐 등에 싸서 보관한다. 35~45℃로 데워서 사용한다. 물엿, 전화당, 시럽을 첨가하기도 한다. 고급 아이싱을 위하여 유지, 달걀, 향, 색소 등을 첨가한다.

정답 01 ③ 02 ① 03 ② 04 ① 05 ③ 06 ②

07 거품을 올린 흰자에 뜨거운 시럽을 첨가하면서 고속으로 믹싱하여 만드는 아이싱은?

① 마시멜로 아이싱
② 콤비네이션 아이싱
③ 초콜릿 아이싱
④ 로얄 아이싱

◀해설▶ 마시맬로 아이싱 : 흰자에 설탕 시럽을 넣어 거품을 올린다.

08 쿠키에 팽창제를 사용하는 주된 목적은?

① 제품의 부피를 감소시키기 위해
② 딱딱한 제품을 만들기 위해
③ 퍼짐과 크기를 조절하기 위해
④ 설탕입자의 조절을 위해

◀해설▶ 퍼짐성과 부피와 부드러움을 조절한다. 반죽과 제품의 산도를 조절한다. 일반적으로 탄산수소나트륨(중조), 산염, 전분으로 구성된 베이킹 파우더를 많이 쓴다.

09 도넛의 튀김온도로 가장 적당한 온도 범위는?

① 105℃ 내외
② 145℃ 내외
③ 185℃ 내외
④ 250℃ 내외

◀해설▶ 정상적인 튀김온도 : 180~194℃ (평균 185℃)

10 케이크 팬용적 410cm³에 100g의 스펀지 케이크 반죽을 넣어 좋은 결과를 얻었다면, 팬용적 1230cm³에 넣어야 할 스펀지 케이크의 반죽무게(g)는?

① 123
② 200
③ 300
④ 410

◀해설▶
$410 : 100 = 1230 : x$
$410x = 123,000$
$x = 123,000 \div 410$
$x = 300$

11 과일 케이크를 구울 때 증기를 분사하는 목적과 거리가 먼 것은?

① 향의 손실을 막는다.
② 껍질을 두껍게 만든다.
③ 표피의 캐러멜화 반응을 연장한다.
④ 수분의 손실을 막는다.

12 일반적인 과자반죽의 결과 온도로 가장 알맞은 것은?

① 10 ~ 13℃
② 22 ~ 24 ℃
③ 26 ~ 28℃
④ 32 ~ 34 ℃

◀해설▶ 제과 반죽온도는 23~24℃를 맞춘다.

정답 07 ① 08 ③ 09 ③ 10 ③ 11 ② 12 ②

13 베이킹 파우더를 많이 사용한 제품의 결과와 거리가 먼 것은?

① 밀도가 크고 부피가 작다.
② 속결이 거칠다.
③ 오븐스프링이 커서 찌그러들기 쉽다.
④ 속 색이 어둡다.

14 주방 설계에 있어 주의할 점이 아닌 것은?

① 가스를 사용하는 장소에는 환기시설을 갖춘다.
② 주방 내의 여유 공간을 확보한다.
③ 종업원의 출입구와 손님용 출입구는 별도로하여 재료의 반입은 종업원 출입구로 한다.
④ 주방의 환기는 소형의 것을 여러 개 설치하는 것보다 대형의 환기장치 1개를 설치하는 것이 좋다.

15 푸딩에 대한 설명 중 맞는 것은?

① 우유와 설탕은 120℃로 데운 후 달걀과 소금을 넣어 혼합한다.
② 우유와 소금의 혼합 비율은 100:10이다.
③ 달걀의 열변성에 의한 농후화 작용을 이용한 제품이다.
④ 육류, 과일, 채소, 빵을 섞어 만들지는 않는다.

▶해설 달걀, 설탕, 우유 등을 혼합하여 중탕으로 구운 제품으로, 육류, 과일, 채소, 빵을 섞어 만들기도 한다. 달걀의 열변성에 의한 농후화 작용을 이용한 제품이다.

16 사과파이 껍질의 결의 크기는 어떻게 조절하는가?

① 쇼트닝의 입자크기로 조절한다.
② 쇼트닝의 양으로 조절한다.
③ 접기수로 조절한다.
④ 밀가루 양으로 조절한다.

▶해설 사과파이 껍질의 결의 크기 조절은 쇼트닝의 입자크기로 조절한다.

17 젤리 롤 케이크를 말 때 터지는 경우의 조치 사항이 아닌 것은?

① 달걀에 노른자를 추가시켜 사용한다.
② 설탕(자당)의 일부를 물엿으로 대치한다.
③ 덱스트린의 점착성을 이용한다.
④ 팽창이 과도한 경우에는 팽창제 사용량을 감소시킨다.

▶해설 설탕의 일부를 물엿으로 대치하여 사용한다. 배합에 덱스트린을 사용하여 점착성을 증가시킨다. 팽창제나 믹싱을 줄여 과도한 팽창을 방지한다. 노른자의 비율이 높은 경우에도 부서지기 쉬우므로 노른자 사용량을 줄이고 전란을 증가시킨다. 굽기 중 너무 오래 구우면 말 때 부서지기 쉬우므로 오버 베이킹 하지 않는다. 아래 불이 강하지 않게 굽는다. 반죽의 비중이 높지않게 한다. 반죽의 온도가 낮으면 굽는시간이 길어지므로 온도가 너무 낮지 않게 믹싱한다. 배합에 글리세린을 첨가해 제품의 유연성을 부여한다.

18 도넛의 튀김 온도로 가장 적당한 것은?

① 140 ~ 156℃   ② 160 ~ 176℃
③ 180 ~ 196℃   ④ 220 ~ 236℃

▶해설 도넛의 튀김 온도 180~196℃, 기름의 평균 깊이 12~15cm 정도.

정답 13 ④ 14 ④ 15 ③ 16 ① 17 ① 18 ③

19 다음 중 파이롤러를 사용하기에 부적합한 제품은?

① 스위트롤
② 데니시 페이스트리
③ 크로와상
④ 브리오슈

• 해설 파이롤러 : 롤러의 간격을 점차 좁게 조절하여 반죽을 얇게 밀어 펴는 기계이다. 데니시 페이스트리, 퍼프 페이스트리, 케이크도넛 등을 만들 때 균일한 두께로 밀어 펼 수 있다.

20 원가관리 개념에서 식품을 저장하고자 할 때 저장온도로 부적합한 것은?

① 상온식품은 15~20℃에서 저장한다.
② 보냉식품은 10~15℃에서 저장한다.
③ 냉장식품은 5℃ 전후에서 저장한다.
④ 냉동식품은 -40℃ 이하로 저장한다.

21 다음 중 튀김용 반죽으로 적합한 것은?

① 퍼프 페이스트리 반죽
② 스펀지 케이크 반죽
③ 슈 반죽
④ 쇼트브레드 쿠키 반죽

22 파운드 케이크 제조 시 2중팬을 사용하는 목적이 아닌 것은?

① 제품 바닥의 두꺼운 껍질형성을 방지하기 위하여
② 제품 옆면의 두꺼운 껍질형성을 방지하기 위하여
③ 제품의 조직과 맛을 좋게 하기 위하여
④ 오븐에서의 열전도 효율을 높이기 위하여

23 케이크 반죽을 혼합할 때 반죽의 온도가 최적범위 이상이나 이하로 설정될 경우에 나타나는 현상이 아닌 것은?

① 쇼트닝의 크리밍성이 감소한다.
② 공기의 혼합능력이 떨어진다.
③ 팽창속도가 변화한다.
④ 케이크의 체적이 증가한다.

24 퍼프 페이스트리 제조 시 팽창이 부족하여 부피가 빈약해지는 결점의 원인에 해당하지 않는 것은?

① 반죽의 휴지가 길었다.
② 밀어펴기가 부적절하였다.
③ 부적합한 유지를 사용하였다.
④ 오븐의 온도가 너무 높았다.

정답 19 ④ 20 ④ 21 ③ 22 ④ 23 ④ 24 ①

25 아이싱의 끈적거림 방지 방법으로 잘못된 것은?

① 액체를 최소량으로 사용한다.
② 40℃ 정도로 가온한 아이싱 크림을 사용한다.
③ 안정제를 사용한다.
④ 케이크 제품이 냉각되기 전에 아이싱한다.

◀해설 아이싱의 끈적거림을 방지하는 조치 : 젤라틴, 식물성 검 같은 안정제를 사용한다. 전분, 밀가루 같은 흡수제를 사용한다. 최소의 액체를 사용한다. 40℃ 전후의 온도로 데워 되기를 맞춘다.

26 버터크림 제조 시 당액의 온도로 가장 알맞은 것은?

① 80~90℃　　　② 98~104℃
③ 114~118℃　　④ 150~155℃

◀해설 설탕, 물, 물엿을 114~118℃로 끓여서 시럽을 만든 뒤 냉각한다.

27 파이 반죽을 냉장고에서 휴지시키는 효과가 아닌 것은?

① 밀가루의 수분 흡수를 돕는다.
② 유지의 결 형성을 돕는다.
③ 반점 형성을 방지한다.
④ 유지가 흘러나오는 것을 촉진시킨다.

28 옐로 레이어 케이크에서 쇼트닝과 달걀의 사용량 관계를 바르게 나타낸 것은?

① 쇼트닝 × 0.7 = 달걀
② 쇼트닝 × 0.9 = 달걀
③ 쇼트닝 × 1.1 = 달걀
④ 쇼트닝 × 1.3 = 달걀

29 기본적인 스펀지 케이크의 필수재료가 아닌 것은?

① 밀가루　　　② 설탕
③ 분유　　　　④ 소금

◀해설 스펀지 케이크는 밀가루, 달걀, 설탕, 소금을 사용해 만든다.

30 제과용 기계 설비와 거리가 먼 것은?

① 오븐　　　　② 라운더
③ 에어믹서　　④ 데포지터

◀해설 라운더 : 분할된 반죽이 기계적으로 둥글려지면서 표피를 매끄럽게 만든다.

31 가나슈크림에 대한 설명으로 옳은 것은?

① 생크림은 절대 끓여서 사용하지 않는다.
② 초콜릿과 생크림의 배합비율은 10:1이 원칙이다.
③ 초콜릿 종류는 달라도 카카오 성분은 같다.
④ 끓인 생크림에 초콜릿을 더한 크림이다.

◀해설 초콜릿 1 : 생크림 1

정답　25 ④　26 ③　27 ④　28 ③　29 ③　30 ②　31 ④

32 머랭의 최적 pH는?

① 5.5 ~ 6.0 ② 6.5 ~ 7.0
③ 7.5 ~ 8.0 ④ 8.5 ~ 9.0

> **해설** • 제품의 적정 pH : 화이트 레이어 케이크(7.4~7.8), 옐로우 레이어 케이크(7.2~7.6), 스펀지 케이크(7.3~7.6), 파운드 케이크(6.6~7.1), 데블스 푸드 케이크(8.5~9.2), 초콜릿 케이크(7.8~8.8), 엔젤 푸드 케이크(5.2~6.0)

33 달걀 중에서 껍질을 제외한 고형질은 약 몇 %인가?

① 15% ② 25%
③ 35% ④ 45%

> **해설**
> • 전란 : 수분 75%, 고형질 25%
> • 노른자 : 수분 50%, 고형질 50%
> • 흰자 : 수분 88%, 고형질 12%

34 글리세린(Glycerin, Glycerol)에 대한 설명으로 틀린 것은?

① 무색, 무취한 액체이다.
② 3개의 수산기(-OH)를 가지고 있다.
③ 색과 향의 보존을 도와준다.
④ 탄수화물의 가수분해로 얻는다.

> **해설**
> • 글리세린- 3개의 수산기(-OH)를 가지고 있다.
> • 보습성을 가지며 무색, 무취, 감미를 가진 시럽으로 물보다 비중이 크다.
> • 용매작용. 물 · 기름 유착액에 대한 안정성을 부여한다.

35 우유에 함유되어 있는 당으로 제빵용 효모에 의하여 발효되지 않는 것은?

① 포도당 ② 유당
③ 설탕   ④ 과당

36 밀알에서 내배유가 차지하는 구성비와 가장 근접한 것은?

① 14% ② 36%
③ 65% ④ 83%

> **해설** 밀알은 배아 2~3%, 내배유 83%, 껍질 14%로 구성되어있다.

37 비터 초콜릿(Bitter chocolate) 32% 중에는 코코아가 약 얼마 정도 함유 되어 있는가?

① 8%   ② 16%
③ 20% ④ 24%

> **해설**
> • 초콜릿의 구성성분 : 코코아 62.5%(5/8), 코코아버터 37.5%(3/8)
> = $32\% \times \frac{5}{8} = 20\%$

38 베이커스 퍼센트(Baker's percent)에서 기준이 되는 재료는?

① 이스트 ② 물
③ 밀가루 ④ 달걀

> **해설** 제과 백분율은 배합에 들어가는 밀가루 전체의 양을 100%로 보고 기타 재료의 양을 비교, 백분율로 표시한 것이다.

정답 32 ① 33 ② 34 ④ 35 ② 36 ④ 37 ③ 38 ③

39 식용유지의 산화방지제로 항산화제를 사용하고 있는데 항산화제는 직접 산화를 방지하는 물질과 항산화 작용을 보조하는 물질 또는 앞의 두 작용을 가진 물질로 구분하는 데 항산화 작용을 보조하는 물질은?

① 비타민 C
② BHA
③ 비타민 A
④ BHT

▶해설 항산화제의 보완제 : 비타민 C, 구연산, 주석산, 인산 등은 자신만으로는 별 효과가 없지만 항산화제와 같이 사용하면 항산화 효과를 높여준다.

40 유지의 산화방지에 주로 사용되는 방법은?

① 수분첨가
② 비타민 E 첨가
③ 단백질 제거
④ 가열 후 냉각

▶해설 유지의 산화방지제 : 비타민 E, 프로필갈레이트(PG), BHA, NDGA, BHT, 구아검 등

41 화이트 레이어 케이크를 만들 때 밀가루를 기준으로 가장 적합한 설탕의 양은?

① 60 ~ 80%
② 80 ~ 100%
③ 110 ~ 160%
④ 180 ~ 230%

▶해설 흰자를 사용해 반죽한 케이크로 설탕 사용범위가 110~160%까지 넓다.

42 다음 중 동물성 단백질은?

① 덱스트린
② 아밀로오스
③ 글루텐
④ 젤라틴

▶해설
〈젤라틴〉
• 동물의 껍질이나 연골 속의 콜라겐을 정제한 것이다.
• 판상, 입자상, 분말상의 제품이 사용되고 있다.
• 순수한 젤라틴은 무미, 무취, 연한 색을 띠고 있으며, 끓는 물에만 용해되며, 식으면 단단하게 굳는다.
• 용액에 대하여 1% 농도로 사용해야 한다.
• 과다하게 사용하면 질긴 고무 같은 제품이 된다.

43 과일 잼 형성의 3가지 필수요건이 아닌 것은?

① 설탕
② 펙틴
③ 산(酸)
④ 젤라틴

44 다음 중 감미도가 가장 높은 것은?

① 포도당
② 유당
③ 과당
④ 맥아당

▶해설 상대적 감미도 순 : 과당(175) 〉 전화당(130) 〉 자당(100) 〉 포도당(75) 〉 맥아당(32), 갈락토오스(32) 〉 유당(16)

정답 39 ② 40 ③ 41 ③ 42 ④ 43 ④ 44 ③

Baking & Pastry

45 지방의 기능이 아닌 것은?

① 지용성 비타민의 흡수를 돕는다.
② 외부의 충격으로부터 장기를 보호한다.
③ 높은 열량을 제공한다.
④ 변의 크기를 증대시켜 장관 내 체류시간을 단축시킨다.

• 해설 지방의 기능 : 에너지 공급원이다(1g당 9kcal), 피하지방은 체온의 발산을 막아 체온을 조절한다. 복강지방은 외부의 충격으로부터 내장 기관을 보호한다. 위에서 머무는 시간이 길어 포만감을 주고, 장내에서 윤활제 역할을 해 변비를 막아준다. 지용성 비타민의 흡수와 운반을 돕는다.

46 자당(Sucrcse) 10%를 이성화해서 10.52%의 전화당(Invert sugar)을 얻었다. 포도당(Glucose)과 과당(Fructose)의 비율은?

① 포도당 7.0%, 과당 3.52%
② 포도당 5.26%, 과당 5.26%
③ 포도당 3.52%, 과당 7.0%
④ 포도당 2.63%, 과당 7.89%

• 해설 전화당은 과당과 포도당이 동량으로 들어 있는 화합물이다.

47 제품의 유통기간 연장을 위해서 포장에 이용되는 불활성 가스는?

① 산소
② 질소
③ 수소
④ 염소

48 밀가루가 75%의 탄수화물, 10%의 단백질, 1%의 지방을 함유하고 있다면 100g의 밀가루를 섭취하였을 때 얻을 수 있는 열량(kcal)은?

① 386
② 349
③ 317
④ 307

• 해설
• 탄수화물 4(kcal), 단백질 4(kcal), 지방 9(kcal)
• (75 × 4) + (10 × 4) + (1 × 9) = 349kcal

49 올리고당류의 특징으로 가장 거리가 먼 것은?

① 청량감이 있다.
② 감미도가 설탕의 20~30% 낮춘다.
③ 설탕에 비해 항충치성이 있다.
④ 장내 비피더스균의 증식을 억제한다.

50 필수 아미노산이 아닌 것은?

① 라이신
② 메티오닌
③ 페닐알라닌
④ 아라키돈산

• 해설 필수아미노산 : 성인에게는 이소류신, 라이신, 메티오닌, 페닐알라닌, 트레오닌, 트립토판, 발린, 류신 8종류, 어린이와 회복기 환자에게는 8종류 외에 히스티딘을 합한 9종류가 필요하다.

정답 45 ④ 46 ② 47 ② 48 ② 49 ④ 50 ④

51 당질의 대사과정에 필요한 비타민으로서 쌀을 주식으로 하는 우리나라 사람에게 더욱 중요한 것은?

① 비타민 A   ② 비타민 B_1
③ 비타민 B_{12} ④ 비타민 D

▶ 해설 비타민 B_1 급원식품 : 쌀겨, 대두, 땅콩, 돼지고기, 난황, 간, 배아 등

52 식품의 부패 요인과 가장 거리가 먼 것은?

① 수분   ② 온도
③ 가열   ④ pH

▶ 해설 식품의 부패요인 : 온도, 빛, 습도, 산소, 금속이온

53 빵이나 케이크에 허용되어 있는 보존료는?

① 프로피온산나트륨   ② 안식향산
③ 데히드로초산   ④ 소르비톨

▶ 해설 프로피온산나트륨은 미생물의 생육을 억제하여 가공식품의 보존료로 사용된다. 빵 및 케이크류, 치즈, 쨈류 등에 사용된다.

54 대장균에 대한 설명으로 틀린 것은?

① 유당을 분해한다.
② 그램(Gram)양성이다.
③ 호기성 또는 통성혐기성이다.
④ 무아포 간균이다.

▶ 해설 대장균 군은 "젖당을 발효하여 가스와 산을 산생하는 호기성 또는 통성혐기성, 그람음성, 무아포 간균"이라고 정의할 수 있다.

55 화학적 식중독에 대한 설명으로 잘못된 것은?

① 유해색소의 경우 급성독성은 문제되나 소량을 연속적으로 섭취할 경우 만성독성의 문제는 없다.
② 인공감미료 중 싸이클라메이트는 발암성이 문제되어 사용이 금지되어 있다.
③ 유해성 보존료인 포르말린은 식품에 첨가할 수 없으며 플라스틱 용기로부터 식품 중에 용출되는 것도 규제하고 있다.
④ 유해성 표백제인 롱가릿 사용 시 포르말린이 오래도록 식품에 잔류할 가능성이 있으므로 위험하다.

▶ 해설 화학성 식중독 : 화학물질에 의한 식중독은 유독성 화학물질을 함유한 식품을 섭취함으로써 일어나는 식중독이다.

정답 51 ②   52 ③   53 ①   54 ③   55 ①

56 살모넬라균으로 인한 식중독의 잠복기와 증상으로 옳은 것은?

① 오염식품 섭취 10~24 시간 후 발열(38~40℃)이 나타나며 1주일 이내 회복이 된다.
② 오염식품 섭취 10~20 시간 후 오한과 혈액이 섞인 설사가 나타나며 이질로 의심되기도 한다.
③ 오염식품 섭취 10~30 시간 후 점액성 대변을 배설하고 신경증상을 보여 곧 사망한다.
④ 오염식품 섭취 8~20시간 후 복통이 있고 홀씨 A, F형의 독소에 의한 발병이 특징이다.

◆해설
• 원인식품 : 육류, 어패류, 우유, 유제품, 알류
• 잠복기 : 12~24시간

57 세균성식중독과 비교하여 경구 감염병의 특징이 아닌 것은?

① 적은 양의 균으로도 질병을 일으킬 수 있다.
② 2차 감염이 된다.
③ 잠복기가 비교적 짧다.
④ 감염 후 면역형성이 잘된다.

◆해설 오염된 식품, 손, 물, 곤충, 식기류 등에 의해 세균이 입을 통하여 체내로 침입하는 소화기계 감염병이다. 경구 감염병은 적은 양의 균으로도 감염이 잘 되며, 2차 전염이 되는 경우가 많다는 점에서 세균성 식중독과 구별된다.

58 인수공통감염병 중 오염된 우유나 유제품을 통해 사람에게 감염되는 것은?

① 탄저   ② 결핵
③ 야토병 ④ 구제역

59 장염비브리오(Vibrio)균에 의한 식중독 유형은?

① 독소형 식중독
② 감염형 식중독
③ 곰팡이독 식중독
④ 화학물질 식중독

◆해설 감염형 식중독 : 살모넬라 식중독, 장염비브리오 식중독, 병원성대장균 식중독

60 다음 중 HACCP 적용의 7가지 원칙에 해당하지 않는 것은?

① 위해요소분석
② HACCP 팀 구성
③ 한계기준설정
④ 기록유지 및 문서관리

◆해설
1. 위해요소(HA)를 분석한다.
2. 중요 관리점(CCP)을 결정한다.
3. 중요관리점에 대한 한계기준(CL)을 결정한다.
4. 중요관리점에 대한 모니터링 방법을 결정한다.
5. 모니터링 결과 한계지군 이탈시 개선조치(CA) 절차를 확립한다.
6. HACCP시스템의 효과적 시행여부 검증 절차를 확립한다.
7. 설정된 원칙과 적용에 대한 기록유지 및 문서화 절차를 확립한다.

정답 56 ① 57 ③ 58 ② 59 ② 60 ②

제과 CBT 기출예상문제 – 5회

Baking & Pastry

01 가수분해나 산화에 의하여 튀김기름을 나쁘게 만드는 요인이 아닌 것은?

① 온도 ② 물
③ 산소 ④ 비타민 E(토코페롤)

▶해설 튀김 기름을 나쁘게 만드는 4대 요인 : 온도, 수분, 공기, 이물질

02 고율배합 케이크와 비교하여 저율배합 케이크의 특징은?

① 믹싱 중 공기 혼입량이 많다.
② 굽는 온도가 높다.
③ 반죽의 비중이 낮다.
④ 화학팽창제 사용량이 적다.

▶해설

	고율배합	저율배합
반죽속에 공기가 포함된 정도	많음	적음
비중	낮음	높음
화학 팽창제 사용	줄임	늘림
굽는 온도	저온장시간	고온단시간

03 40g의 계량컵에 물을 가득 채웠더니 240g이었다. 과자 반죽을 넣고 달아보니 220g이 되었다면 이 반죽의 비중은 얼마인가?

① 0.85 ② 0.9
③ 0.92 ④ 0.95

▶해설 비중 = (반죽무게−컵무게)÷(물무게−컵무게)
= (220−40)÷(240−40) = 0.9

04 거품형 케이크 반죽을 믹싱 할 때 가장 적당한 믹싱법은?

① 중속 → 저속 → 고속
② 저속 → 고속 → 중속
③ 저속 → 중속 → 고속 → 저속
④ 고속 → 중속 → 저속 → 고속

05 과일 케이크를 만들 때 과일이 가라앉는 이유가 아닌 것은?

① 강도가 약한 밀가루를 사용한 경우
② 믹싱이 지나치고 큰 공기방울이 반죽에 남는 경우
③ 진한 속색을 위한 탄산수소나트륨을 과다로 사용한 경우
④ 시럽에 담근 과일의 시럽을 배수시켜 사용한 경우

▶해설 시럽에 담근 과일은 사용전에 물을 충분히 뺀 뒤 사용한다. 반죽과 과일을 섞기 전에 과일을 밀가루에 묻혀 사용하면 과일이 밑바닥에 가라앉는 것을 방지할 수 있다. 과일류와 견과류는 믹싱 최종단계에 넣는다.

06 달걀의 일반적인 수분함량은?

① 50% ② 75%
③ 88% ④ 90%

▶해설
• 전란 : 수분 75%, 고형질 25%
• 노른자 : 수분 50%, 고형질 50%
• 흰자 : 수분 88%, 고형질 12%

정답 01 ④ 02 ② 03 ② 04 ③ 05 ④ 06 ②

07 가압하지 않은 찜기의 내부 온도로 가장 적합한 것은?

① 65℃   ② 99℃
③ 150℃ ④ 200℃

08 고율배합의 제품을 굽는 방법으로 알맞은 것은?

① 저온 단시간   ② 고온 단시간
③ 저온 장시간   ④ 고온 장시간

◀해설 굽기 방법 : 고율배합 – 저온장시간, 저율배합 – 고온 단시간

09 다음 중 반죽 온도가 가장 낮은 것은?

① 퍼프 페이스트리   ② 레이어케이크
③ 파운드케이크   ④ 스펀지케이크

◀해설 퍼프 페이스트리 반죽온도는 20℃이다.

10 다음 중 케이크의 아이싱에 주로 사용되는 것은?

① 마지팬   ② 프랄린
③ 글레이즈   ④ 휘핑크림

11 거품을 올린 흰자에 뜨거운 시럽을 첨가하면서 고속으로 믹싱하여 만드는 아이싱은?

① 마시멜로 아이싱
② 콤비네이션 아이싱
③ 초콜릿 아이싱
④ 로얄 아이싱

◀해설 흰자에 설탕 시럽을 넣어 거품을 올리는 마시멜로 아이싱.

12 같은 용적의 팬에 같은 무게의 반죽을 팬닝하였을 경우 부피가 가장 작은 제품은?

① 시폰 케이크   ② 레이어 케이크
③ 파운드 케이크 ④ 스펀지 케이크

◀해설 파운드 케이크 : 2.04㎤/g, 레이어 케이크 : 2.96㎤/g, 엔젤 푸드 케이크 4.71㎤/g, 스펀지 케이크 : 5.08㎤/g

13 과자 반죽의 온도 조절에 대한 설명으로 틀린 것은?

① 반죽 온도가 낮으면 기공이 조밀하다.
② 반죽온도가 낮으면 부피가 작아지고 식감이 나쁘다.
③ 반죽 온도가 높으면 기공이 열리고 큰 구멍이 생긴다.
④ 반죽 온도가 높은 제품은 노화가 느리다.

정답 07 ② 08 ③ 09 ① 10 ③ 11 ① 12 ③ 13 ④

14 거품형 제품 제조시 가온법의 장점이 아닌 것은?

① 껍질색이 균일하다.
② 기포시간이 단축된다.
③ 기공이 조밀하다.
④ 달걀의 비린내가 감소된다.

•해설 〈더운믹싱법(=가온법)의 장점〉
• 껍질색이 균일하다.
• 껍질색이 균일하다.
• 달걀의 비린내가 감소된다.

15 공장설비구성의 설명으로 적합하지 않은 것은?

① 공장시설설비는 인간을 대상으로 하는 공학이다.
② 공장시설은 식품조리과정의 다양한 작업을 여러 조건에 따라 합리적으로 수행하기 위한 시설이다.
③ 설계디자인은 공간의 할당, 물리적 시설, 구조의 생김새, 설비가 갖춰진 작업장을 나타내 준다.
④ 각 시설은 그 시설이 제공하는 서비스의 형태에 기본적인 어떤 기능을 지니고 있지 않다.

16 일반적으로 옐로 레이어 케이크의 반죽온도는 어느 정도가 가장 적당한가?

① 10℃   ② 16℃
③ 24℃   ④ 34℃

•해설 옐로 레이어 케이크의 반죽온도는 24℃가 적당하다.

17 다음 중 전분을 분해하는 효소는?

① 리파아제   ② 아밀라아제
③ 프로테아제   ④ 말타아제

•해설 가장 중요한 영향을 미치는 효소는 전분을 분해하는 아밀라아제와 단백질을 분해하는 프로테아제이다.

18 흰자를 거품내면서 뜨겁게 끓인 시럽을 부어 만든 머랭은?

① 냉제 머랭   ② 온제 머랭
③ 스위스 머랭   ④ 이탈리안 머랭

•해설 이탈리안 머랭 : 설탕과 물을 넣고 114~118℃로 끓인 후 조금씩 흘려 넣으면서 중속으로 휘핑한다.

정답 14 ③   15 ④   16 ③   17 ②   18 ④

19 케이크 도넛의 제조방법으로 올바르지 않은 것은?

① 정형기로 찍을 때 반죽손실이 적도록 찍는다.
② 정형 후 곧바로 튀긴다.
③ 덧가루를 얇게 사용한다.
④ 튀긴 후 그물망에 올려놓고 여분의 기름을 배출시킨다.

• 해설 휴지시킨 반죽을 1cm 두께로 밀어펴고, 도넛용 고리 형틀로 찍는다. 10분 동안 휴지 시킨 후 튀긴다.

20 퍼프 페이스트리를 제조할 때 주의할 점으로 틀린 것은?

① 성형한 반죽을 장기간 보관하려면 냉장하는 것이 좋다.
② 파치(Scrap pieces)가 최소로 되도록 정형한다.
③ 충전물을 넣고 굽는 반죽은 구멍을 뚫고 굽는다.
④ 굽기 전에 적정한 최종 휴지를 시킨다.

21 반죽 비중에 대한 설명으로 옳지 않은 것은?

① 비중이 높으면 부피가 작아진다.
② 비중이 낮으면 부피가 커진다.
③ 비중이 낮으면 기공이 열려 조직이 거칠어진다.
④ 비중이 높으면 기공이 커지고 노화가 느리다.

• 해설 같은 무게의 반죽이면서 비중이 높으면 제품의 부피가 작고, 낮으면 크다. 비중이 낮을수록 제품의 기공이 커져 조직이 거칠게 되며, 높을수록 기공이 조밀하여 무겁고 촘촘한 조직이 된다.

22 다음 쿠키 반죽 중 가장 묽은 반죽은?

① 밀어 펴서 정형하는 쿠키
② 마카롱 쿠키
③ 판에 등사하는 쿠키
④ 짜는 형태의 쿠키

23 스펀지 케이크의 굽기 공정 중에 나타나는 현상이 아닌 것은?

① 공기의 팽창   ② 전분의 호화
③ 밀가루의 혼합   ④ 단백질의 응고

정답 19 ②   20 ①   21 ④   22 ③   23 ③

24 같은 조건의 반죽에 설탕, 포도당, 과당을 같은 농도로 첨가했다고 가정할 때 마이야르 반응속도를 촉진시키는 순서대로 나열된 것은?

① 설탕 〉 포도당 〉 과당
② 과당 〉 설탕 〉 포도당
③ 과당 〉 포도당 〉 설탕
④ 포도당 〉 과당 〉 설탕

▸ 해설
〈갈변반응(마이야르 반응)〉
- 밀가루, 유제품, 달걀 등에 함유되어 있는 아미노산과 환원당이 가열에 의해 반응하여 갈색으로 변화는 현상이다.
- 설탕은 160℃에서 캐러멜화가 시작되고, 포도당과 과당은 이보다 낮은 온도에서 착색된다.

25 노화를 지연시키는 방법으로 올바르지 않은 것은?

① 방습포장재를 사용한다.
② 다량의 설탕을 첨가한다.
③ 냉장 보관시킨다.
④ 유화제를 사용한다.

▸ 해설
〈노화 지연 방법〉
냉동 저장, 유화제의 사용, 포장 철저, 양질의 재료 사용과 적정한 공정관리.

26 공장 주방설비 중 작업의 효율성을 높이기 위한 작업테이블의 위치로 가장 적당한 것은?

① 오븐 옆에 설치한다.
② 냉장고 옆에 설치한다.
③ 발효실 옆에 설치한다.
④ 주방의 중앙부에 설치한다.

27 반죽온도 조절에 대한 설명 중 틀린 것은?

① 파운드 케이크의 반죽온도는 23℃가 적당하다.
② 버터 스펀지 케이크(공립법)의 반죽온도는 25℃가 적당하다.
③ 사과 파이 반죽의 물 온도는 38℃가 적당하다.
④ 퍼프 페이스트리의 반죽 온도는 20℃가 적당하다.

▸ 해설   사과 파이 반죽은 냉수를 사용한다.

28 언더 베이킹(Under baking)이란?

① 낮은 온도에서 장시간 굽는 방법
② 높은 온도에서 단시간 굽는 방법
③ 위 불을 낮게, 아래 불을 높게 굽는 방법
④ 위 불을 낮게, 아래 불을 낮게 굽는 방법

▸ 해설   언더 베이킹 : 높은 온도에서 단시간 구운 것. 덜 구운 것을 말함.

정답 24 ③   25 ③   26 ④   27 ③   28 ②

29 10명의 인원이 50초당 70개의 과자를 만들 때 7시간에는 몇 개를 생산하는가?

① 3528개　　② 35280개
③ 24500개　　④ 245000개

• 해설
- 10명 × 50초 = 70개
- 7시간 = 3600초(1시간) × 7시간 = 25,200초
- 50초 : 70개 = 25,200초 : x
- 70 × 25,200 / 50 × x = 35,280개

30 1인당 생산가치는 생산가치를 무엇으로 나누어 계산하는가?

① 인원수　　② 시간
③ 임금　　④ 원재료비

• 해설　1인당 생산가치 = 생산가치 / 인원

31 지방은 무엇이 축합되어 만들어지는가?

① 지방산과 글리세롤
② 지방산과 올레인산
③ 지방산과 리놀레인산
④ 지방산과 팔미틴산

• 해설　지방은 3분자의 지방산과 1분자의 글리세린이 결합되어 만들어진 에스트르, 즉 트리글리세리드이다.

32 장기간의 저장성을 지녀야 하는 건과자용 쇼트닝에서 가장 중요한 제품 특성은?

① 가소성　　② 안정성
③ 신장성　　④ 크림가

33 거친 설탕 입자를 마쇄하여 고운 눈금을 가진 체로 통과시킨 후 덩어리 방지제를 첨가한 제품은?

① 액당　　② 분당
③ 전화당　　④ 포도당

• 해설　분당(=분설탕, 슈가파우더) : 덩어리가 생기는 현상을 방지하기 위해 미세한 입자로 된 옥수수 전분을 3% 정도 혼합한다.

34 캐러멜 커스터드 푸딩에서 캐러멜 소스는 푸딩컵의 어느 정도 깊이로 붓는 것이 적합한가?

① 0.2cm　　② 0.4cm
③ 0.6cm　　④ 0.8cm

35 다음 유제품 중 일반적으로 100g당 열량을 가장 많이 내는 것은?

① 요구르트　　② 탈지분유
③ 가공치즈　　④ 시유

정답　29 ②　30 ①　31 ①　32 ②　33 ②　34 ①　35 ③

36 강력분과 박력분의 성상에서 가장 중요한 차이점은?

① 단백질 함량의 차이
② 비타민 함량의 차이
③ 지방 함량의 차이
④ 전분 함량의 차이

🔍 해설 강력분 단백질(11~13%), 중력분 단백질(9~11%), 박력분 단백질(7~9%)

37 달걀에 대한 설명 중 옳은 것은?

① 달걀 노른자에 가장 많은 것은 단백질이다.
② 달걀 흰자는 대부분이 물이고 그 다음 많은 성분은 지방이다.
③ 달걀 껍질은 대부분 탄산칼슘으로 이루어져 있다.
④ 달걀은 흰자보다 노른자 중량이 더 크다.

🔍 해설 달걀의 구성은 껍질(1) : 흰자(6) : 노른자(3)으로 구성되어 있다. 흰자는 수분 88%, 단백질 11.2%, 지방 0.2%, 포도당 0.4%, 회분 0.7% 함유. 노른자는 단백질 16.5%, 지방 31.6%, 포도당 0.2%, 회분 1.2% 함유. 껍질은 세균 침입을 막는 큐티클(탄산칼슘)으로 싸여 되어 있다.

38 다음 중 산 사전처리법에 의한 엔젤 푸드 케이크 제조공정에 대한 설명으로 틀린 것은?

① 흰자에 산을 넣어 머랭을 만든다.
② 설탕 일부를 머랭에 투입하여 튼튼한 머랭을 만든다.
③ 밀가루와 분당을 넣어 믹싱을 완료한다.
④ 기름칠이 균일하게 된 팬에 넣어 굽는다.

🔍 해설 산 전처리법 : 흰자, 소금, 주석산 크림을 거품낸다. 전체 설탕의 2/3를 2~3회 나누어 넣고 80% 정도(중간피크)의 머랭을 만든다. 슈거 파우더와 밀가루를 체쳐 넣고 가볍게 섞는다.

39 가공하지 않은 초콜릿(비터 초콜릿 : Bitter chocolate) 40%에 포함되어 있는 가장 적합한 코코아의 양은?

① 20%   ② 25%
③ 30%   ④ 35%

🔍 해설
• 초콜릿의 구성성분 : 코코아 62.5%(5/8), 코코아버터 37.5%(3/8)
• 40% × $\frac{5}{8}$ = 25%

40 젤리를 제조하는데 당분 60~65%, 펙틴 1.0~1.5%일 때 가장 적합한 pH는?

① pH 1.0   ② pH 3.2
③ pH 7.8   ④ pH 10.0

정답 36 ①   37 ③   38 ④   39 ②   40 ②

41 ß-아밀라아제의 설명으로 틀린 것은?

① 전분이나 덱스트린을 맥아당으로 만든다.
② 아밀로오스의 말단에서 시작하여 포도당 2분자씩을 끊어가면서 분해한다.
③ 전분의 구조가 아밀로펙틴인 경우 약 52% 까지만 가수분해한다.
④ 액화효소 또는 내부 아밀라아제 라고도 한다.

42 다음 중 발효할 때 유산(젖산)을 생성하는 당은?

① 유당
② 설탕
③ 과당
④ 포도당

• 해설 이당류 : 자당(설탕), 맥아당(엿당), 유당(젖당)

43 퐁당 크림을 부드럽게 하고 수분 보유력을 높이기 위해 일반적으로 첨가하는 것은?

① 한천, 젤라틴
② 물, 레몬
③ 소금, 크림
④ 물엿, 전화당, 시럽

• 해설 퐁당이 부드럽고 수분 보유력이 높아지도록 물엿, 전화당, 시럽을 첨가하기도 한다.

44 다음 혼성주 중 오렌지 성분을 원료로 하여 만들지 않는 것은?

① 그랑 마르니에(Grand marnier)
② 마라스키노(Maraschino)
③ 쿠앵트로(Cointreau)
④ 큐라소(Curacao)

• 해설
• 오렌지 리큐르 : 큐라소, 트리플색, 그랑마니에르, 쿠엥트로
• 체리리큐르 : 마라스키노, 키르슈

45 비타민의 결핍 증상이 잘못 짝지어진 것은?

① 비타빈 B_1 – 각기병
② 비타민 C – 괴혈병
③ 비타민 B_2 – 야맹증
④ 나이아신 – 펠라그라

• 해설 비타민 B_2 결핍증 : 구순구각염, 안질, 설염

46 과실이 익어감에 따라 어떤 효소의 작용에 의해 수용성펙틴이 생성되는가?

① 펙틴리가아제
② 아밀라아제
③ 프로토펙틴 가수분해효소
④ 브로멜린

정답 41 ④ 42 ① 43 ④ 44 ② 45 ③ 46 ③

47 지방의 연소와 합성이 이루어지는 장기는?

① 췌장 ② 간
③ 위장 ④ 소장

48 다음 중 인수공통감염병이 아닌 것은?

① 탄저병 ② 장티푸스
③ 결핵   ④ 야토병

> **해설**
> • 인수공통감염병 : 사람과 동물이 동일한 병원체에 의해 나타나는 감염증상
>   ㄱ. 세균 : 결핵, 탄저, 브루셀라증, 돈단독, 리스테리아, 야토병
>   ㄴ. 바이러스 : 일본뇌염, 인플루엔자, 광견병, 유행성출혈열
>   ㄷ. 리케차 : 발진열, 발진티푸스, Q열, 쯔쯔가무시병
>   ㄹ. 곰팡이

49 수은이 일으키는 화학성 식중독의 증상은?

① 미나마타병 ② 이타이이타이병
③ 단백뇨   ④ 폐기종

> **해설** 미나마타병(수은), 이타이이타이병(카드뮴)

50 글리세롤 1분자와 지방산 1분자가 결합한 것은?

① 트리글리세리드(Triglyceride)
② 디글리세리드(Diglyceride)
③ 모노글리세리드(Monoglyceride)
④ 펜토스(Pentose)

51 대장균에 대하여 가장 바르게 설명한 것은?

① 분변 세균의 오염지표가 된다.
② 전염병을 일으킨다.
③ 독소형 식중독을 일으킨다.
④ 발효식품 제조에 유용한 세균이다.

> **해설** 대장균은 사람과 동물의 대장 내에 분포되어 있는 균으로 분변의 오염지표가 된다.

52 화농성 지병이 있는 사람이 만든 제품을 먹고 식중독을 일으켰다면 가장 관계가 깊은 원인균은?

① 장염비브리오균
② 살모넬라균
③ 보툴리누스균
④ 황색포도상구균

> **해설** 황색포도상구균은 식품에서 엔테로톡신이라는 독소를 만드는데 이 독소로 식중독이 발생한다.

53 식중독 발생의 주요 경로인 배설물-구강-오염경로(fecal-oral route)를 차단하기 위한 방법으로 가장 적합한 것은?

① 손 씻기 등 개인위생 지키기
② 음식물 철저히 가열하기
③ 조리 후 빨리 섭취하기
④ 남은 음식물 냉장 보관하기

정답 47 ② | 48 ② | 49 ① | 50 ③ | 51 ① | 52 ④ | 53 ①

54 다음 무기질 중 갑상선에 이상(갑상선종)을 일으키는 것은?

① 철(Fe) ② 불소(F)
③ 요오드(I) ④ 구리(Cu)

• 해설
- 철(Fe) : 빈혈
- 불소(F) : 치아건강, 충치
- 구리(Cu) : 악성빈혈
- 요오드(I) : 갑상선 호르몬 구성성분, 갑상선종

55 법정 제1급감염병에 해당하는 것은?

① 탄저 ② 파상풍
③ 한센병 ④ 결핵

56 감염형 식중독에 해당되지 않는 것은?

① 살모넬라균 식중독
② 포도상구균 식중독
③ 병원성대장균 식중독
④ 장염비브리오균 식중독

57 다음 중 채소를 통해 감염되는 기생충은?

① 광절열두조충 ② 선모충
③ 회충 ④ 폐흡충

• 해설 채소를 통해 감염되는 기생충 : 회충, 십이지장충, 편충, 요충.

58 미생물에 의해 주로 단백질이 변화되어 악취. 유해물질을 생성하는 현상은?

① 발효(Fermentation)
② 부패(Puterifaction)
③ 변패(Deterioration)
④ 산패(Rancidity)

• 해설 부패 : 단백질을 주성분으로 하는 식품이 미생물, 특히 혐기성 세균의 번식에 의해 분해를 일으키는 현상으로, 인체에 유해하게 되는 경우를 말한다.

59 산화방지제로 쓰이는 물질이 아닌 것은?

① 중조 ② BHT
③ BHA ④ 세사몰

60 경구 감염병과 비교할 때 세균성 식중독의 특징은?

① 2차 감염이 잘 일어난다.
② 경구 감염병보다 잠복기가 길다.
③ 발병 후 면역이 매우 잘 생긴다.
④ 많은 양이 균으로 발병한다.

| 정답 | 54 ③ | 55 ① | 56 ② | 57 ③ | 58 ② | 59 ① | 60 ④ |

제과 CBT 기출예상문제 — 6회

Baking & Pastry

01 슈 제조 시 반죽표면을 분무 또는 침지시키는 이유가 아닌 것은?

① 껍질을 얇게 한다.
② 팽창을 크게 한다.
③ 기형을 방지 한다.
④ 제품의 구조를 강하게 한다.

• 해설 팬닝 후 반죽표면에 물을 분사하여 오븐에서 껍질이 형성되는 것을 지연시킨다.

02 비중컵의 무게 40g, 물을 담은 비중컵의 무게 240g, 반죽을 담은 비중컵의 무게 180g일 때 반죽의 비중은?

① 0.2 ② 0.4
③ 0.6 ④ 0.7

• 해설
(반죽무게−컵무게) ÷ (물무게−컵무게)
= (180−40) ÷ (240−40) = 0.7

03 카스텔라의 굽기 온도로 가장 적합한 것은?

① 140~150℃ ② 180~190℃
③ 220~240℃ ④ 250~270℃

04 커스터드 푸딩을 컵에 채워 몇 ℃의 오븐에서 중탕으로 굽는 것이 가장 적당한가?

① 160~170℃ ② 190~200℃
③ 210~220℃ ④ 230~240℃

05 엔젤 푸드 케이크 제조 시 팬에 사용하는 이형제로 가장 적합한 것은?

① 쇼트닝 ② 밀가루
③ 라드   ④ 물

• 해설 엔젤 푸드 케이크와 시퐁 케이크의 이형제는 물을 사용한다.

06 머랭(Meringue)을 만드는 주요 재료는?

① 달걀 흰자   ② 전란
③ 달걀 노른자 ④ 박력분

• 해설 주재료는 설탕과 흰자 2:1 전후 사용

07 흰자 100에 대하여 설탕 180의 비율로 만든 머랭으로 구웠을 때 표면에 광택이 나고 하루쯤 두었다가 사용해도 무방한 머랭은?

① 냉제 머랭(Cold meringue)
② 온제 머랭(Hot meringue)
③ 이탈리안 머랭(Italian meringue)
④ 스위스 머랭(Swiss meringue)

• 해설
• 로얄 아이싱 : 흰자, 슈거파우더, 레몬즙으로 만들며, 장식이나 글씨 등에 이용
• 이탈리안 머랭 : 시럽법 머랭이라고도 하며 흰자거품에 뜨거운 시럽(116~120℃)을 넣어 기포를 안정시킨 제품으로 버터크림, 냉과, 케이크장식에 이용

정답 01 ④ 02 ④ 03 ② 04 ① 05 ④ 06 ① 07 ④

08 밀가루 : 달걀 : 설탕 : 소금 = 100 : 166 : 166 : 2를 기본 배합으로 하여 적정 범위 내에서 각 재료를 가감하여 만드는 제품은?

① 파운드 케이크
② 엔젤 푸드 케이크
③ 스펀지 케이크
④ 머랭쿠키

09 케이크 도넛 제품에서 반죽 온도의 영향으로 나타나는 현상이 아닌 것은?

① 팽창과잉이 일어난다.
② 모양이 일정하지 않다.
③ 흡유량이 많다.
④ 표면이 꺼칠하다.

10 다음 제품 중 일반적으로 유지를 사용하지 않는 제품은?

① 마블 케이크
② 파운드 케이크
③ 코코아 케이크
④ 엔젤 푸드 케이크

◆해설 엔젤 푸드 케이크 : 흰자40~50%, 설탕 30~42%, 주석산+소금1, 박력분15~18%

11 다음 중 쿠키의 퍼짐이 작아지는 원인이 아닌 것은?

① 반죽에 아주 미세한 입자의 설탕을 사용한다.
② 믹싱을 많이 하여 글루텐이 많아졌다.
③ 오븐 온도를 낮게 하여 굽는다.
④ 반죽의 유지 함량이 적고 산성이다.

◆해설 퍼짐 : 오븐 온도가 낮을 때, 반죽에 설탕이 많고 입자가 클 때, 믹싱을 적게 했을 때, 알칼리성 반죽일 때

12 케이크에서 설탕의 역할과 거리가 먼 것은?

① 감미를 준다.
② 껍질색을 진하게 한다.
③ 수분 보유력이 있어 노화가 지연된다.
④ 제품의 형태를 유지시킨다.

◆해설 밀가루 속의 단백질은 구조력을 준다.

13 케이크 반죽의 팬닝에 대한 설명으로 틀린 것은?

① 케이크의 종류에 따라 반죽량을 다르게 팬닝한다.
② 새로운 팬은 비용적을 구하여 팬닝한다.
③ 팬용적을 구하기 힘든 경우는 유채씨를 사용하여 측정할 수 있다.
④ 비중이 무거운 반죽은 분할량을 작게 한다.

정답 08 ③ 09 ② 10 ④ 11 ③ 12 ④ 13 ④

14. 고율배합에 대한 설명으로 틀린 것은?

① 믹싱 중 공기 혼입이 많다.
② 설탕 사용량이 밀가루 사용량보다 많다.
③ 화학팽창제를 많이 쓴다.
④ 촉촉한 상태를 오랫동안 유지시켜 신선도를 높이고 부드러움이 지속되는 특징이 있다.

해설

	고율배합	저율배합
반죽속에 공기가 포함된 정도	많음	적음
비중	낮음	높음
화학 팽창제 사용	줄임	늘림
굽는 온도	저온장시간	고온단시간

15. 데블스 푸드 케이크 제조 시 반죽의 비중을 측정하기 위해 필요한 무게가 아닌 것은?

① 비중컵의 무게
② 코코아를 담은 비중컵의 무게
③ 물을 담은 비중컵의 무게
④ 반죽을 담은 비중컵의 무게

16. 푸딩 제조공정에 관한 설명으로 틀린 것은?

① 모든 재료를 섞어서 체에 거른다.
② 푸딩컵에 반죽을 부어 중탕으로 굽는다.
③ 우유와 설탕을 섞어 설탕이 캐러멜화될 때까지 끓인다.
④ 다른 그릇에 달걀, 소금 및 나머지 설탕을 넣고 혼합한 후 우유를 넣는다.

해설 물과 설탕을 카라멜화해서 푸딩컵에 0.2cm 채운 다음 95% 팬닝

17. 다음 제품 중 정형하여 팬닝할 경우 제품의 간격을 가장 충분히 유지하여야 하는 제품은?

① 슈   ② 오믈렛
③ 애플파이   ④ 쇼트브레드쿠키

해설 슈는 굽기 시 부피가 팽창하고, 열이 고르게 전달되어 찌그러지지 않도록 간격을 충분히 두어 팬닝해야 한다.

18. 스펀지 케이크를 부풀리는 주요 방법은?

① 달걀의 기포성에 의한 방법
② 이스트에 의한 방법
③ 화학팽창제에 의한 방법
④ 수증기 팽창에 의한 방법

19. 무스크림을 만들 때 가장 많이 이용되는 머랭의 종류는?

① 이탈리안 머랭   ② 스위스 머랭
③ 온제 머랭   ④ 냉제 머랭

해설
- 스위스 머랭 : 흰자와 설탕 1:1.8의 비율로 40℃로 가온하여 만들며, 구웠을 때 표면에 광택이 나고, 하루 두었다가 사용해도 된다.
- 로얄 아이싱 : 흰자, 슈거파우더, 레몬즙으로 만들며, 장식이나 글씨 등에 이용
- 이탈리안 머랭 : 시럽법 머랭이라고도 하며 흰자거품에 뜨거운 시럽(116~120℃)을 넣어 기포를 안정시킨 제품으로 버터크림, 냉과, 케이크장식에 이용

정답 14 ③ 15 ② 16 ③ 17 ① 18 ① 19 ①

20 언더 베이킹(Under baking)에 대한 설명 중 틀린 것은?

① 제품의 윗부분이 올라간다.
② 제품의 중앙부분이 터지기 쉽다.
③ 케이크 속이 익지 않을 경우도 있다.
④ 제품의 윗부분이 평평하다.

해설
〈언더 베이킹(Under baking)〉
· 제품의 윗부분이 올라간다.
· 높은 온도에서 빨리 굽는다.
· 제품의 중앙부분이 터지기 쉽다.
· 케이크 속이 익지 않을 경우도 있다.

21 다음 중 화학적 팽창 제품이 아닌 것은?

① 과일 케이크   ② 팬 케이크
③ 파운드 케이크 ④ 시퐁 케이크

22 도넛의 흡유량이 높았을 때 그 원인은?

① 고율배합 제품이다.
② 튀김시간이 짧다.
③ 튀김온도가 높다.
④ 휴지시간이 짧다.

해설
〈과도하게 흡유가 되는 경우〉
· 믹싱시간이 짧을 때
· 반죽온도 부적정할 때
· 많은 팽창제 사용 시
· 과도한 설탕 사용 시
· 튀김시간이 길 때
· 낮은 튀김 온도에서 튀길때

23 다음 제품 중 냉과류에 속하는 제품은?

① 무스 케이크   ② 젤리 롤 케이크
③ 양갱   ④ 시퐁 케이크

해설 무스 케이크는 부드러운 상태의 반죽에 거품낸 생크림이나 머랭을 더하여 굳힌 냉과 종류이다.

24 아이싱에 많이 쓰이는 퐁당(fondant)을 만들 때 끓이는 온도로 가장 적당한 것은?

① 106~110℃   ② 114~118℃
③ 120~124℃   ④ 130~134℃

해설 퐁당(Fondant)은 설탕과 물을 114~118℃로 끓이고, 38~44℃로 냉각하며 휘저어서 설탕을 재결정시키는 것으로 굳으면 설탕2 : 물1 시럽을 만들어 첨가하여 여리게 만든다.

25 설탕 공예용 당액 제조 시 설탕의 재결정을 막기 위해 첨가하는 재료는?

① 중조   ② 주석산
③ 포도당   ④ 베이킹 파우더

해설 재결정은 막아 주지만 소량 사용해야 하며 많이 들어가면 빨리 굳지 않아서 공예용으로 사용하기 힘들다.

26 튀김기름의 품질을 저하시키는 요인으로만 나열된 것은?

① 수분, 탄소, 질소
② 수분, 공기, 반복 가열
③ 공기, 금속, 토코페롤
④ 공기, 탄소, 사사몰

해설 튀김 기름을 나쁘게 만드는 4대 요인 : 온도, 수분, 공기, 이물질

정답 20 ④   21 ④   22 ①   23 ①   24 ②   25 ②   26 ②

27 일반적인 제과작업장의 시설 설명으로 잘못된 것은?

① 조명은 50룩스(lux) 이하가 좋다.
② 방충, 방서용 금속망은 30매쉬(mesh)가 적당하다.
③ 벽면은 매끄럽고 청소하기 편리하여야 한다.
④ 창의 면적은 바닥 면적을 기준하여 30% 정도가 좋다.

• 해설
〈제과·제빵 공정 상의 조도 기준〉
• 장식(수작업)·마무리작업 : 500lux
• 계량·반죽·조리·정형 : 200lux
• 굽기·포장·장식(기계) : 100lux
• 발효 : 50lux

28 생산액이 2,000,000원, 외부가치가 1,000,000원, 생산가치가 500,000원, 인건비가 800,000원일 때 생산가치율은?

① 20%   ② 25%
③ 35%   ④ 40%

• 해설
• 생산가치율 = 생산가치 ÷ 생산금액 ×100
• 500,000 ÷ 2,000,000 × 100 = 25%

29 단백질을 분해하는 효소는?

① 아밀라아제   ② 리파제
③ 프로테아제   ④ 락타아제

• 해설 전분(아밀라아제), 단백질(프로테아제), 지방(리파제)

30 우유에 함유된 질소화합물 중 가장 많은 양을 차지하는 것은?

① 시스테인   ② 글리아딘
③ 카제인   ④ 락토알부민

• 해설 카제인(casein)은 우유의 주된 단백질로서, 우유 단백질의 약 80% 정도를 차지하고 있다.

31 지방은 지방산과 무엇이 결합하여 이루어지는가?

① 아미노산   ② 나트륨
③ 글리세롤   ④ 리보오스

32 다음과 같은 조건에서 나타나는 현상과 밑줄 친 물질을 바르게 연결한 것은?

> 초콜릿의 보관방법이 적절치 않아 공기 중의 수분이 표면에 부착한 뒤 그 수분이 증발해 버려 어떤 물질이 결정형태로 남아 흰색이 나타났다.

① 펫브룸(Fat bloom) – 카카오메스
② 펫브룸(Fat bloom) – 글리세린
③ 슈가브룸(Sugar bloom) – 카카오버터
④ 슈가브룸(Sugar bloom) – 설탕

• 해설 설탕 재결정화 현상(Sugar bloom) : 초콜릿을 습기가 많은 곳에서 보관한 후 차가운 초콜릿을 따뜻한 곳으로 내놓게 되면 표면에 공기 중의 수분이 응축하여 나타나는 현상이다.

정답 27 ① 28 ② 29 ③ 30 ③ 31 ③ 32 ④

33 다음 중 유지의 경화 공정과 관계가 없는 물질은?

① 불포화지방산　② 수소
③ 콜레스테롤　④ 촉매제

34 다음 중 찬물에 잘 녹는 것은?

① 한천(Agar)
② 씨엠시(CMC)
③ 젤라틴(Gelatin)
④ 일반 펙틴(Pectin)

▸해설　한천(Agar), 젤라틴(Gelatin), 펙틴(Pectin)은 따뜻한 물에 잘 녹는다.

35 다음 중 이당류가 아닌 것은?

① 포도당　② 맥아당
③ 설탕　④ 유당

▸해설　이당류 : 설탕, 맥아당, 유당

36 비타민과 생체에서의 주요 기능이 잘못 연결된 것은?

① 비타민 B_1 – 당질대사의 보조 효소
② 나이아신 – 항 펠라그리(Pellagra)인자
③ 비타민 K – 항 혈액응고 인자
④ 비타민 A – 항 빈혈인자

▸해설　비타민 A – 야맹증, 비타민 A_{12}, 철(Fe)– 빈혈.

37 한 개의 무게가 50g인 과자가 있다. 이 과자 100g 중에 탄수화물 70g, 단백질 5g, 지방 15g, 무기질 4g, 물 6g이 들어 있다면 이 과자 10개를 먹을 때 얼마의 열량을 낼 수 있는가?

① 1230kcal　② 2175kcal
③ 2750kcal　④ 1800kcal

▸해설
- (탄수화물의 열량+단백질의 열량)×4+(지방의 열량)×9
- (70+5)×4+(15×9)=435
- 435×10=4350kcal ←100g당
- 50g인 과자이므로 4350÷2=2175kcal

38 다음 중 글레이즈(Glaze) 사용 시 가장 적합한 온도는?

① 15℃　② 25℃
③ 35℃　④ 45℃

▸해설　도넛의 글레이즈는 45~50℃가 좋다.

39 유당불내증이 있을 경우 소장 내에서 분해가 되어 생성되지 못하는 단당류는?

① 설탕(Sucrose)
② 맥아당(Maltose)
③ 과당(Fructose)
④ 갈락토오스(Galactose)

정답　33 ③　34 ②　35 ①　36 ④　37 ②　38 ④　39 ④

40 다음 중 전분당이 아닌 것은?

① 물엿
② 설탕
③ 포도당
④ 이성화당

▸ 해설
- 물엿 : 전분을 산이나 효소에 의해 분해되어 만들어진 반유동성 감미물질
- 포도당: 전분을 가수분해 해서 만든당
- 이성화당 : 이성화질효소로 처리하여 이성화된 포도당과 과당이 주성분인 액상의 당이며, 상쾌하고 깨끗한 감미를 가져 캔음료 등 음료수에 사용된다.

41 다음 중 효소와 활성물질이 잘못 짝지어진 것은?

① 펩신–염산
② 트립신–트립신활성효소
③ 트립시노겐–지방산
④ 키모트립신–트립신

42 다음 중 인체 내에서 합성할 수 없으므로 식품으로 섭취해야 하는 지방산이 아닌 것은?

① 리놀레산(Linoleic acid)
② 리놀렌산(Linolenic acid)
③ 올레산(Oleic acid)
④ 아라키돈산(Arachidonic acid)

▸ 해설 불포화지방산 : 올레산(Oleic acid)

43 다음에서 설명하는 균은?

- 식품 중에 증식하여 엔테로톡신(enterotoxin) 생선
- 잠복기는 평균 3시간, 감염원은 화농소
- 주요증상은 구토, 복통, 설사

① 살모넬라균
② 포도상구균
③ 클로로스트리디움 보툴리늄
④ 장염비브리오균

44 빵 및 케이크류에 사용이 허가된 보존료는?

① 탄산수소나트륨
② 포름알데히드
③ 탄산암모늄
④ 프로피온산

▸ 해설 프로피온산나트륨은 미생물의 생육을 억제하여 가공식품의 보존료로 사용된다. 빵 및 케이크류, 치즈, 쨈류 등에 사용된다.

45 밀가루 등으로 오인되어 식중독이 유발된 사례가 있으며 습진성 피부질환 등의 증상을 보이는 것은?

① 수은
② 비소
③ 납
④ 아연

정답 40 ② 41 ③ 42 ③ 43 ② 44 ④ 45 ②

46 다음 중 곰팡이 독이 아닌 것은?

① 아플라톡신　② 시트리닌
③ 삭시톡신　④ 파툴린

• 해설
- 아플라톡신 : 땅콩에 번식하는 곰팡이
- 삭시톡신 : 대합조개, 섭조개

47 저장미에 발생한 곰팡이가 원인이 되는 황변미 현상을 방지하기 위한 수분 함량은?

① 13 이하　② 14~15%
③ 15~17%　④ 17% 이상

48 인수공통감염병 중 오염된 우유나 유제품을 통해 사람에게 감염되는 것은?

① 탄저　② 결핵
③ 야토병　④ 구제역

49 단백질 식품이 미생물의 분해 작용에 의하여 형태, 색택, 경도, 맛 등의 본래의 성질을 잃고 악취를 발생하거나 유해물질을 생성하여 먹을 수 없게 되는 현상은?

① 변패　② 산패
③ 부패　④ 발효

• 해설　부패는 주로 단백질 식품이 미생물의 분해 작용을 받아 질소화합물의 분해에 의해 암모니아 등을 발생시키고, 악취와 유해물질을 생성하는 것이다.

50 다음 중 일반적으로 잠복기가 가장 긴 것은?

① 유행성간염　② 디프테리아
③ 페스트　④ 세균성이질

51 다음 중 감염형 식중독을 일으키는 것은?

① 보툴리누스균　② 살모넬라균
③ 포도상구균　④ 고초균

• 해설
〈살모넬라〉
- 원인식품 : 육류, 어패류, 우유, 유제품, 알류
- 잠복기 : 12~24시간

52 미생물에 의한 부패나 변질을 방지하고 화학적인 변화를 억제하며 보존성을 높이고 영양가 및 신선도를 유지하는 목적으로 첨가하는 것은?

① 감미료　② 보존료
③ 산미료　④ 조미료

53 개인위생에 대한 설명으로 적절하지 않은 것은?

① 손톱은 짧고 깨끗하게 하며 매니큐어는 손톱보호를 위해 발라도 된다.
② 제과·제빵을 제조할 때는 깨끗한 위생복과 위생모자, 앞치마를 착용한다.
③ 긴 머리카락이 흘러내리지 않도록 머리망을 이용해 머리를 단정하게 한다.
④ 작업 중에는 손목시계 팔찌 등의 장신구는 착용하지 않는다.

정답　46 ③　47 ①　48 ②　49 ③　50 ①　51 ②　52 ②　53 ①

54 HACCP(위해요소중점관리기준) 적용업소의 기준에 따라 관리되는 사항에 대한 기록은 최소 몇 년 이상 보관하여야 하는가?

① 1년　　　② 2년
③ 3년　　　④ 4년

> **해설**　특별히 지정 관리되는 사항이 아닌 경우를 제외하고는 문서보관은 최소 2년 이상은 보관한다.

55 공장설비 구성의 설명으로 적합하지 않은 것은?

① 공장시설설비는 인간을 대상으로 하는 공학이다.
② 공장시설은 식품조리과정의 다양한 작업을 여러 조건에 따라 합리적으로 수행하기 위한 시설이다.
③ 설계디자인은 공간의 할당, 물리적 시설, 구조의 생김새·설비가 갖춰진 작업장을 나타내 준다.
④ 각 시설은 그 시설이 제공하는 서비스의 형태에 기본적인 어떤 기능을 지니고 있지 않다.

56 다음 중 식품접객업에 해당되지 않은 것은?

① 식품냉동·냉장업
② 유흥주점영업
③ 위탁급식영업
④ 일반음식점영업

> **해설**　식품접객업에는 일반음식점, 휴게음식점, 단란주점, 유흥주점 등이 포함된다.

57 다음 무기질 중 갑상선에 이상(갑상선종)을 일으키는 것은?

① 철(Fe)　　　② 불소(F)
③ 요오드(I)　　④ 구리(Cu)

> **해설**
> · 철(Fe) : 빈혈
> · 불소(F) : 치아건강, 충치
> · 구리(Cu) : 악성빈혈
> · 요오드(I) : 갑상선 호르몬 구성성분, 갑상선종

58 식중독 발생의 주요 경로인 배설물-구강-오염경로(Fecal-oral route)를 차단하기 위한 방법으로 가장 적합한 것은?

① 손 씻기 등 개인위생 지키기
② 음식물 철저히 가열하기
③ 조리 후 빨리 섭취하기
④ 남은 음식물 냉장 보관하기

정답　54 ②　55 ④　56 ①　57 ③　58 ①

59 다음 중 식중독 관련 세균의 생육에 최적인 식품의 수분활성도는?

① 0.30 ~ 0.39
② 0.50 ~ 0.59
③ 0.70 ~ 0.79
④ 0.90 ~ 1.00

◆해설
- 수분활성도 : 어떤 임의의 온도에서 그 식품이 나타내는 수증기 압(P)와 그 온도에서의 순수한 물의 수증기압(PO)의 비로 정의. (ERH=평행 상대습도. 수분활성도는 0~1까지 범위를 나타낸다.)
- Aw(수분활성도) = P/Po = ERH/100
- 과일, 채소(Aw 0.98~0.99), 곡물(Aw 0.60~0.64)

60 식품에 식염을 첨가함으로써 미생물 증식을 억제하는 효과와 관계가 없는 것은?

① 탈수작용에 의한 식품 내 수분감소
② 산소의 용해도 감소
③ 삼투압 증가
④ 펩티드 결합의 분해

정답 **59** ④ **60** ④

제과 CBT 기출예상문제 — 7회

01 다음 제품 중 굽기 전 충분히 휴지를 한 후 굽는 제품은?

① 오믈렛
② 버터 스펀지 케이크
③ 오렌지 쿠키
④ 퍼프 페이스트리

• 해설
- 유지를 배합한 반죽을 30분 이상 냉장고(0~4℃)에서 휴지시킨다.
- 전체적으로 똑같은 두께로 밀어편다.
- 잘 드는 칼을 이용해 원하는 모양으로 자른다.
- 굽기 전에 30~60분간 휴지시킨다.

02 유화 쇼트닝을 60% 사용해야 할 옐로우 레이어 케이크 배합에 32%의 초콜릿을 넣어 초콜릿 케이크를 만든다면 원래의 쇼트닝 60%는 얼마로 조절해야 하는가?

① 48%   ② 54%
③ 60%   ④ 72%

• 해설 초콜릿은 코코아 5/8, 코코아 버터 3/8, 코코아버터는 쇼트닝의 1/2효과이므로 32×3/8=12%, 12×1/2=6%, 60-6=54%

03 다음 중 크림법에서 가장 먼저 배합하는 재료의 조합은?

① 유지와 설탕   ② 달걀과 설탕
③ 밀가루와 설탕 ④ 밀가루와 달걀

04 달걀의 기포성과 포집성이 가장 좋은 온도는?

① 0℃   ② 5℃
③ 30℃   ④ 50℃

• 해설 거품형 케이크의 적정 반죽온도는 24℃, 달걀이 30℃ 전후 기포성과 포집성이 좋다.

05 케이크 제품의 기공이 조밀하고 속이 축축한 결점의 원인이 아닌 것은?

① 액체 재료 사용량 과다
② 과도한 액체당 사용
③ 너무 높은 오븐 온도
④ 달걀 함량의 부족

06 스펀지 케이크를 제조하기 위한 필수적인 재료들만으로 짝지어진 것은?

① 전분, 유지, 물엿, 달걀
② 설탕, 달걀, 소맥분, 소금
③ 소맥분, 면실유, 전분, 물
④ 달걀, 유지, 설탕, 우유

• 해설 설탕, 달걀, 박력분, 소금의 재료를 사용해서 공립법 또는 별립법으로 제조하며 부드럽게 하고자 할 때는 부재료 버터를 용해해서 사용하기도 한다.

07 다음 제품 중 성형하여 팬닝할 때 반죽의 간격을 가장 충분히 유지하여야 하는 제품은?

① 오믈렛   ② 쇼트 브레드 쿠키
③ 핑거 쿠키   ④ 슈

• 해설 슈는 굽기 시 부피가 팽창하고, 열이 고르게 전달되어 찌그러지지 않도록 간격을 충분히 두어 팬닝해야 한다.

정답 01 ④ 02 ② 03 ① 04 ③ 05 ④ 06 ② 07 ④

08 파운드 케이크 제조 시 윗면이 터지는 경우가 아닌 것은?

① 굽기 중 껍질 형성이 느릴 때
② 반죽 내의 수분이 불충분할 때
③ 설탕 입자가 용해되지 않고 남아 있을 때
④ 반죽을 팬에 넣은 후 굽기까지 장시간 방치할 때

• 해설 : 굽기 중 오븐 온도가 높아 껍질 형성이 빠를 때

09 데커레이션 케이크 재료인 생크림에 대한 설명으로 틀린 것은?

① 크림 100에 대하여 1.0~1.5%의 분설탕을 사용하여 단맛을 낸다.
② 유지방 함량 35~45% 정도의 진한 생크림을 휘핑하여 사용한다.
③ 휘핑 시간이 적정시간보다 짧으면 기포의 안정성이 약해진다.
④ 생크림의 보관이나 작업 시 제품온도는 3~7℃가 좋다.

• 해설 : 크림 100에 대하여 10% 정도의 설탕을 첨가하여 85~90% 휘핑 후 사용하여 단맛을 낸다.

10 수돗물 온도 18℃, 사용할 물 온도 9℃, 사용물량 10kg일 때 얼음 사용량은 약 얼마인가?

① 0.81kg   ② 0.92kg
③ 1.11kg   ④ 1.21kg

• 해설 : 얼음 = $\dfrac{\text{물 사용량} \times (\text{수돗물 온도} - \text{사용수 온도})}{80 + \text{수돗물 온도}}$

10 × (18 − 9) ÷ 80 + 9 = 0.92kg

11 쿠키가 잘 퍼지지 않는 이유가 아닌 것은?

① 고운 입자의 설탕 사용
② 과도한 믹싱
③ 알칼리 반죽 사용
④ 너무 높은 굽기 온도

• 해설 : 퍼짐 : 오븐 온도가 낮을 때, 반죽에 설탕이 많고 입자가 클 때, 믹싱을 적게 했을 때, 알칼리성 반죽일 때

12 비중이 높은 제품의 특징이 아닌 것은?

① 기공이 조밀하다.
② 부피가 작다.
③ 껍질색이 진하다.
④ 제품이 단단하다.

13 커스터드 푸딩은 틀에 몇 % 정도 채우는가?

① 55%   ② 75%
③ 95%   ④ 115%

• 해설 : 팬닝 95% 담아서 중탕으로 굽는다.

14 완성된 반죽형 케이크가 단단하고 질길 때 그 원인이 아닌 것은?

① 부적절한 밀가루의 사용
② 달걀의 과다 사용
③ 높은 굽기 온도
④ 팽창제의 과다 사용

• 해설 : 팽창제 과다 사용은 기공이 거칠며, 주저앉을 수 있다.

정답 08 ① 09 ① 10 ② 11 ③ 12 ③ 13 ③ 14 ④

15 도넛의 글레이즈 사용온도로 가장 적합한 것은?

① 20℃ ② 30℃
③ 50℃ ④ 70℃

◀해설 도넛의 글레이즈는 45~50℃가 좋다.

16 데커레이션 케이크 100개를 1명이 아이싱 할 때 5시간이 필요하다면, 1400개를 7시간 안에 아이싱 하는데 필요한 인원수는? (단, 작업의 능률은 동일하다.)

① 10명 ② 12명
③ 14명 ④ 16명

◀해설 1명이 1시간에 20개의 아이싱을 할 수 있으므로 7시간에는 140개를 아이싱할 수 있다. 그러므로 1400개를 아이싱하기 위해서는 10명의 인원이 필요하다.

17 커스터드 크림의 재료에 속하지 않는 것은?

① 우유 ② 달걀
③ 설탕 ④ 생크림

18 비중 컵의 물을 담은 무게가 300g이고, 반죽을 담은 무게가 260g일 때 비중은? (단, 비중 컵의 무게는 50g이다.)

① 0.64 ② 0.74
③ 0.84 ④ 1.04

◀해설
• 비중 = (반죽무게−컵 무게) ÷ (물 무게−컵 무게)
• (260−50) ÷ (300−50) = 0.84

19 케이크를 부풀게 하는 증기압의 주재료는?

① 달걀 ② 쇼트닝
③ 밀가루 ④ 베이킹 파우더

20 거품형 쿠키로서 전란을 사용하여 만드는 쿠키는?

① 드롭쿠키 ② 스냅쿠키
③ 스펀지쿠키 ④ 머랭쿠키

◀해설 스펀지쿠키는 공립법으로 전란을 사용하는 쿠키다. ex) 핑거쿠키

21 실내온도 20℃, 밀가루온도 20℃, 설탕온도 20℃, 쇼트닝온도 22℃, 달걀온도 20℃, 물온도 18℃의 조건에서 반죽의 결과온도가 24℃가 나왔다면 마찰계수는?

① 18 ② 20
③ 22 ④ 24

◀해설
• 마찰계수=(반죽의 결과온도가×6)−(실내온도+밀가루온도+설탕온도+쇼트닝온도+달걀온도+물 온도)
• (24℃×6)−(20+20+20+22+20+18) = 24

22 케이크 도넛에 대두분을 사용하는 목적이 아닌 것은?

① 흡유율 증가 ② 껍질 구조 강화
③ 껍질색 개선 ④ 식감의 개선

◀해설 껍질 구조 강화, 껍질색 개선, 식감의 개선, 영양 강화

정답 15 ③ 16 ① 17 ④ 18 ③ 19 ① 20 ③ 21 ④ 22 ①

23 쇼트 브레드 쿠키 제조 시 휴지를 시킬 때 성형을 용이하게 하기 위한 조치는?

① 반죽을 뜨겁게 한다.
② 반죽을 차게 한다.
③ 휴지 전 단계에서 오랫동안 믹싱한다.
④ 휴지 전 단계에서 짧게 믹싱한다.

• 해설 냉장휴지 후 밀어 펴서 정형기로 찍어서 팬닝한다.

24 푸딩 표면에 기포 자국이 많이 생기는 경우는?

① 가열이 지나친 경우
② 달걀의 양이 많은 경우
③ 달걀이 오래된 경우
④ 오븐 온도가 낮은 경우

• 해설 오븐 온도가 높으면 생길 수 있으므로 낮은 온도에서 중탕으로 굽는다.

25 아이싱에 사용되는 재료 중 다른 세 가지와 조성이 다른 것은?

① 이탈리안 머랭   ② 퐁당
③ 버터크림   ④ 스위스 머랭

• 해설
- 버터 크림 : 버터에 설탕이나 달걀, 시럽, 우유 등을 넣어 만든 크림
- 스위스 머랭 : 흰자와 설탕 1:1.8의 비율로 40℃로 가온하여 만들며, 구웠을 때 표면에 광택이 나고, 하루 두었다가 사용해도 된다.
- 로얄 아이싱 : 흰자, 슈거파우더, 레몬즙으로 만들며, 장식이나 글씨 등에 이용
- 이탈리안 머랭 : 시럽법 머랭이라고도 하며 흰자거품에 뜨거운 시럽(116~120℃)을 넣어 기포를 안정시킨 제품으로 버터크림, 냉과, 케이크 장식에 이용

26 밤과자를 성형한 후 물을 뿌려주는 이유가 아닌 것은?

① 덧가루의 제거
② 굽기 후 철판에서 분리용이
③ 껍질색의 균일화
④ 껍질의 터짐 방지

27 스펀지 케이크에 사용되는 필수 재료가 아닌 것은?

① 달걀   ② 박력
③ 설탕   ④ 베이킹 파우더

28 같은 크기의 팬에 각 제품의 비용적에 맞는 반죽을 팬닝하였을 경우 반죽량이 가장 무거운 반죽은?

① 파운드 케이크
② 레이어 케이크
③ 스펀지 케이크
④ 소프트 롤 케이크

• 해설 파운드 케이크 : 2.04㎤/g, 레이어 케이크 : 2.96㎤/g, 엔젤 푸드 케이크 4.71㎤/g, 스펀지 케이크 : 5.08㎤/g

정답 23 ② 24 ① 25 ③ 26 ② 27 ④ 28 ①

29 달걀 40%를 사용하여 만든 커스터드 크림과 비슷한 되기로 만들기 위하여 달걀 전량을 옥수수 전분으로 대치한다면 얼마 정도가 가장 적합한가?

① 10% ② 20%
③ 30% ④ 40%

• 해설 달걀은 고형질 25%, 수분 75%이므로 40×0.25 = 10%이다.

30 작업을 하고 남은 초콜릿의 가장 알맞은 보관법은?

① 15~21℃의 직사광선이 없는 곳에 보관
② 냉장고에 넣어 보관
③ 공기가 통하지 않는 습한 곳에 보관
④ 따뜻한 오븐 위에 보관

31 밀가루를 전문적으로 시험하는 기기로 이루어진 것은?

① 패리노그래프, 가스크로마토그래피, 익스텐소그래프
② 패리노그래프, 아밀로그래프, 파이브로미터
③ 패리노그래프, 익스텐소그래프, 아밀로그래프
④ 아밀로그래프, 익스텐소그래프, 펑추어 테스터

• 해설
• 패리노그래프 : 흡수율, 반죽내구성 및 시간측정
• 아밀로그래프 : 전분의 점도를 측정
• 익스텐소그래프 : 반죽의 신장성에 대한 저항성 측정

32 주방설계에 있어 주의할 점이 아닌 것은?

① 가스를 사용하는 장소에는 환기시설을 갖춘다.
② 주방 내의 여유 공간을 확보한다.
③ 종업원의 출입구와 손님용 출입구는 별도로 하여 재료의 반입은 종업원 출입구로 한다.
④ 주방의 환기는 소형의 것을 여러 개 설치하는 것보다 대형의 환기장치 1개를 설치하는 것이 좋다.

33 아이싱에 사용하는 재료 중 안정제의 기능과 거리가 먼 것은?

① 펙틴 ② 밀 전분
③ 옥수수 전분 ④ 소금

34 유황을 함유한 아미노산으로 -s-s- 결합을 가진 것은?

① 라이신(Lysine)
② 루신(Leucine)
③ 시스틴(Cystine)
④ 글루타민산(Gletamic acid)

• 해설
• 유황을 함유한 아미노산으로 -s-s- 결합 : 시스틴(Cystine)
• 유황을 함유한 아미노산으로 -s-H-결합 : 시스테인(Cysteine)

정답 29 ① 30 ① 31 ③ 32 ④ 33 ④ 34 ③

35 다음 그림과 같이 달걀의 신선도를 검사하기 위하여 소금물(8% 정도)에 달걀을 넣었을 때 가장 신선한 것은?

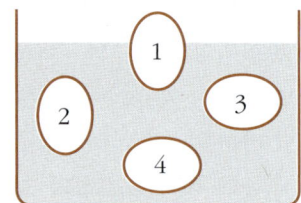

① 1　　　　　　　② 2
③ 3　　　　　　　④ 4

36 무기질에 대한 설명으로 틀린 것은?

① 황(S)은 당질 대사에 중요하며 혈액을 알칼리성으로 유지시킨다.
② 칼슘(Ca)은 주로 골격과 치아를 구성하고 혈액응고작용을 돕는다.
③ 나트륨(Na)은 주로 세포 외액에 들어있고 삼투압 유지에 관여한다.
④ 요오드(I)는 갑상선호르몬의 주성분으로 결핍되면 갑상선종을 일으킨다.

• 해설　황(S)은 산성을 띠는 무기질을 많이 포함한 식품으로 곡류, 어패류, 육류, 난황 등에 들어있다.(체내에서 해독작용)

37 소화 시 담즙의 작용은?

① 지방을 유화시킨다.
② 지방을 가수분해한다.
③ 단백질을 가수분해한다.
④ 콜레스테롤을 가수분해한다.

38 과자를 50g 섭취하였을 때 지방으로부터 얻을 수 있는 열량은? (단, 과자 100g당 영양소 함량은 단백질 8.0g, 지질 17.2g, 당질 41.4g 이다.)

① 77.4kcal　　　　② 154.8kcal
③ 34.4kcal　　　　④ 68.8kcal

• 해설
• (지방의 열량) × 9
• 17.2 × 9 = 154.8
• 154.8/100 × 50 = 77.4kcal

39 설탕300g 대신 전량을 고형질 75%인 물엿으로 대치하려면 물엿의 사용량은?

① 50g　　　　　　② 400g
③ 150g　　　　　　④ 600g

• 해설
• 물엿의 사용량 × 75% = 300
• 300 ÷ 75% × 100 = 400

40 달걀 중에서 껍질을 제외한 고형질은 약 몇 %인가?

① 15%　　　　　　② 25%
③ 35%　　　　　　④ 45%

정답　35 ②　36 ①　37 ①　38 ①　39 ②　40 ②

41 모노글리세리드(Monoglyceride)와 디글리세리드(Diglyceride)는 제과에 있어 주로 어떤 역할을 하는가?

① 유화제 ② 항산화제
③ 감미제 ④ 필수영양제

▶ 해설 제과제빵에 보습성, 용매작용, 물과 기름 분리억제 기능을 가진다.

42 아미노산에 대한 설명으로 틀린 것은?

① 식품 단백질을 구성하는 아미노산은 20여 가지이다.
② 단백질을 구성하는 아미노산은 거의 L-형이다.
③ 아미노산은 물에 녹아 양이온과 음이온의 양전하를 갖는다.
④ 아미노기($-NH_2$)는 산성을, 카르복실기($-COOH$)는 염기성을 나타낸다.

43 섬유소(Cellulose)를 완전하게 가수분해하면 어떤 물질로 분해되는가?

① 포도당(Glucose)
② 설탕(Sucrose)
③ 아밀로오스(Amylose)
④ 맥아당(Maltose)

44 무기질의 일반적인 기능이 아닌 것은?

① 단백질의 절약 작용
② 체액의 산, 염기 평형유지
③ 체조직의 구성성분
④ 생리적 작용에 대한 촉매 작용

45 미나마타(Minamata)병의 원인 물질은?

① 카드뮴(Cd) ② 구리(Cu)
③ 수은(Hg) ④ 납(Pb)

▶ 해설
• 수은(Hg) : 먹이 연쇄(미나마타병)
• 납(Pb) : 도료, 안료, 농약, 납.
• 아연(Zn) : 기구의 합금, 재료의 도금 등으로 가열에 의한 산화아연과 산성식품에 의한 아연염.
• 비소 : 밀가루 등으로 오인되어 식중독이 유발된 사례가 있으며 습진성 피부질환 등의 증상

46 세계보건기구(WHO)는 성인의 경우 하루 섭취열량 중 트랜스 지방의 섭취를 몇% 이하로 권고하고 있는가?

① 0.5% ② 1%
③ 2% ④ 3%

47 식품의 변질에 관여하는 요인과 거리가 먼 것은?

① pH ② 압력
③ 수분 ④ 산소

▶ 해설 공기, 빛, 열에 대한 안전성, pH

정답 41 ① 42 ④ 43 ① 44 ① 45 ③ 46 ② 47 ②

48 다음 중 동종간의 접촉에 의한 전염성이 없는 것은?

① 세균성 이질 ② 조류독감
③ 광우병   ④ 구제역

> 해설 광우병은 인축공동감염병이다.

49 탄수화물이 많이 든 식품을 고온에서 가열하거나 튀길 때 생성되는 발암성 물질은?

① 니트로사민(Nitrosamine)
② 다이옥신(Dioxins)
③ 벤조피렌(Benzopyrene)
④ 아크릴아마이드(Acrylamide)

> 해설
> - 니트로사민(Nitrosamine) : 담배연기에 주로 들어있는 발암물질.
> - 다이옥신(Dioxins), 벤조피렌(Benzopyrene) : 플라스틱이나 쓰레기 소각장 가스 - 기형아 출산의 원인, 암 유발
> - 아크릴아마이드(Acrylamide) : 고온에서 조리하면 쉽게 나타고, 신경계통에 영향을 미치고 유전자 변형을 일으키는 발암물질이다.

50 복어 중독의 원인 물질은?

① 테트로도톡신(Tetrodotoxin)
② 삭시톡신(Saxitoxin)
③ 베네루핀(Venerupin)
④ 안드로메도톡신(Andromedotoxin)

> 해설
> - 삭시톡신(Saxitoxin) : 대합조개, 섭조개
> - 베네루핀(Venerupin) : 모시조개, 바지락, 굴

51 다당류에 속하는 것은?

① 맥아당   ② 설탕
③ 포도당   ④ 전분

> 해설 다당류 : 전분, 덱스트린, 섬유소, 글리코겐, 펙틴

52 미생물에 의한 오염을 최소화하기 위한 작업장 위생관리 방법으로 바람직하지 않은 것은?

① 소독액으로 벽, 바닥, 천장을 세척한다.
② 빵상자, 수송차량, 매장 진열대는 항상 온도를 높게 관리한다.
③ 깨끗하고 뚜껑이 있는 재료통을 사용한다.
④ 적절한 환기와 조명시설이 된 저장실에 재료를 보관한다.

53 원인균이 내열성포자를 형성하기 때문에 병든 가축의 사체를 처리할 경우 반드시 소각 처리 하여야 하는 인수공통감염병은?

① 돈단독   ② 결핵
③ 파상열   ④ 탄저병

54 고시폴(Gossypol)은 어떤 식품에서 발생할 수 있는 식중독의 원인 성분인가?

① 고구마   ② 풋살구
③ 보리   ④ 면실유

> 해설 청매(살구, 복숭아, 아몬드 등) : 아미그달린

정답 48 ③ 49 ④ 50 ① 51 ④ 52 ② 53 ④ 54 ④

55 아폴라톡신은 다음 중 어디에 속하는가?

① 고구마
② 효모독
③ 세균독
④ 곰팡이독

56 다음 혼성주 중 오렌지 성분을 원료로 하여 만들지 않는 것은?

① 그랑 마르니에(Grand marnier)
② 마라스키노(Maraschino)
③ 쿠앵트로(Cointreau)
④ 큐라소(Curacao)

● 해설
- 오렌지 리큐르 : 큐라소, 트리플섹, 그랑마니에르, 쿠엥트로
- 체리리큐르 : 마라스키노, 키르슈

57 다음 중 HACCP 적용의 7가지 원칙에 해당하지 않는 것은?

① 위해요소분석
② HACCP 팀 구성
③ 한계기준설정
④ 기록유지 및 문서관리

● 해설 HACCP 적용의 7가지 원칙 – 위해요소분석, 중요관리점결정, 한계기준설정, 모니터링 체계확립, 개선조치 방법수립, 검증절차 및 방법수립, 문서화 및 기록유지

58 포장에 대한 설명으로 맞지 않은 것은?

① 포장은 보관과 진열을 용이하게 하기 위해 필요한 작업이
② 포장은 유통하기에만 필요한 작업이다.
③ 제품을 보호하고 위생적으로 안전성을 보장하기 위한 작업이다.
④ 제품의 가치상승을 위해 포장을 한다.

● 해설 포장 : 보호성, 상품가치 상승, 판매촉진, 위생적 안전성

59 빵 및 케이크류에 사용이 허가된 보존료는?

① 탄산암모늄
② 탄산수소나트륨
③ 프로피온산
④ 포름알데히드

● 해설 프로피온산나트륨은 미생물의 생육을 억제하여 가공식품의 보존료로 사용된다. 빵 및 케이크류, 치즈, 잼류 등에 사용된다.

60 밀가루를 부패시키는 미생물(곰팡이)은?

① 누룩곰팡이(Aspergillus)속
② 푸른곰팡이(Penicillium)속
③ 털곰팡이(Mucor)속
④ 거미줄곰팡이(Rhizopus)속

● 해설 누룩곰팡이(Aspergillus)속 : 아플라톡신 생성, 전분 당화력과 단백질 분해력이 강해 약주, 탁주, 된장, 간장 제조에 사용

정답 55 ④ 56 ② 57 ② 58 ② 59 ③ 60 ①

미림원
제과기능사
필기총정리

2022년 01월 27일 인쇄
2022년 02월 05일 발행

저자 | 이정숙, 박미경, 이백경, 박정연, 김은경
발행인 | 김정태
발행처 | 도서출판 미림원
등록번호 | 제2009-000016호
주소 | 서울시 광진구 자양번영로6길 15

대표번호 | 02)2244-4266
팩스 | 02)446-4288

정가 | 15,000원
ISBN | 978-89-94204-59-8

저자 및 출판사의 허락없이 이 책의 일부 또는 전부를
무단으로 복제 · 전재 · 발췌할 수 없습니다.